Eckhard Burmester

95 Thesen und Fragen und vieles mehr

Eckhard Burmester

95 Thesen und Fragen

und vieles mehr

Rediroma-Verlag

Bibliografische Information der Deutschen Nationalbibliothek:
Die Deutsche Nationalbibliothek verzeichnet diese Publikation in der Deutschen Nationalbibliografie; detaillierte bibliografische Daten sind im Internet über http://portal.dnb.de abrufbar.

ISBN 978-3-98885-478-0

www.rediroma-verlag.de
15,95 Euro (D)

Prolog

Nachdem ich in meinem ersten Buch „Plumpsklo und Zinkwanne“ über mein bisheriges Leben berichtet habe, besteht das neue Buch aus den unterschiedlichsten Beiträgen, die ich im Laufe der Jahre verfasst habe. Die älteste Aufzeichnung, „Der Baum“, ist schon 1997 während eines Krankenhausaufenthaltes entstanden. Man kann die Zusammenstellung wie einen bunten Blumenstrauß betrachten, in dem sich viele verschiedene Blumen befinden. Dabei kann die Schönheit der einzelnen Blumen sicher unterschiedlich empfunden werden. Und so, wie bei den Blumen die Geschmäcker verschieden sind, wird es auch bei meinen unterschiedlichen Schilderungen und Betrachtungen sein. Insbesondere bei den etwas philosophisch geprägten. Aber auch diese können, genau wie die einzelne Blume im Strauß, zu einem gelungenen Gesamtbild beitragen.

Lange habe ich mit mir gerungen, ob ich das Kriegstagebuch meines im Jahre 2001 verstorbenen Vaters auch in diesem Buch veröffentlichen sollte. Letztendlich habe ich mich dafür entschieden, weil ich denke, dass es ein bemerkenswertes Zeitdokument ist und einen Einblick in die Denkweise der damaligen Generation gibt, die zweifellos von dem damaligen System verführt und missbraucht worden ist. Außerdem erfülle ich meinem Vater den oft von ihm geäußerten Wunsch, dass seine Aufzeichnungen unbedingt einmal veröffentlicht werden müssten.

Inhalt

1. Vorurteile

Ich sitze an meinem Urlaubsort in einem Café und genieße meinen Cappuccino. Es betritt ein Pärchen den Raum. Meine spontane Schätzung ergibt, dass sie wohl so um die vierzig Jahre alt sind. Dann erfolgt eine kurze Musterung:

„Sie“ - könnte einen Schönheitswettbewerb gewinnen; ein echter „Hingucker“. Leicht blondierte mittellange Haare, dezent geschminkt, tolle Brille, tadellose Figur, geschmackvoll gekleidet. Viele Frauen würden wohl einen Neidanfall bekommen; schon fast zu perfekt.

Und dann „Er“ - genau solche Typen kann ich ja nun gar nicht ab. Braunmelierte Haare (sind sie schon leicht ergraut?), braungebrannt, natürlich Dreitagebart, Goldkettchen am Hals (bestimmt vom letzten Türkeiurlaub), offen getragenes Leinenhemd, gut geschnittene Jeans und dazu passende modische Schuhe (ob die auch bequem sind?).

Warum trägt der überhaupt eine Sonnenbrille, obwohl gar keine Sonne scheint und nicht auf der Nase, sondern lässig auf dem Kopf gesteckt? – Wird wohl als Schmuck getragen und soll cool aussehen. Für meine eher konservative Gesinnung ist er eine große Reizfigur!

Und dann geschieht das Unfassbare! Dieser Typ steuert meinen Tisch an und fragt (höflich), ob noch zwei Plätze frei wären. Entsetzt stelle ich erst jetzt fest, dass sonst kaum noch Platz vorhanden ist. Das fehlt mir gerade noch!

Da ich keine passende Ausrede parat habe, stimme ich notgedrungen zu. Außerdem habe ich ja vor, nicht mehr lange zu bleiben.

Als beide an meinem Tisch Platz genommen haben, fängt „Er“ doch tatsächlich ein Gespräch mit mir an! Auch das noch! Eigentlich will ich doch nur in Ruhe meinen Cappuccino genießen.

Ob ich hier Urlaub mache; so, wie sie. Wie lange ich schon da wäre und wie lange noch. Ob ich schon Wanderungen gemacht oder andere Ausflugsziele besucht hätte? - Etwas widerwillig gebe ich die entsprechenden Antworten. Dabei kommen wir auch auf die gebuchte Unterkunft zu sprechen: Lage, Komfort, wie teuer, Qualität des Frühstücks.

Als beide (inzwischen beteiligt „Sie“ sich auch an dem Gespräch) dann auch noch von ihren bisherigen Aktivitäten und den weiteren Plänen berichten, muss ich entsetzt feststellen, dass beide eigentlich ganz umgänglich sind. Man sagt wohl: „Sie sind locker drauf“.

In einem Nebensatz erfahre ich, dass der „Typ“ beim Arbeitsamt (so heißt es jetzt ja eigentlich nicht mehr) beschäftigt ist. Genau wie meine Tochter. Es entwickelt sich sogar ein kleines Fachgespräch über die Probleme in der heutigen Arbeitswelt.

Mittlerweile hat Arno, inzwischen sind wir über „Euch“ und „Ihr“ schon zum „Du“ angelangt, mir noch einen weiteren Cappuccino spendiert. Eigentlich wollte ich doch schon längst weg sein...

Wir kommen vom Hundertsten ins Tausendste; stellen aber die Diskussion über die politische Lage recht bald wieder ein, weil wir unsere schöne Urlaubsstimmung damit nicht belasten wollen. Der Alltag wird uns schon schnell wieder einholen. Da ist es schon interessanter, dass Arno sich genau wie ich für den Fußballsport interessiert und sogar noch selber spielt. Außerdem trainiert er die Jugendmannschaft in der ein Sohn der Familie mitspielt. Dabei erfahre ich auch noch, dass die beiden, so wie ich, drei Kinder haben. Während des Urlaubs würden diese aber von den Großeltern beaufsichtigt. Eine Woche ohne Kinder sei auch mal ganz schön.

Als Angelika, so heißt die „Schönheitskönigin“ mit Vornamen, durchblicken lässt, dass sie an einer Gesamtschule unterrichtet, ist der Redebedarf über die deutsche Schulpolitik fast unbegrenzt. Es wird angeregt diskutiert. Gelegentlich sogar gelacht. (Wann hatte ich eigentlich das letzte Mal gelacht?)

Vergeblich habe ich auf die Gelegenheit gewartet, bei irgendeinem unserer Gesprächsthemen diesen vermeintlich versnobten Typen mal so richtig Kontra geben zu können. Als wir uns schließlich voneinander verabschieden, tauschen wir sogar noch unsere E-Mail-Adressen!

Meine ursprüngliche Einschätzung von den beiden habe ich nicht offenbart, aber mich innerlich ob meiner Vorurteile bei ihnen entschuldigt.

2. Mein Lottogewinn

In diesem Laden in der Nähe meines Wohnortes bin ich vorher so gut wie nie gewesen. Aber warum habe ich diesen Laden dann ausnahmsweise doch betreten? Weil es fünf vor zwölf war. Nein, es war genau 17.50 Uhr und ich musste einen wichtigen Brief noch an diesem Tag, kurz vor dem langen Osterwochenende, per Einschreiben bei der Post aufgeben. Und in diesem Laden befindet sich auch eine Postfiliale und Lottoannahmestelle. Um in die nächste Stadt zu fahren, wäre es schon zu spät gewesen.

Als ich den Laden betrat, stellte ich fest, dass noch zwei weitere Kunden, ebenfalls kurz vor der Schließung, etwas zu erledigen hatten. „Aber ich werde schon noch drankommen", dachte ich und stellte mich artig hinten an. Als ich jedoch merkte, dass sich die Erledigung der Anliegen noch einige Zeit hinziehen würde, setzte ich mich an einen kleinen Tisch, auf dem die Lottospieler ihre Scheine ausfüllen können. Gelangweilt blätterte ich in den ausgebreiteten Formularen. Lotto interessierte mich schon lange nicht mehr. Vor einigen Jahren hatte ich einmal für ein halbes Jahr bei einer Tippgemeinschaft mitgemacht. Wenn ich mich richtig erinnere, musste ich pro Woche etwa zehn Euro bezahlen. Dafür wurden mit einem Systemtipp 600 Tipps für den Sonnabend und 300 für den Mittwoch abgegeben. Mir war klar, dass bei 112 Mitgliedern dieser Gemeinschaft die Gewinne nicht sehr hoch sein würden, aber ich wollte das einmal testen. Vielleicht glückt ja doch der große Wurf. Das Ergebnis war jedoch ernüchternd. Der höchste Gewinn betrug genau 5,29 Euro. Meistens waren es ein bis zwei Euro. Ich glaube, es war in der ganzen Zeit nicht einmal ein „Fünfer" dabei gewesen. Wie schon erwähnt, war nach einem halben Jahr Schluss und ich hatte danach nie wieder einen Lottoschein in die Hand genommen. Fast belustigt habe ich fortan auf die Spieler geschaut, die mit ihren vier Kästchen auf den großen Gewinn hoffen. Sehr oft habe ich auch den Unentwegten von meinen Erfahrungen berichtet. Aber vom Weiterspielen werde ich dadurch wohl niemanden abgehalten haben.

Und jetzt saß ich an diesem Tisch und schaute mir die Lottoscheine an. Dabei fiel mein Blick auch auf etwas was ich gar nicht kannte; nämlich den „Eurojackpot“. „Was ist denn das?“ dachte ich und begann, mich damit näher zu beschäftigen. Der Jackpot beträgt also am Wochenende 33 Millionen. Ein Tipp kostet zwei Euro und dafür müssen zwei unterschiedliche Kästchen ausgefüllt werden. Gedankenlos, aber auch gelangweilt, weil die Probleme der „Vorgänger“ immer noch nicht gelöst waren, füllte ich einen Schein aus indem ich vier Tippreihen ankreuzte. Danach war ich schon an der Reihe und konnte meinen Einschreibebrief noch fristgerecht aufgeben. Zusammen mit ihm wanderte auch der Lottoschein über den Tresen. Erleichtert darüber, dass es mit dem Brief noch geklappt hatte, verließ ich den Laden. Der Tippschein war da schon aus meinem Gedächtnis verschwunden. Für mich war die Sache erledigt.

Als ich am folgenden Dienstag in einem Lebensmittelgeschäft einige Zutaten für das Mittagessen einkaufen wollte, wurde ich jedoch kurzfristig wieder mit meinem Tipp konfrontiert; denn mein Blick fiel bei den ausgelegten Zeitschriften auf die Schlagzeile einer großen Boulevardzeitung: „Jackpot geknackt! 33 Millionen gehen nach Deutschland“.

Gelesen, aber schon wieder vergessen: denn was diese Zeitung schreibt, interessiert mich grundsätzlich nicht so sehr und außerdem wusste ich doch aus eigener Erfahrung, dass ich beim Lotto keine großen Gewinne zu erwarten habe. Also, das tangierte mich überhaupt nicht.

Auch als ich nach ca. einer Woche auf der letzten Seite unserer Heimatzeitung einen kleinen Artikel mit der Überschrift „Jackpot immer noch nicht abgeholt“ vorfand, habe ich die weiteren Zeilen erst gar nicht gelesen. Es gibt doch wichtigere Dinge auf der Welt!

Es mag wieder eine Woche vergangen sein, da stand an der gleichen Stelle der Zeitung, dass nach dem Gewinner des Jackpots immer noch „gefahndet“ würde. Das sei aber keine Seltenheit und würde öfter vorkommen. Wie die Lottozentrale mitteile, käme der glückliche Gewinner aus Niedersachsen. - Damit war die Sache aber für mich auch schon wieder erledigt; denn jetzt ging es zunächst einmal in den Urlaub. Naja, Urlaub ist für uns, die wir schon einige Jahre verrentet sind, der falsche Begriff. „Wir verreisen“, wäre wohl richtiger. Aber man könnte auch sagen, dass wir Erholungsurlaub von der Gartenarbeit haben. Ist auch egal! Wir waren jedenfalls für zwei Wochen weg.

Eigentlich schaue ich mir meine wenigen E-Mails sehr unregelmäßig an. Aber nach der Rückkehr und einer so langen Abwesenheit ist es angesagt, einmal nachzuschauen. Nicht gleich am ersten aber am nächsten Tag nahm ich mir dafür die Zeit. Es waren belanglose Nachrichten eingegangen. Überwiegend Werbungen und irgendwelche dubiosen Angebote, die ich ungeöffnet löschte. Plötzlich erschien dann aber eine Werbung für den Eurojackpot. So, wie so vieles ungefragt auf dem Monitor eingeblendet wird. Ach ja! Eurojackpot. „Da war doch was. Kannst du ja mal anklicken“, dachte ich und erfuhr so, dass die Ziehung immer am Samstagabend in Helsinki stattfindet und was es mit den unterschiedlichen Tippreihen auf sich hat. Das eine sind die fünfzig Gewinnzahlen und das andere die zehn Eurozahlen. Aber es wurde auch über nicht abgeholte Gewinne berichtet. Unter anderem auch darüber, dass der Jackpot, der vor sechs Wochen nach Deutschland gegangen war, genauer gesagt nach Niedersachsen, noch unberührt geblieben sei und dass dieser nach dreizehn Wochen verfallen würde. Auf einer anderen Seite konnte ich auch die entsprechenden Gewinnzahlen einsehen. „Aber was nützen mir diese Zahlen. Den Beleg mit meinen Zahlen habe ich sowieso nicht mehr“ waren meine Gedanken und ich verließ die Seite wieder.

Dass ich gut schlafe, kann ich nicht bestätigen. Ich wache fast jede Nacht mindestens zweimal auf. Nicht, weil ich zur Toilette muss, nein, einfach so. Manchmal schlafe ich nach kurzer Zeit wieder ein, aber manchmal geht das nicht so schnell und ich fange an zu grübeln. Und wenn das geschieht, hat man schon verloren. Man kommt von einem zum anderen. Und so war es auch zwei Tage (Nächte) später. Plötzlich erinnerte sich mein Gehirn wieder an den verfluchten Jackpot. Wo kann nur dieser blöde Beleg mit meinen Zahlen sein? Ist er vielleicht doch noch im Auto. Wo sollte er denn sonst sein? Vielleicht in einer Jackentasche oder gar im Portemonnaie? Aber ich habe ihn nach dem Besuch des Ladens doch nie wieder gesehen. Alle diese Gedanken gingen mir durch den Kopf. Ich beschloss, gezielt nach der Quittung zu suchen.

Am nächsten Tag wurde ich beim Besteigen des Fahrzeuges wieder an den Jackpot erinnert und ich durchwühlte das Wageninnere. „Habe ich doch gewusst! Der Zettel ist weg. Entweder ist er in der Mülltonne gelandet oder beim Altpapier. Ach, ist ja auch egal“, sagte ich mir. Aus Erfahrung wusste ich doch, dass man mit Lotto keine großen Gewinne machen kann.

Einige Tage später benötigte ich eine Briefmarke, um meinen Beihilfeantrag abschicken zu können. Die Briefmarken habe ich in einer Schublade in meinem Sekretär aufbewahrt. Aber zuoberst lagen nicht die Briefmarken, sondern der Beleg vom Einschreiben. Aber dann stellte ich fest, dass sich unter diesem Beleg noch ein anderer Zettel befand. Ich hatte den Lottobeleg mit in die Schublade gelegt! Da war die These wieder bestätigt: Ruhe bewahren. Es findet sich alles wieder an.

Jetzt ließ mir diese Angelegenheit aber doch keine Ruhe mehr und ich setzte mich am Abend mit dem Beleg an meinen Computer und rief die Seite des „Eurojackpots“ auf. Eigentlich bin ich ein totaler Stoiker und mich haut deshalb so schnell nichts um. Als ich jedoch feststellte, dass die Zahlen einer meiner Tippreihen mit denen auf dem Monitor gezeigten total identisch waren, durchströmte ein noch nie erlebter Adrenalinausstoß meinen Körper. Aber ich hatte mich dann schnell wieder im Griff und befahl mir, Ruhe zu bewahren und genau zu überprüfen, ob das auch alles seine Richtigkeit hatte. Aber ich konnte die Sachen drehen und wenden wie ich wollte, es sah so aus, dass die Zahlen übereinstimmten und ich augenscheinlich den Jackpot geknackt hatte. „Das darf doch wohl nicht wahr sein“ sind meine Worte gewesen, als ich mich mit einem Seufzer nach hinten auf dem Schreibtischstuhl fallen ließ und dabei die Hände hinter meinem Kopf verschränkte. Ich schloss die Augen und ein unheimliches Gefühl befiel mich plötzlich.

„Und was nun? Wie soll das weitergehen? Was muss ich jetzt machen?“ Diese verzweifelten Fragen stellte mein Gehirn.

Ich ging ins Wohnzimmer, wo meine Frau sich eine Fernsehsendung anschaute und setzte mich wortlos in meinen Sessel.

Nach einer Weile der Besinnung sagte ich so, als wenn es nur eine Nebensächlichkeit wäre: „Du, ich glaube, ich habe 33 Millionen im Lotto gewonnen.“

„Ja, ja! Du hast im Lotto gewonnen“ lautet ihr gelangweilte Reaktion.

Danach entwickelte sich folgender weiterer Dialog:

Ich: Das sieht aber so aus.

Sie: Du bist ja bekloppt! Wie willst du so viel Geld gewonnen haben. Nun spinn man nicht.

Ich: Doch, ich habe das schon einige Male überprüft und festgestellt, dass ich die richtigen Zahlen angekreuzt habe.

Sie: Aber du spielst doch gar kein Lotto. Wie willst du denn die richtigen Zahlen haben.

Ich: Vor ein paar Wochen habe ich im Lottoladen im Nachbardorf aus Langeweile so einen Schein ausgefüllt, als ich dort einen Brief abgeben wollte.

Sie: Aber da gehst du doch überhaupt nicht hin.

Ich: Aber diesmal doch, weil ich keine Zeit hatte, in die Stadt zu fahren.

Sie: Und jetzt glaubst du, du hast gewonnen? Woher willst du das denn wissen?

Ich: Ich habe das im Internet überprüft.

Sie: Aber dann hätte sich doch schon längst einer bei dir gemeldet!

Ich: Nein, das wird nicht mehr gemacht. Die haben ja gar keinen Namen und auch keine Adresse von mir. Da muss man sich selber drum kümmern.

Sie: Da frag man erst einmal richtig nach und erzähl mir hier nicht solche Märchen! Jetzt will ich davon nichts mehr hören. Das ist doch bescheuert.

Damit war für mich das Gespräch über dieses Thema zunächst beendet. „Ich werde das morgen noch einmal genauestens überprüfen. Vielleicht habe ich mich ja doch geirrt und einen Fehler begangen." waren meine Gedanken.

Danach schaute ich zwar auf das Fernsehbild, aber nichts von dem, was ich hörte und sah drang in mein Gehirn. Es beschäftigte sich ausschließlich mit dieser blöden Lottogeschichte und versuchte krampfhaft, eine Fehlerquelle meiner Vorgehensweise zu finden. Ich befand mich in einem Trancezustand.

Zur üblichen Zeit gingen wir ins Bett. Für meine Frau war die Sache wohl schon erledigt; denn nach wenigen Minuten vernahm ich ihren gleichmäßigen Atem, der mir anzeigte, dass sie schon eingeschlafen war.

Schlafen!? Das war für mich unmöglich. Meine Gedanken kreisten immer wieder von dem unsäglichen Beleg zu dem Monitor und landeten auch in diesem verdammten Laden. Dann wieder zurück und das gleiche Spiel ging wieder von vorne los. Um 02.30 Uhr bin ich schließlich aufgestanden und wieder an den Computer gegangen. Aber eine nochmalige intensive Überprüfung führte wieder zum gleichen Ergebnis. Nun begann ich zu recherchieren. Was ist im Falle eines Gewinnes zu tun? Was ist alles zu bedenken und wie sollte man sich verhalten? Fallen Steuern an? Was ist bei den Stichworten Schenkung, Spende und Stiftung zu beachten?

„Träume werden war“ stand auch auf einer Seite. Von wegen Träume. Das ist ein Albtraum! Wir haben doch gar keine großen Träume mehr. Alles was wir wirklich wollen, können wir uns schon jetzt leisten. Aber unsere Ansprüche sind ja nicht sehr hoch. Wir verreisen schon jetzt mehrmals im Jahr, obwohl meine Frau gar nicht gerne anderswo ist. „Zuhause ist es am Schönsten“ pflegt sie stets zu sagen, wenn wir unterwegs sind.

Irgendwann bin ich dann doch wieder ins Bett gegangen. Nach einer schlaflosen Nacht musste ich am Frühstückstisch meiner Frau diese Problematik doch wieder beibringen. Aber sie war von dem Wahrheitsgehalt meiner Erklärung immer noch nicht zu überzeugen und wollte dafür stichhaltige Beweise sehen. Also gingen wir an den Computer und schauten uns gemeinsam das „Dilemma“ an. Bald waren auch bei ihr die letzten Zweifel ausgeräumt und sie sagte schließlich: „Und was nun? Was sollen wir denn mit dem vielen Geld. Wir haben doch genug!“

Da hatte sie Recht. Wir hatten noch nie Geldsorgen, hatten immer bescheiden gelebt und nie etwas auf Pump gekauft. Wir waren nicht reich, was immer das auch bedeuten mag, aber das Geld, das wir hatten, reichte uns vollkommen. Und was sollten wir anders machen?

Das bisher Geschilderte trug sich so im Frühjahr 2015 zu. Den verhängnisvollen Lottoschein hatte ich am Donnerstag, den 2. April genau um 17.58 Uhr abgegeben. Man könnte also auch von einem verspäteten Aprilscherz sprechen.

Aber, wie ist es dann weitergegangen? Was ist bis heute am Freitag, den 31.08.2018, geschehen?

Es war der Himmelfahrtstag gewesen, an dem wir die Einsicht gewannen, wirklich gewonnen zu haben. Am nächsten Tag habe ich dann bei der Lottozentrale in Hannover angerufen und die Kontrollnummer auf meiner Quittung überprüfen lassen. Das Ergebnis war wie erwartet, dass alles seine Richtigkeit hatte. Für den folgenden Dienstag bekam ich einen Termin bei dem „Gewinnberater".

Unsere drei erwachsenen Kinder habe ich kurzfristig zum Wochenende zu uns eingeladen, ohne den wahren Grund zu nennen; was mir allerdings schwergefallen ist.

Als ich ihnen dann am Sonnabend vom Lottogewinn berichtete, brach spontaner Jubel aus. Die in Aussicht gestellten fünf Millionen Euro für jedes Kind lösten eine euphorische Stimmung aus und es wurden spontan sogar schon einige Pläne geschmiedet. Dass sie etwas anders als ich reagierten, war eigentlich verständlich; denn sie waren ja erst alle um die vierzig Jahre alt und hatten noch mindestens die Hälfte ihres Lebens vor sich. Ich ging dagegen schon auf die siebzig zu. Für sie konnten noch Träume in Erfüllung gehen. Groß gefeiert haben wir aber nicht. Eine Runde Sekt und ein gemütliches Essen mit einem Gläschen Wein beendete den Abend. Anschließend war, genau wie bei uns, auch bei den Kindern nichts mehr so wie vorher. Im Gehirn kreisten immer wieder diese irren Summen herum. An einem ruhigen Schlaf war zunächst überhaupt nicht zu denken.

Bei dem Termin in der Lottozentrale am Dienstag, den 19. Mai 2015, ging es recht bürokratisch zu: Kein großer Empfang, kein Sekt, kein Blumenstrauß, sondern nur nüchterne Analyse. Vieles, was mir der „Gewinnberater" aufzeigte, hatte ich schon im Internet recherchiert. Trotzdem war dieses Gespräch noch eine Bereicherung für mich. Nachdem ich das „Zentralgewinnformular" ausgefüllt hatte und mir der Berater erklärte, dass der Gewinn nun in den nächsten Tagen auf meinem Konto sein würde, verabschiedete ich mich nach rund einer Stunde. Nun sollte alles seinen Lauf nehmen.

Von Anfang an hatte ich, für viele wahrscheinlich unverständlich, ob der hohen Summe des Gewinns ein schlechtes Gewissen und spürte großes Unbehagen. Dieses Geld hatte ich doch nicht verdient, nicht erarbeitet, keine Leistung dafür erbracht. Eigentlich hatte ich es anderen genommen. Es war das Geld zahlreicher Tipper aus fast ganz Europa. Sicher auch vieler armer Leute, die sehnsuchtsvoll auf einen Volltreffer hoffen, um sich endlich ihre Träume erfüllen zu können. So stand also für mich sehr schnell fest, einen großen Teil der Allgemeinheit wieder zurückzugeben.

Nach langen Überlegungen habe ich das Geld schließlich wie folgt aufgeteilt:

15 Millionen für die Kinder

Die drei erwachsenen Kinder nicht großzügig zu beschenken, hätte wohl niemand verstanden. Über die Höhe des Betrages habe ich jedoch lange nachgedacht und mich doch auf je fünf Millionen festgelegt. Aber verbunden mit dem ausdrücklichen Wunsch, einen Teil davon sozialen Projekten zukommen zu lassen. Nach Abzug der Schenkungssteuer verblieben schließlich rund vier Millionen für jedes Kind. Obwohl zwei von ihnen in einer Großstadt arbeiteten und auch wohnten, haben alle drei, nach einer Weile der Suche, neue Häuser in einer Kleinstadt nicht weit von ihrem Heimatort entfernt gebaut. Auch deshalb, weil sich dort Freunde und

Bekannte ebenfalls niedergelassen hatten. Zunächst haben auch alle, zusammen mit ihren Partnern, weitergearbeitet. Einige haben inzwischen jedoch ihre Stelle gekündigt und gehen nun Beschäftigungen nach, die sie unabhängig von jeglichen Zwängen macht. Jeder so, wie er es gerne möchte und wie es passt.

Es freut mich sehr, dass kein Kind abgehoben ist und alle in Demut mit diesem plötzlichen Reichtum umgehen.

5 Millionen

Diese Summe habe ich der Gemeinde in Form einer Verbrauchsstiftung vermacht. Sinn und Zweck ist in erster Linie die Finanzierung des Kindergartens. Zur Absicherung kann ein Teil dieses Geld auch in Immobilien angelegt werden. Neben den erwirtschafteten Gewinnen dürfen jährlich nur bis zu 100.000,00 Euro dem Stock entnommen werden.

2 Millionen

Dieses Geld habe ich für die Finanzierung des Neubaus der Durchgangsstraße meines Heimatortes zur Verfügung gestellt. Dafür mussten zwar einige bürokratische Hürden genommen werden, aber was schon lange geplant war, ist nun umgesetzt worden. Die marode Straße aus den fünfziger Jahren ist runderneuert und auch die Problematik mit dem Oberflächenwasser endgültig gelöst worden.

1 Million

Die in der Ortsmitte rechts und links neben unserem alten Bauernhaus gelegenen schon länger zum Verkauf stehenden alten Häuser habe ich für „kleines“ Geld erworben. Die einhellige Meinung der Freunde und Bekannten war: abreißen und neu bauen. Ich wollte jedoch den dörflichen Charakter erhalten und habe sie, genau wie das eigene Haus, grundsaniert. So haben zum Beispiel alle drei Häuser ein neues Dach bekommen.

Die auf der linken Seite gelegene alte Schmiede beherbergt jetzt eine Großfamilie mit zwei Pferden, die auf der angrenzenden Weide gut aufgehoben sind.

Die Nebengebäude der Dorfkneipe, die auf der anderen Seite liegt, wurden abgerissen, der Saal modernisiert, die Innenräume zeitgerecht renoviert und die Außenansicht neu gestaltet.

Jetzt betreibt ein junger Koch mit seiner Familie diese Gaststätte unter den Namen „Only Wurst“. Hier werden nur Wurstgerichte angeboten wie zum Beispiel acht Currywurstgerichte mit den unterschiedlichsten Soßen. Der Renner ist eine Wurst mit Oliven und Schafskäse. Aber auch Wurstplatten aus aller Herren Länder sind sehr begehrt. Nach anfänglichen Schwierigkeiten brummt nun der Laden. Vor allem ist auch der Saal heißbegehrt, weil in dieser Größe und Ausstattung in der weiteren Umgebung nichts Vergleichbares vorhanden ist.

Allerdings hat dieses Projekt wegen unvorhersehbarer Schwierigkeiten etwas höhere Kosten verursacht. Das ist bei der Renovierungen von Altgebäuden keine Seltenheit. Aber der Aufwand hat sich gelohnt, denn dieses neue Ensemble der drei renovierten Häuser ist nun ein Glanzstück der Dorfmitte, ohne jedoch den dörflichen Charakter verloren zu haben.

1 Million

Unproblematisch waren die Spenden von jeweils 500 Tausend Euro an den hiesigen Schützenclub und den Sportverein in der Nachbargemeinde, der einen hervorragenden Breitensport betreibt.

5 Million

Es stand für mich sehr schnell fest, dass ich meinem heimatlichen Sportverein einen großen Teil des Gewinns zukommen lassen wollte; denn das Vereinsleben hat mir während des bisherigen Lebens sehr viel gegeben und ist deshalb für mich eine Herzensangelegenheit. Und so habe ich die Infrastruktur entscheidend verbessert. Der Trainingsplatz wurde erweitert und zusätzlich gehört jetzt auch ein Kunstrasenplatz zum Gelände. Die Rasenplätze sind mit einer Drainage und automatischer Beregnungsanlage ausgerüstet. Alle Sportplätze werden mit modernen LED-Flutlichtlampen ausgeleuchtet. Des Weiteren wurde das Funktionsgebäude erheblich erweitert und verfügt über sehr geräumige Umkleidekabinen und einen großen Fitnessraum. Selbstverständlich ist die Heizungsanlage auf den neusten Stand gebracht worden.

Außerdem wurden weitere Stehplätze geschaffen, die zu einem großen Teil überdacht sind; genau wie die kleine Tribüne mit den Sitzplätzen. Diese Anlage hat nun absolutes Regionalliga-Niveau.

Die restliche Summe ist im Verein verblieben. Davon sind aus Gründen der Werterhaltung zwei Millionen in rentable Mietobjekte investiert worden. Es sind nun also alle Voraussetzungen geschaffen, um über Jahre hinaus eine erfolgreiche Vereinsarbeit leisten zu können.

Ich stelle jetzt aber auch fest, dass der kleine Verein noch Probleme hat, mit dieser neuen Situation umzugehen. Auch qualifiziertes Personal muss erst einmal gefunden werden. Höhere sportliche Ziele anzustreben, bedeutet auch einen größeren Personalaufwand. Ich schaue aber trotzdem ganz zuversichtlich in die Zukunft.

2 Millionen

Am schwierigsten zu verwirklichen war mein ehrgeiziges Ziel, in meinem Heimatort den ökologischen Landbau zu fördern. Nach vielen Gesprächen und Beratungen mit den unterschiedlichsten Behörden und Unternehmen ist es mir aber doch gelungen, einen Teil der ortsansässigen Landbesitzer davon zu überzeugen, die Anbaumethode zu ändern und sich dem ökologischen Anbau zu verschreiben. Die Ländereien wurden in eine „Kooperative Genossenschaft" eingebracht und werden von dieser nun bewirtschaftet.

Allerdings waren auch einige Flurbereinigungen nötig, um den Abstand zu den Flächen mit konventionellem Anbau möglichst groß zu halten und damit einer Kontaminierung vorzubeugen.

Vergleichbar ist dieser Zusammenschluss fast mit einer LPG in der früheren DDR. Eigentlich beginnt das Projekt erst nach der diesjährigen Ernte. Zunächst muss der Boden fünf Jahre lang „entgiftet" werden. Erst danach können die Produkte als „Bio" anerkannt werden. Meine „Entnahmestiftung" soll die ersten schwierigen Jahre tatkräftig unterstützen.

Das Ziel ist eindeutig, einen zukunftsweisenden profitablen Betrieb zu entwickeln. Verhandlungen mit einem Hersteller von Babynahrung sind zum Beispiel schon vielversprechend verlaufen.

2 Millionen

Dieser Rest ist bei mir verblieben damit ich Geld zu spontanen Ausgaben zur Verfügung habe oder hier und da noch nachsteuern kann. Einen Teil davon habe ich in Gold angelegt.

Da meine Frau so ähnlich veranlagt ist wie ich, war es kein großes Problem, sich auf diese Maßnahmen zu einigen.

Aber wie sieht es mit den eigenen Bedürfnissen und Belangen aus? Was hat sich bei uns verändert?

Im Grunde nicht viel; denn wir sind beide um die siebzig Jahre alt und können und möchten unser Leben nicht radikal umkrempeln. Sollen wir uns in die Schickeria einschleichen in der wir uns absolut unwohl fühlen würden? Nein. Richtig elegant einkleiden? Wo sollen wir das denn tragen? Für mich war es schon immer ein großes Desaster, wenn ich mir zum Beispiel eine neue Hose kaufen wollte. Meistens habe ich schon nach kurzer Zeit aufgegeben und mir gesagt, dass ich eigentlich genug Hosen hätte und die ja noch in Ordnung wären. Nein! Ich fühle mich nicht wohl, wenn ich „overdressed“ herumlaufen würde. Meine Frau hat sich allerdings doch einige neue Sachen zugelegt.

Sollten wir uns vielleicht eine große Jacht auf Mallorca zulegen? Unvorstellbar! Wir wollen ja in Deutschland bleiben und wären dort wahrscheinlich auch von dieser nicht gewollten Schickeria umgeben.

Ein neues Auto kaufen? Warum? Ich hatte gerade meinen ungeliebten Toyota gegen einen sechs Jahre alten VW-Passat TSI umgetauscht. Ein besseres Auto hatte ich vorher noch nie. Warum also weggeben? Wenn es zwölf Jahre alt wird; dann vielleicht.

Vornehm und überteuert essen gehen ist auch nicht angesagt.

Nein! Wir sind mit unserem Dorfleben zufrieden. Haben hier unsere Freunde und gute Bekannte, die wir nicht missen möchten.

Mehr Verreisen? Vielleicht eine Weltreise machen? Das ist schon ein Gedanke wert. Aber meine Frau und ich haben festgestellt, dass bei unseren bisherigen Reisen zehn Tage völlig ausreichend waren.

Ja! Wir haben uns eine Expeditionsreise auf einem kleineren Luxusliner gegönnt. Sie war zwar schön und sehr interessant, dauerte aber mit drei Wochen für uns einfach zu lange.

Hinzu kommt auch noch, dass meine Frau grundsätzlich nicht mehr fliegen möchte und wir schon aus diesem Grund bei größeren Unternehmungen eingeschränkt sind. Deshalb machen wir lieber Busreisen und erkunden Ziele in Deutschland und Europa. Außerdem sind wir ab und zu mit Kreuzfahrtschiffen unterwegs auf denen es recht ungezwungen zugeht. Das gefällt uns beiden.

Einen besonderen Luxus gönne ich mir allerdings doch. Ich habe ein Zimmer als Fitnessraum hergerichtet in dem auch physiotherapeutische Maßnahmen durchgeführt werden können. Einmal in der Woche genieße ich dort eine einstündige asiatische Massage. Bei Bedarf bestelle ich die Therapeutin auch ein zweites Mal. Nach anfänglichem Zögern nimmt meine Frau diese Annehmlichkeit nun auch in Anspruch.

Ausschließen kann ich nicht, dass wir ein kleines Haus bauen werden, wenn uns das jetzige mit dem riesigen Grundstück nicht mehr zusagt.

Die Kinder sitzen bei den verschiedenen Stiftungen in den Vorständen und kontrollieren somit, dass das Geld in meinem Sinne verwendet wird. Ich brauche mich also damit nicht mehr beschäftigen.

Jetzt, wo das Geld, wie ich meine, gerecht verteilt ist, kann ich wieder besser schlafen und mein Leben so gestalten, wie ich es gerne möchte. Mir reicht es vollkommen, wenn andere sich darüber freuen, dass es mich gibt. Auch wenn dieses in manchen Fällen direkt oder indirekt mit dem Geld aus meinem Lottogewinn zusammenhängen sollte.

P.S.: Ich hatte „nur" 33 Millionen gewonnen. Etwa zwei Jahre später ging ein Gewinn von sage und schreibe 90 Millionen EURO nach Tschechien. Wahnsinn!

3. Der Baum

Im Frühjahr 1997 sitze ich in meinem Krankenzimmer und schaue aus dem Fenster auf eine parkähnliche Anlage. Die Sonne scheint. Wenn durch das geöffnete Fenster nicht die kalte Luft hereinströmen würde, könnte man denken, es wäre ein herrlicher, warmer Frühlingstag wie man ihn sich an kalten, trüben Wintertagen vorstellt. Durch das Sonnenlicht wirkt dieser Park freundlich. Er strahlt Ruhe aus. Lässt auch die Schmerzen vergessen, die der offen operierte Leistenbruch verursacht.

Kaninchen hoppeln auf der Rasenfläche umher. Sie spielen unbeschwert miteinander, jagen sich und sitzen dann wieder ganz ruhig da und fressen. Sie „äsen“ sagen die Jäger dazu. Aber es könnte auch „mümmeln“ genannt werden; denn man sagt ja zum Hasen auch Mümmelmann! Jedenfalls ist es lustig und schön, diesen kleinen Tieren zuzuschauen.

Ebenso ist es mit den Vögeln, die ich beobachten kann. Zwar sind sie zu dieser Jahreszeit noch nicht so zahlreich vertreten, aber für den aufmerksamen Betrachter hier und da sehr gut zu beobachten. Vor allem die dicken Amseln und die flinken Meisen sind emsig bei der Futtersuche.

In der Mitte des Parks verharrt mein Blick; denn dort steht er: „Der Baum“!

Der Eichbaum. Die Eiche.

Weil er nur etwa dreißig Meter vom Gebäude entfernt ist, fällt er mir besonders auf.

Dann schweift mein Blick von der rechten Seite des Parks langsam zur linken hinüber. Aufmerksam inspiziere ich jeden Baum, ich habe ja Zeit. Wann hat man das schon ...

Zunächst registriere ich nur die großen Bäume. Ich versuche, die Arten zu bestimmen. Wenn ich durch die Eiche hindurchschaue, jetzt geht das noch, im Sommer wäre es wohl nicht möglich, sehe ich im Hintergrund einen sehr groß gewachsenen Baum. „Das wird wohl eine Buche sein“, bestimme ich. Ein Vergleich mit meinem Baum sagt mir, dass es keine Eiche ist. Der Wuchs ist anders. Restzweifel sind allerdings vorhanden. Etwas weiter davor gibt es einen ganz leichten Fall. Dort stehen drei Birken. Die erkennt wohl jeder. Die Forstwirte bezeichnen sie oft auch als das Unkraut des Waldes. Ich finde sie trotzdem schön.

Dann schweift mein Blick etwas weiter nach links. Im Hintergrund steht noch eine Eiche. Sie ist nicht ganz so groß und alt wie „meine“ Eiche.

Die gegenüberliegende Seite des Parks wird begrenzt durch einen Bahndamm. Die in unregelmäßigen Abständen vorbeifahrenden S-Bahnzüge stören ein wenig die Idylle. Ich nehme sie aber schon gar nicht mehr richtig wahr. Im Sommer könnte man die Züge wohl gar nicht sehen; denn der Bahndamm ist mit großen und kleinen Bäumen sowie mit allerlei Gebüsch eng bewachsen. Alles behindert sich gegenseitig, kann sich nicht frei entfalten. Wer am schnellsten nach oben kommt, unterdrückt die anderen. Ellenbogengesellschaft.

Die größten Bäume werden wohl Weiden sein. Oder sind es Espen, die auch als Zitterpappeln bezeichnet werden? Es könnten auch Linden und Ahorn dabei sein. Im Sommer wäre die Bestimmung leichter. Sicher bin ich mir aber bei der Lärche, die ich zweifelsfrei erkenne. Genau wie bei der Kiefer und dem schon blühenden „Kätzchenbusch“, einer Weidenart.

Auf der linken Seite wird mein Blickfeld begrenzt durch eine alte Eiche im Hintergrund und etwas davor drei weitere dicht beieinanderstehende riesige Birken. Daneben, im nötigen Abstand, erkenne ich an den großen unterschiedlichen Flecken auf der Borke eine Platane. In diesem Bereich steht auch der wohl älteste Baum. Eine alte, knorrige Eiche mit kräftigen, dicken, ausladenden, zum Teil schlangenförmig gebogenen Ästen. Wenn ich den Park als Einheit ansehe, so geht von diesem Baum etwas Majestätisches aus. So, als wolle er sagen: „Wer seid ihr anderen denn schon. Ich bin der Chef des Ganzen! Ich habe schon viele kommen und gehen sehen. Vor allem die vielen kleinen Sträucher und Büsche, die an den durch den Park führenden Wegen stehen. Und ihr drei schnellgewachsenen Birken an meiner Seite seid zwar im Moment etwas höher als ich, aber auch euch werde ich noch überleben!"

Sie, die knorrige Eiche wird wohl Recht behalten. Wenn sie gesund bleibt.

Aber „meinen" Baum, zu dem mein Blick zurückschweift, meint sie sicher nicht; denn dieser Baum könnte ein direkter Nachkomme von ihr sein. Der Abstand zu den anderen Bäumen ist so groß, dass aus dieser Eiche auch einmal ein großer majestätischer Baum werden kann.

Weil es für mich bequem ist und „Der Baum" mir am nächsten steht, betrachte ich ihn genauer; ganz gezielt und intensiv.

Bei der Artbestimmung fällt es mir leicht, ihn als Eiche zu erkennen. Sie ist zwar noch nicht erwachsen, aber vom Wuchs her der alten Eiche sehr ähnlich, schon knorrig, aber eben noch feingliedriger mit nicht ganz so dicken Ästen ausgestattet. Wenn ich meine Eiche allerdings mit der alten, majestätischen vergleiche, habe ich schon Probleme, zu dem alten Baum ebenfalls „Die Eiche“ zu sagen. Dann schon eher „Der Eichbaum“; denn der Alte wirkt männlich, erhaben wie ein Platzhirsch in seinem Rudel oder ein Löwe mit seiner großen Mähne.

Jetzt schaue ich aber auf „meinen“ Baum. Während ich die Äste und Zweige näher betrachte, schießen mir weitere Gedanken durch den Kopf. Wer mag diesen Baum wohl gepflanzt haben? War es vielleicht ein Angestellter oder der Besitzer dieses Grundstücks? Oder war es ein Eichhörnchen, das eine Eichel hier als Wintervorrat vergraben hatte? Es könnte aber auch ein Eichelhäher gewesen sein, der im Herbst unzählige Eicheln in der Landschaft vergräbt, die er nicht alle wiederfindet und so maßgeblich zur Vermehrung beiträgt. Beide tragen in ihrem Namen die Verbindung zum Eichbaum.

60 bis 70 Jahre sollte „mein“ Baum nach meiner ersten Einschätzung alt sein. Gehen wir von 60 aus, dann wäre er also 1937 aufgelaufen. Nein, in dieser Zeit soll er nicht geboren sein. Zehn Jahre davor, 1927. - Das wäre auch nicht so gut; denn das Ende der sogenannten „Goldenen 20er Jahre“ ist abzusehen und die unsägliche Weltwirtschaftskrise steht bevor, die schließlich indirekt den 2. Weltkrieg auslöst.

Wie sieht es denn mit 1917 aus? Ach nein! Dann wäre sie ja eine Kriegseiche.

Noch einmal zehn Jahre früher, 1907. Das ist schon besser. Es ist eine „Kaisereiche“ und damit wäre sie genauso alt wie mein bäuerliches Wohnhaus im Heimatort, das am 21. August 1907 errichtet wurde. Das passt!

Meine Eiche ist also 90 Jahre alt. Und wenn ich sie mir nun noch einmal richtig betrachte, komme ich zu der Erkenntnis, dass es stimmen könnte; denn ich habe dabei eine Vergleichsmöglichkeit, die mir jetzt einfällt. Ich bin in der Landwirtschaft groß geworden und musste als Kind häufig mithelfen. Dabei kann ich mich noch sehr gut an die obligatorische Kaffeepause um 15.30 Uhr beim Kartoffelsammeln erinnern. Am Ende des spitzzulaufenden Feldes stand, und steht jetzt immer noch, ein schattenspendender Eichbaum, unter dem wir uns alle zu einer halbstündigen Pause versammelten. Dann wurde ein weißes Laken ausgebreitet und herrlich duftender Pflaumen- und Butterkuchen daraufgestellt, den die um das Laken herum versammelten Kartoffelsammler und -sammlerinnen bei einer Tasse Bonisto-Kaffee (ein Kaffeeersatz) genossen. Zuvor wurden die schmutzigen Hände kurz an der Leinenschürze abgerieben. Diese Eiche soll damals ca. 30 Jahre alt gewesen sein und wäre heute folglich 70 Jahre. Sie ist aber noch nicht so groß wie meine „Kaisereiche".

Wie alt mögen dann die vielen Eichen sein, die unser Dorfbild prägen? Sie haben fast alle die gleiche Größe. Das hat wahrscheinlich auch einen ganz bestimmten Grund.

Große Teile meines Heimatortes sind 1832 einer Feuersbrunst zum Opfer gefallen. So ist es früher vielen Dörfern und auch Städten ergangen, weil die Dächer meist mit Stroh eingedeckt und darum leicht entflammbar waren. Oftmals sind solche Brände durch Blitzschlag ausgelöst worden. Von dem alten Dorf hat lange Zeit noch der Dorfbrunnen, von Wiesen umgeben, an alte Zeiten erinnert.

Das neue Dorf wurde dann neben den nassen Wiesen wieder errichtet. Aber dann wurden auf jedem Gehöft Eichen angepflanzt. Vielleicht sogar auf Anordnung. Sie sollten den

Gebäuden Schutz vor Sturm und Blitzschlag bieten. Die Eichen haben durch ihre tiefe Verwurzelung Kontakt zum Grundwasser und sollen so den Blitz ableiten. Ein Sturm kann einer Eiche so leicht nichts anhaben, ihm aber einen großen Teil seiner Kraft nehmen und somit das Haus schützen. Also sind unsere Dorfeichen schon über 160 Jahre alt. Nun aber wieder zu „meinem“ Baum.

Lebt die Eiche noch oder ist sie tot? Sie wird wohl leben, sonst hätte der Mensch sie schon längst gefällt. Aber mit Sicherheit kann ich das nicht sagen. Im Winter sehen alle Laubbäume wie tot aus. Um ganz sicher zu sein, müsste man zum Baum gehen und die Rinde ankratzen. Darunter wird dann eine grüne Schicht sichtbar. Sie ist die Versorgungsleitung und das Zeichen für Leben.

Aber nicht nur unter der Rinde ist Leben, sondern auch am und im Baum. In der knorrigen, zerklüfteten Rinde verstecken sich unzählige Kleinstlebewesen. Davon zeugen die Blau- und Kohlmeisen, die ich mit Freude im Baum herumturnen sehe. Sie suchen nach Käfern, Larven und Würmern. Neben Buchfinken, Grünfinken und sogar einem Zaunkönig beobachte ich auch einen Kleiber, der mit seinem langen Schnabel in tiefste Ritzen und Furchen gelangen kann und oft kopfüber am Stamm und den Ästen hoch und herunter läuft. Die ebenfalls vorhandenen Elstern mag nicht so gerne, weil sie große Nesträuber und somit ein Feind der immer seltener werdenden Singvögel sind. Es ist jedoch hochinteressant und faszinierend, einem Paar bei dem Bau seines Nestes zuzuschauen. Sie beginnen damit schon im Februar, wenn die Bäume noch kahl sind. Wenn diese schon Laub hätten, wären die Zweige viel zu sperrig, um ein so großes Nest bauen zu können. Schon jetzt haben sie Mühe, ihre

Zweige und Stöcke, die sie oft von den Birken mit großem Kraftaufwand abreißen oder aus verlassenen Nestern „klauen“, kunstvoll zu verflechten. Es ist ein Ziehen und Zerren, bis das Baumaterial in die richtige Lage gebracht ist. Der Mensch muss alles mühsam erlernen. Die Elstern und natürlich auch alle anderen Vögel können es einfach; jeder Vogel nach seiner Art.

Leben! Was bedeutet das für diesen Baum? Wo ist das Herz, die Lunge, das Gehirn? Natürlich habe ich etwas über die Vorgänge in den Pflanzen gehört wie Assimilation und Photosynthese. Aber wer sagt dem Baum im Herbst, dass er die Wasserzufuhr langsam stoppen, den Betrieb einstellen und seine Blätter abwerfen soll? Im Winter würde der Frost die Wasserleitungen im Baum zum Bersten und die Rinde zum Platzen bringen. Der Tod wäre die Folge! Aber was löst diese Reaktion aus? Es wird wohl die Sonne sein; die Länge des Tages.

Im Frühjahr beendet der Baum seinen Winterschlaf. Es kehrt neues Leben zurück. Der Zeitpunkt ist allerdings von Baum zu Baum, von Strauch zu Strauch, von Pflanze zu Pflanze individuell verschieden. Auch die Bodentemperatur ist in manchen Fällen mitverantwortlich für das „Erwachen“ im Frühjahr.

Während die anderen Bäume und Sträucher teilweise schon jetzt Blätter oder sogar Blüten haben und wir schon sehr warme Tage hatten, bleibt meine Eiche noch ganz ruhig. Als wolle sie die anderen belächeln. Weil diese es so eilig haben, sagt sie zu sich: „Ich habe noch Zeit. Mich bringt so leicht nichts aus der Ruhe.“ Dabei bedenkt meine Eiche jedoch nicht, dass es sehr wichtig ist, dass andere schon viel weiter sind als sie. Dadurch werden Bienen und andere Insekten mit dringend benötigter Nahrung versorgt. Die Insekten werden auch der Hauptgrund sein, warum die Natur nicht geschlossen aus dem Winterschlaf erwacht. Wenn alles zur gleichen Zeit erblühen würde, wäre es diesen unmöglich, sich bei ihrer Futtersuche um alle Pflanzen zu kümmern, sie zu bestäuben und somit für ihre Arterhaltung zu sorgen. Also alles schön nacheinander!

Wer sich an diese Regeln nicht gehalten hat, musste ums Überleben kämpfen und ist schließlich im Laufe der Evolution ganz verschwunden. Sind die Insekten dafür mitverantwortlich, welche Vegetation in den jeweiligen Gebieten vorherrscht? Es wird wohl so sein.

Bei meiner Eiche steigt der Saft jetzt sicher allmählich auf und setzt den Baum langsam unter Druck. Wie ein 100m-Läufer vor dem Start warten jetzt die Knospen gespannt auf das Signal zum Aufspringen. Im Tannenwald kann man das durch ein dauerndes Knistern gut vernehmen.

Warum wächst der Baum aber grundsätzlich gerade nach oben, auch wenn er an einer Böschung aufwächst? Wer nivelliert das aus? Die Spitze, der Stamm, die Wurzeln, ein Gleichgewichtsorgan?

Wenn ein Artist eine Stange auf der Kinnspitze balanciert, muss er unten ausgleichen, damit die Stange immer in der Senkrechten bleibt. Und beim Baum? Wenn der Baum versucht, schief zu wachsen, entsteht auf der gegenüberliegenden Seite eine Zugwirkung auf die Wurzeln. Es ergeht der Befehl an den Baum, dass er eine andere Richtung einzuschlagen hat. Er wächst senkrecht in die Höhe und die Wurzeln haben ihre Ruhe. Es gibt aber auch ältere Bäume, die, aus welchen Gründen auch immer, sich nach einer Seite geneigt haben. In diesen Fällen geben die Wurzeln aber ihren Baum nicht auf und versuchen, durch besonders starken und tiefergehenden Wuchs, dem Baum einen festen Halt zu geben.

Bestimmen die Wurzeln auch, wo und wie Äste zu wachsen haben, damit sich eine gleichmäßige Krone bildet, die sie dann bequem tragen und halten können? Oder ist es umgekehrt, und die Krone bestimmt wie sie auszusehen hat? Wer also steuert den Wuchs der Zweige und Äste? Das werden in erster Linie wohl die Gene sein, die den Wuchs bestimmen. Im Samen sind schon alle Informationen enthalten, wie der Baum einmal auszusehen hat. Aber Stopp! Das wäre ja nur möglich, wenn der Baum so frei stehen würde wie meiner und sich frei entwickeln könnte. Hat er aber nicht so viel Platz, muss umgedacht und umdisponiert werden. Wo wir wieder bei der „Schaltzentrale" wären...
Die Zweige und Äste meines Baumes haben eine schöne Krone gebildet. Jeder Ast hat seinen Platz. Bei genauem Hinschauen stelle ich jedoch fest, dass einige Äste einen sonderbaren Weg gewählt haben, um zum Licht zu gelangen. Ich entdecke einen starken Ast, der quer durch den Baum in Richtung eines anderen gewachsen ist und diesen zu berühren scheint. Warum ist er so gewachsen? Zum Licht wäre ein viel kürzerer Weg möglich gewesen. Gibt es Äste, die aus der Art schlagen, machen, was sie wollen und anderen in die Quere kommen? Dieser wird auf alle Fälle geduldet und hat sich gut entwickelt. Vielleicht war auf der anderen Seite für ihn kein Platz mehr und er hat sich diesen Ausweg gesucht. Die Bäume werden als die Lunge der Erde bezeichnet! Ja, jetzt sehe ich es. Der Baum sieht genauso aus. Der Stamm

ist die Luftröhre. Dann folgen die Äste und Zweige, die wie die Bronchien immer feiner werden. An den Enden sitzen die Blätter, die Lungenbläschen – das Atmen – das Leben. Meine Eiche strahlt Ruhe aus. Sie wirkt ausgeglichen und zufrieden. Der Mensch hat sie ja auch in Ruhe gelassen. Wenn ich dabei an so manchen Obstbaum denke ...

Es gibt wohl kaum etwas Schöneres, als einen alten, kräftigen Apfelbaum zu betrachten, wenn er im Frühjahr bei Sonnenschein in voller Blüte steht. Ein wunderschöner Anblick! In der Luft liegt ein Summen von den vielen Bienen und sonstigen Insekten, die emsig in den Blüten nach Nektar suchen.

Ja! Ein schöner alter Apfelbaum, wie zum Beispiel der „Boskoop“, strahlt wie meine Eiche Ruhe aus. Allerdings nur so lange, bis der Mensch meint, den Baum köpfen zu müssen, weil er die letzten Äpfel ganz oben in der Spitze nicht mehr pflücken kann. Dann ist es mit der Ruhe für den Baum vorbei und es bricht eine wahre Panik aus. Das Gleichgewicht ist vollkommen aus den Fugen geraten. Der Wasserdruck im Baum steigt ins Unermessliche. Aber es fehlen jetzt viele Äste und Zweige, die das Wasser aufnehmen können.

„Was ist da oben los?“, fragen sich die Wurzeln. Sie sind dafür ausgelegt, den ganzen Baum zu versorgen. Also bemüht sich der Baum, neue Äste und Zweige heranzubilden, damit das Gleichgewicht wiederhergestellt ist und der Druck im Baum abgebaut werden kann. So entstehen viele schnellwachsende Wildtriebe.

Aber sieht dieser Baum noch schön aus? Nein! Er ist kastriert. Man hat ihm seine Würde genommen! Und weil der Mensch die steil nach oben gewachsenen „Wasserschosse“ nicht leiden mag, werden diese immer wieder entfernt. So geht es Jahr für Jahr. Wenn der Mensch eingreift, gerät die Natur aus dem Gleichgewicht. Wenn der Mensch gnädig war, hat er zumindest die Wunden, die er dem Baum zugefügt hat, mit einem Wundverschluss behandelt, sodass sie einigermaßen verheilt sind. Aber die Würde ist ihm für immer genommen. - Die Würde des Baumes (Menschen) ist unantastbar...

In einem anderen Fall kann das Köpfen von Bäumen für den Menschen von großem Nutzen sein. Weiden wurden und werden „geköpft“, damit dann die entstehenden Wildtriebe geerntet werden können, um daraus Körbe und Kiepen zu flechten. Es entstehen dann im Laufe der Jahre prächtige sogenannte Kopfweiden. Die Triebe müssen aber regelmäßig zurückgeschnitten werden, weil die Bäume sonst unter der Last der dicken Äste auseinanderbrechen würden. Vor allem dann, wenn sie schon recht alt und innen hohl sind. Diese Bäume sind auch deshalb schützenswert, weil sie allerlei Getier Unterschlupf bieten. Genauso verhält es sich auch beim Weißdorn, der zu einer „Dornenhecke“ zurückgeschnitten wurde.

Ist mein Eichbaum ein Mann oder eine Frau, weiblich oder männlich? Im Gegensatz zur Tierwelt brauchen sich die Pflanzen keine Gedanken um die Befruchtung machen. Das übernehmen die Insekten und manchmal auch der Wind. Aber wo sind die Kinder, die Nachkommen meiner Eiche? Sie hat doch bestimmt schon Eicheln getragen. In der Tierwelt sind die jungen Nachkommen grundsätzlich dicht bei den Eltern. Aber wo sind die kleinen Eichbäume? Obwohl unter dem Baum genug Platz vorhanden wäre, entdecke ich keine Nachkommen. Wann und wo habe ich schon einmal unter einem freistehenden Baum direkte Nachkommen gesehen? Unter unserem Kirschbaum auf der Wiese, der Linde, dem Apfelbaum?

Irgendetwas im Baum sagt den Samen: „Hier dürft ihr nicht aufwachsen. Dann würdet ihr mich bedrängen und in meiner Freiheit einschränken. Dies ist mein Platz. Hier habt ihr keine Chance zum Leben oder Überleben. Vielleicht habt ihr ja Glück und werdet von einem Tier fortgetragen. Wenn ihr dann weit genug von mir entfernt seid, könnt ihr gerne aufwachsen und zur Arterhaltung beitragen.“ Sind es vielleicht die Wurzeln, die in ihrem Bereich ein Gedeihen verhindern?

„Der Baum“. - Er ist ein kluger Baum!

Und wenn er in wenigen Wochen seine jungen Blätter bekommen hat, sieht er noch schöner aus als jetzt im zeitigen Frühjahr.

4. Der April

„April, April!“ Dann folgt hämisches Lachen, wenn es gelungen ist, jemanden erfolgreich einen Streich zu spielen, ihn veräppelt, ihn „in den April geschickt“ hat. Üblich ist dieses am 1. April.

Als Aprilscherz wird aber auch ein Vorgang oder eine Entscheidung bezeichnet, die man für unmöglich gehalten hat und nur ungläubiges Kopfschütteln auslöst.

„Der **April** macht was er will“ bezieht sich allerdings nur auf das meist unberechenbare Wetter. Aber ist es wirklich nur der April, der macht was er will? Sind die anderen Monate verlässlich? Sind sie so, wie wir es von ihnen erwarten? Der **Mai** wird als Wonnemonat bezeichnet. Er ist vielleicht auch der schönste. Obwohl bis zu den „Eisheiligen“, um den Fünfzehnten herum, noch Spätfröste empfindliche Pflanzen schädigen können, hat sich der Winter eigentlich verabschiedet. Die Natur kleidet sich in den unterschiedlichsten Grüntönen. „Die Bäume schlagen aus“ heißt es so schön in einem Mai-Lied von Emanuel Geibel. Neue Lebensgeister werden in Vorfreude auf den nahen Sommer geweckt.

„Ist der Mai kühl und nass, füllt‘s dem Bauern Scheun‘ und Fass“ heißt eine alte Bauernregel. Die Wünsche für das Maiwetter sind also unterschiedlich. Meistens bietet er aber für jeden etwas.

Der Mai ist auch der Monat, in dem gerne geheiratet wird. Wenn der **Juni** erreicht worden ist, ist aber noch lange nicht der Sommer erreicht, obwohl dieser am 21. kalenda- risch beginnt. Oft gibt es einen empfindlichen Rückschlag. Die „Schafskälte“ schlägt zu und es muss manchmal sogar wieder geheizt werden, womit man eigentlich gar nicht mehr rechnet.

Die Monate **Juli** und **August** sind dann aber dem Sommer vorbehalten. Meistens halten sich diese Monate auch daran. Manchmal werden die Bauern bei der Getreideernte jedoch vom „verlässlichen“ Sommer „im Stich“ gelassen. (Dieser Ausdruck stammt übrigens aus der Ritterzeit. Wenn ein Ritter mit seiner schweren Rüstung vom Pferd gefallen war und von seinem Knappen nicht wieder aufs Pferd geholfen wurde, lag dieser wehrlos am Boden und war somit einem tödlichen Stich seines Widersachers ausgeliefert. Er wurde also „im Stich“ gelassen.)

„Das war aber ein verregneter Sommer“ sagen die Urlauber, die sich in dieser Zeit an der Nord- und Ostsee aufhalten und ein ganz anderes Wetter erwartet hatten. Vielleicht täuscht auch der verklärte Blick in die ach so gute Vergangenheit, in der im Sommer immer Sommer gewesen sein soll. Allerdings hat sich das Klima verändert und diese Monate sind immer öfter von sehr großer Hitze geprägt.

Der **September** hat seinen „Altweibersommer“ und der **Oktober** ist „golden“, weil sich das Laub der Bäume herrlich verfärbt hat. Das grüne Chlorophyll hat sich zurückgezogen und die unterschiedlichsten Gelb-, Braun- und Rottöne kommen zum Vorschein. Diese beiden Monate sind oft von herrlichem Wetter geprägt und daher auch bei Wanderern besonders beliebt.

Der folgende Monat **November** ist der wohl „gruseligste“ von allen. Die Sonne hat sich verabschiedet. Jetzt ist die Farbe Grau angesagt. Nasskaltes Wetter gibt uns eine Vorahnung auf den nahenden Winter. Nein! Der Winter hält oft zum Ende des Monats mit frostigen Temperaturen schon

Einzug. Zu diesen Molltönen der Natur passen der Buß- und Bettag, Volkstrauertag und Totensonntag. Erschreckt stellt man fest, dass die sehnsüchtig erwartete warme Jahreszeit nun schon wieder der Vergangenheit angehört und sich das Jahr dem Ende neigt. Wo ist nur die Zeit geblieben?

Obwohl das Wetter nicht unbedingt besser sein muss, ist die Stimmung im **Dezember** jedoch positiver. Die Städte erwachen in einem Lichterglanz. Die Weihnachtsmärkte locken mit vielseitigen Angeboten und die Vorfreude auf das nahende Weihnachtsfest ist spürbar; jedenfalls bei vielen Menschen.

Leider werden die Tage immer kürzer, bis die Sonne ihren südlichen Wendepunkt erreicht hat und wir die längste Nacht verbringen. Der kalendarische Winteranfang ist erreicht.

Haben wir die Feiertage gut überstanden, geht es nach der Silvesternacht in den ersten Wintermonat, den **Januar**. Jetzt werden die Tage wieder länger. Anfangs merken wir aber noch nicht so viel davon. Und die Vorstellung, dass der Winter jetzt so richtig beginnt, bewahrheitet sich auch nicht immer. Auch der Januar macht was er will. Obwohl wir denken, dass es früher anders war, ist dieser Monat von sehr wechselhaftem Wetter geprägt. Es gibt oft relativ milde Abschnitte. Durchgängig Schnee und frostige Temperaturen sind sehr oft nur Wunschdenken.

So ähnlich ist auch der **Februar** zu beurteilen, der zweite „Wintermonat". Auch jetzt wechseln sich milde Phasen mit kalten ab, wobei die kältesten Temperaturen aber oft im Februar gemessen werden und es längere Frostperioden geben kann. Auch dass es länger hell bleibt, macht sich immer mehr bemerkbar.

Der **März** ist der Monat des Aufbruchs. Die ersten Frühlingstage halten Einzug. Nicht nur das Herz, sondern auch die Natur schlägt höher und erwacht. Von „Frühlingsgefühlen“ wird gesprochen. Die Haselnuss blüht schon früh und die Weide bietet den Bienen und anderen Insekten mit ihren „Kätzchen“ wichtige Nahrung. Die Schneeglöckchen und Winterlinge verbreiten eine Vorfreude auf die nahende wärmere Jahreszeit. „Im Märzen der Bauer die Rösslein anspannt“ heißt es so schön und bedeutet, dass jetzt möglichst trockenes Wetter erwartet und erhofft wird. Nicht selten ist es auch so. Die ersten Vögel beginnen mit dem Nestbau; wie zum Beispiel die Elster. Der wunderbare Gesang der Amsel erfreut uns. Die Stare werden als „Frühlingsboten“ freudig empfangen, während der Süßkirschenernte aber später nicht gern gesehen. Wie die Natur, so erwacht auch der Mensch aus seinem Winterschlaf und unterschätzt seine Fitness bei den jetzt beginnenden Arbeiten im Garten. Ein kräftiger Muskelkater ist die Quittung dafür, dass man das schöne Wetter allzu lange ausgenutzt hat.

So wären wir wieder beim **April**, der macht was er will. Aber das machen die anderen Monate ja auch und halten sich nicht immer an die Vorgaben, wie sie sein sollten. Nur diese reimen sich nicht so schön mit „will“.

Was bietet der April noch?

Er ist ein Monat, der lange Zeit einen großen Einfluss auf den Lebensweg der hiesigen Bevölkerung hatte. Für viele Generationen begann Anfang April ein neuer Lebensabschnitt und es erfolgte der Eintritt in die Arbeitswelt.

Heute endet die Schulzeit mit den Sommerferien; früher jedoch vor Ostern. Für Schüler, die die Volksschule besuchten, war nach der achten Klasse die Schulzeit vorüber und

„der Ernst des Lebens" begann. Dieser Übergang von der Kindheit zum Erwachsensein wird auch durch Konfirmation, Kommunion und Jugendweihe eingeläutet, die in der gleichen Zeit stattfinden.

Für uns ist es heute kaum vorstellbar, dass diese Kinder im Alter von gerade 14 Jahren nun wie Erwachsene behandelt wurden und in den harten Arbeitsalltag eintreten mussten, zumal in den damaligen Zeiten noch bedeutend schwerere Arbeiten zu verrichten waren.

Aber auch ein anderer Lebensabschnitt begann damals Anfang April: Die Einschulung; der Übergang vom freiheitlichen Kindsein zur Pflicht des Schulbesuches.

An meinen ersten Schultag im April 1953 kann ich mich nicht mehr genau erinnern. Nur ein Bild mit voller „Ausrüstung" erinnert daran. Ich weiß nur, dass ich völlig unvorbereitet eingeschult wurde. Einen vorschulischen Unterricht, wie heute üblich, gab es damals noch nicht. Es ging für mich bei null los. In dem großen ledernen Tornister befand sich eine Schiefertafel an der an einer Schnur ein Schwamm und ein Tuch befestigt waren. Beides hing außen herab, weil diese durch den Gebrauch oft nass oder von der Kreide verstaubt waren und das Innenleben des Ranzens nicht verschmutzt werden sollte. Zur Ausstattung gehörten noch ein Griffelkasten, eine Fibel und ein Rechenbuch. Eine umgehängte lederne Brottasche vervollständigte die Ausrüstung. Unverzichtbar war am ersten Tag natürlich auch eine Schultüte mit deren Inhalt der nun regelmäßige Schulbesuch etwas versüßt werden sollte. Mein erstes Diktat geriet zu einem Desaster. Mit mir völlig unbekannten Großbuchstaben sollten wir Wörter wie zum Beispiel IDA, ERIKA oder OTTO niederschreiben. Meine Ahnungslosigkeit und das Unverständnis für die Aneinanderreihung von Buchstaben hatte eine glatte Fünf, Sechsen wurden zum Glück in unserer Schule nicht vergeben, zur Folge und die damals übliche Prügelstrafe durch unseren Lehrer. Ich glaube, der gebräuchliche Rohrstock ging mehrmals auf meine Hände nieder. Obwohl es später in der Mittelschule noch einzelne Lehrer gab, die zur körperlichen Züchtigung neigten, blieb ich vor weiteren Übergriffen verschont. Das änderte aber nichts an meiner grundsätzlichen Einstellung zur Schule. Sie war mehr von Pflicht als von Freude geprägt. Deshalb spricht man ja auch von Schulpflicht und nicht von Schulfreude. Aber ich muss gestehen, dass es auch einige Fächer gab, die mir zusagten, wie zum Beispiel Musik, Sport, Biologie oder Chemie.

Ja! Der April hat schon etwas Besonderes. Er begleitet uns durch das ganze Jahr; denn wenn das Wetter einmal nicht so schön ist, wie wir es gerne hätten, heißt es verächtlich:

„Heute haben wir aber so richtiges Aprilwetter!“

5. Sokrates' Tod

(Hingerichtet am 15. Februar im Jahre 399 vor unserer Zeitrechnung)

Ich stehe vor dem Parthenon auf der Akropolis in Athen. Wenn ich in Richtung der Agora (Marktplatz) dieser Stadt schaue, liegt etwas unterhalb von mir auf der linken Seite das Amphitheater. Auf der rechten steht in einiger Entfernung der Tempel des Hephaistos. Hinter dem Stadtzentrum mit dem Marktplatz, auf dem Sokrates in der Vergangenheit oft Reden gehalten und mit den Menschen diskutiert hat, geht es auf der gegenüberliegenden Seite sanft bergan. Auf etwa halber Höhe des Berges steht das Gefängnis in dem Sokrates untergebracht ist. Einen Tag vor der Vollstreckung des Todesurteils durch den „Schierlingsbecher" habe ich die Möglichkeit, mich mit ihm in seiner Zelle zu unterhalten und führe das folgende Gespräch.

Herr Sokrates, Sie sind zum Tode verurteilt worden. Hatten Sie das für möglich gehalten?

Natürlich nicht. Wir leben doch in einer Demokratie. Noch nie zuvor hat sich ein Staat einer so freiheitlichen Staatsform verschrieben. Und diese Freiheit sollte sich auch auf die freie Rede und Gedanken beziehen.

Aber wie konnte es dann zu dieser Anklage kommen?

Oh, das ist schwer nachvollziehbar und hat wohl auch etwas mit den menschlichen Befindlichkeiten zu tun. Wer lässt sich schon gerne auf seine Schwächen hinweisen. Die Unwahrheit ist oft besser zu ertragen als die Wahrheit.

Sie hatten doch schon weit vorher immer wieder Probleme mit bestimmten Bürgern, die sich genervt fühlten.

Warum haben Sie daraus keine Lehren gezogen und sich etwas zurückgehalten?

Natürlich macht man sich auch Gedanken, ob alles richtig ist was man tut. Ich habe mich darüber auch mit Freunden sehr intensiv auseinandergesetzt. Einer dieser Freunde, Chairephon, ist nach Delphi gegangen und hat das Orakel befragt, ob es einen weiseren Menschen als Sokrates geben würde. Die Pythia sagte ihm, dass niemand weiser sei als Sokrates.

Wenn Sie nun wussten, dass Sie der Weiseste sind, warum hat Ihnen dann der Verstand nicht gesagt, dass es jetzt weise wäre, die Menschen nicht weiter zu reizen?

Das wäre sicher eine Möglichkeit gewesen. Aber was sollte ich dann tun? Ich habe doch zuletzt nichts anderes gemacht, als Reden zu halten und zu Lehren. Ich kann nicht einfach aufhören zu zweifeln, zu hinterfragen, aufzuklären. Natürlich bin ich nicht der Allwissende, das weiß ich auch. Ich weiß, dass ich nichts weiß. Aber es gibt viele Menschen, gerade in der sogenannten Oberschicht, die glauben, dass sie alles wissen. Dabei ist es nur ein Halbwissen. Sie haben zwar auf einem bestimmten Gebiet ein ausgeprägtes respektables Wissen erlangt, aber das berechtigt sie doch noch lange nicht, so zu tun, als wären sie auch auf anderen Gebieten Experten. Das kommt aber leider sehr häufig vor. Jeder Pol hat auch einen Gegenpol; einen Antipoden. Und ich bin bereit, dieser zu sein.

Ist es nicht paradox, wenn sie sagen „ich weiß, dass ich nichts weiß“ und lassen sich von der Phytia bestätigen, dass Sie der Weiseste sind?

Das eine schließt das andere ja nicht aus. Gerade weil ich, im Gegensatz zu den anderen, die glauben zu wissen aber in

Wirklichkeit nur wenig wissen oder gar nichts, glaube ich zu wissen, was ich nicht weiß.

Ist es nicht sehr ermüdend, immer gegen den Strom zu schwimmen?

Wer nicht gegen die Strömung ankämpft, wird mitgerissen und kommt darin um. Sie käme nie an ihr Ziel, wenn es zum Beispiel die Forelle nicht so täte. Um die Menschen ist es schlecht bestellt, wenn sie nicht mehr hinterfragen, ob alles richtig ist, was mit ihnen geschieht oder was ihnen erzählt wird. Wenn der Mensch wie ein Echo funktioniert ist dieses verderblich. Das Echo gibt nur das wider, was ihm vorgegeben wird. Es ist katastrophal, wenn nachgeplappert wird was einem vorgeplappert wird, ohne zu überlegen und zu überprüfen.

Sie haben also nach dem Spruch der Pythia mit reinem Gewissen damit weitergemacht, unbequeme Fragen zu stellen, zu zweifeln.

Warum sollte ich damit aufhören? Jetzt hatte ich doch die Bestätigung, dass ich der Weiseste bin und mein Handeln auch seine Berechtigung hat. Ich bin dazu berufen und der Auserwählte, der vermeintliche Missstände aufdeckt, anprangert und in die Öffentlichkeit bringt.

Aber waren die persönlichen Angriffe, das Bloßstellen insbesondere der angesehenen Bürger notwendig? Ihre Unterredungen bestanden zum größten Teil darin, Fragen zu stellen. Auf jede Antwort folgte unweigerlich wieder eine Frage. Das ging dann immer so weiter, bis der Befragte in die Enge getrieben war und nicht mehr antworten konnte. Sie sind sozusagen ein „Ja!-Aber-Mensch".

Wenn der Befragte nicht mehr weiterweiß, bestätigt das doch nur den Spruch der Pythia, dass ich weiser bin als er.

Nein, das Übel muss an der Wurzel bekämpft werden. Wenn eine Sache nicht zu Ende gedacht ist, ist sie letztendlich zum Scheitern verurteilt. Oder wenn gar etwas Falsches verkündet wird. Wenn ich das so erkenne, dann spreche ich es auch an. Manchmal frage ich mich schon, ob es aus Dumm- heit passiert oder eiskaltes Kalkül dahintersteckt. Das ist manchmal schwer zu beurteilen. Und um dieses beurteilen zu können, muss genau hinterfragt werden. Und aus dem Gefühl und der Bestätigung heraus, dass ich der Weiseste bin, habe ich das auch unnachgiebig und mit Nachdruck getan.

Wenn es um die Sache geht, ist das auch nachvollziehbar. Wenn Sie jedoch die Führungsschicht immer wieder in der Öffentlichkeit bloßstellen, müssen Sie doch damit rechnen, dass diese Angegriffenen sich irgendwann dafür rächen werden.

Das ist richtig. Damit habe ich auch gerechnet. Aber wer das nicht in Kauf nimmt, kann auch nichts verändern. Es ist doch nicht meine Schuld, wenn diese Menschen glauben, Wissende zu sein, sich aber bei näherem Nachfragen herausstellt, dass sie es nicht sind. Die breite Mehrheit des Volkes weiß nichts davon, vielleicht will sie es auch nicht wahrhaben. Es kann doch kein Verbrechen sein, wenn man darauf hinweist, dass nicht alles Gold ist, was wie Gold glänzt. Außerdem befinden wir uns ja in einer Demokratie. Da muss es doch möglich sein, dass man freie Gedanken äußern kann.

Sie haben nicht nur Gegner gehabt, sondern auch viele Gleichgesinnte mit denen Sie sich austauschen konnten.

Darunter auch viele Jugendliche. Es wird Ihnen jedoch vorgeworfen, dass Sie gerade diese mit ihren Reden verdorben haben.

Ja, es wurde mir sogar unterstellt, dass ich damit meinen Lebensunterhalt bestritt. Aber es ist so, dass ich dafür noch nie entlohnt worden bin. Ich habe keine Forderungen gestellt. Wer zu mir gekommen ist und Fragen gestellt hat, bekam auch Antworten. Wie soll ich die Jugend verderben wenn ich die Wahrheit sage und sie zu mündigen Bürgern erziehen möchte. Es ist von meinen Schülern noch niemand zum Verbrecher geworden. Im Gegenteil! Viele sind jetzt ehrbare Bürger und große Denker.

Diese, sagen wir einmal, ewige Besserwisserei ist aber auch beim normalen Bürger nicht gut angekommen. Viele fühlten sich einfach genervt, haben einen großen Bogen um Sie gemacht und schließlich sogar für das Todesurteil gestimmt. Wie ist es eigentlich zu der Anklage gekommen?

Also, um noch einmal auf das Urteilsverhalten der Athener Bürger einzugehen, muss festgestellt werden, dass sich nur wenige Personen hätten anders entscheiden müssen und das Urteil wäre bei der ersten Befragung anders ausgefallen. Außerdem war die Beweisaufnahme mehr als fragwürdig. So ein Urteil nach nur einem Verhandlungstag zu fällen, war schon ungewöhnlich. Es wurden viel zu wenig Zeugen vernommen, die für mich hätten aussagen können. Man wollte diesen unbequemen Quälgeist unbedingt loswerden und mundtot machen. Eine altbewährte Praxis.

Wer waren denn die Ankläger, die Sie unbedingt loswerden wollten?

Diejenigen, die ich am meisten getroffen habe. Eigentlich Vertreter aus allen Bereichen. Hauptankläger waren Melitos, dann noch Anytos und Lykon. Unter anderem warf man mir vor, ich untersuche unterirdische und himmlische Dinge, würde unsere Götter nicht annehmen und bei meinen Lehren Unrecht zu Recht machen. Welche Torheit! Wenn ich das Urteil der Pythia anerkenne, dann bekenne ich mich auch zu unseren Göttern. Trotzdem muss man sich mit den Gottheiten beschäftigen dürfen und auch in diesem Zusammenhang Fragen stellen.

Auch die Vertreter aus Wirtschaft und Politik klagten mich vehement an und brachten die entsprechenden Zeugen vor, was mir erhebliche Schwierigkeiten bereitete. Wie schon erwähnt, es waren nicht genug Zeugen vor Ort, die für mich hätten aussagen können, um die vielen Anschuldigungen zu entkräften. Meine eigene Verteidigungsrede war zwecklos. Das Urteil war so gewollt und auch das Ziel.

Wie haben Sie das Urteil aufgenommen, verarbeitet?

Ich habe als Soldat viele Schlachten geschlagen und war überzeugt, dass ich auch diesen Kampf gewinnen könnte. Dass es nicht so gekommen ist, hat mich überrascht, für kurze Zeit auch verbittert, weil ich es als nicht gerecht empfunden habe. Es wurde von einem ordentlichen Gericht Recht gesprochen und dann muss ich es, meinen Prinzipien entsprechend, auch so akzeptieren. Und ich muss ehrlich eingestehen, dass es für mich gar keine andere Alternativen gegeben hat. Eine hohe Geldstrafe hätte ich nicht begleichen können. Dafür habe ich nicht genug Geld. Gut, meine Freunde hätten dafür gebürgt, aber das wollte ich nicht. Ein anderes Urteil wäre aber nur unter der Auflage möglich gewesen, dass ich versprochen hätte, mein Wirken einzustellen. Aber was sollte ich dann in der Freiheit tun? Ich wäre ja nicht wirklich frei gewesen; nicht frei in meinen Entscheidungen. Sollte ich etwa mit meiner Familie in eine andere Stadt ziehen oder in Athen bleiben und schweigen? Unvorstellbar! Nein, dieses Versprechen konnte ich nicht ablegen.

Herr Sokrates, Sie sitzen schon sehr lange in der „Todeszelle". Warum zieht sich die Vollstreckung so lange hin?

Vielleicht war es Absicht, vielleicht ist es auch nur Zufall. Einen Tag vor dem Gericht wurde das Schiff, das aus traditionellen Hintergründen nach der heiligen Insel Delos entsandt wird, für diese Fahrt schon hergerichtet und mit Kränzen geschmückt. Es ist Gesetz, dass bis zu dem Tage der Rückkehr, in Athen von Staats wegen niemand zu töten sei.

Das muss doch furchtbar sein, so lange auf seinen Tod warten zu müssen.

Nein, im Gegenteil. Meine Türen standen für jeden offen. Und so konnte ich mich mit meinen Freunden ausführlich austauschen und stundenlang philosophieren. Vielleicht war es sogar die schönste Zeit meines Lebens. Noch nie hatte ich nur Freunde um mich herum.

Auch ihre Frau Xanthippe hat Sie besucht.

Ja, sie kam mit den Kindern, unseren jüngsten Sohn auf dem Arm, in die Zelle. Unter Tränen klagte sie, dass ich nicht sterben dürfe, da ich doch unschuldig sei. War das ein Anzeichen, dass sie mich tatsächlich noch liebt? Vielleicht. Ich aber wollte sie nun nicht mehr bei mir haben und erwiderte nur, ob es ihr lieber wäre, wenn ich schuldig wäre? Daraufhin bat ich sie, die Zelle zu verlassen. Vielleicht hätte ich in dieser Situation auch anders reagieren können.

Das Verhältnis zu Ihrer Frau soll nicht das Beste gewesen sein und es heißt, sie sei sehr übellaunig und zänkisch.

Was war zuerst da? Das Ei oder das Huhn? War sie schon immer so oder ist sie erst so geworden? Vielleicht sogar durch mich? Das ist schwierig zu beantworten und ich habe keine Antwort. Natürlich hat mich das Verhalten meiner Frau auch mitgenommen und beschäftigt. Ich wäre ja nicht glaubwürdig, wenn ich mir über alles Mögliche Gedanken mache, aber über meine eigenen Probleme täte ich das nicht. Ich habe nie darüber geredet, nie ein schlechtes Wort über Xanthippe verloren; andere schon.

Herr Sokrates, Sie waren schon 50 Jahre alt als sie geheiratet haben. Was hat Sie bewogen, diesen Schritt noch zu wagen?

In meinen Leben davor hatte ich alle Freiheiten und habe mit Menschen Gespräche geführt, philosophiert, Reden gehalten und immer schon sehr kritisch hinterfragt. Das hat mir gefallen. Ich war auch finanziell einigermaßen abgesichert, weil ich etwas geerbt hatte. Dann verspürte ich aber das große Verlangen nach eigenen Kindern. Ich wollte noch unbedingt meine Gene vererben, in der Hoffnung, dass meine Nachkommen auch mit meinen Fähigkeiten ausgestattet sein könnten und mein Werk fortsetzen würden. Außerdem hat mir die Xanthippe auch gefallen und ich dachte, dass sie die Richtige sei.

Warum haben Sie denn ein so zänkisches Weib geheiratet oder war sie am Anfang noch nicht so?

Sie war damals schon nicht ganz einfach, aber ich habe gedacht, dass ich damit zurechtkommen würde. Schon bald bekamen wir unser erstes Kind; einen Sohn! Darüber war ich sehr erfreut. Aber schnell musste ich feststellen, dass ich für eine Familie nicht geschaffen bin. Ich habe praktisch so weitergelebt wie zuvor. Nun liegt es im Wesen vieler Frauen, dass sie, wenn sie heiraten, ihren Mann ganz für sich haben wollen. Es ist ihr Mann und sie wollen ihn nicht mit anderen teilen. In der Natur gibt es viele Beispiele dafür, dass „Mann und Frau" sich für ewig binden und nicht von der Seite weichen, wie es zum Beispiel bei den Schwänen, Krähen oder Elstern ist. Aber es gibt auch andere Beispiele. Bei den Rehen, Hirschen, Katzen oder Hunden ist es so, dass männliche Tiere sich nur zur Fortpflanzung den Weibchen nähern und ansonsten Einzelgänger sind und ihre eigenen Wege gehen.

Aber diese Beziehung hat Sie doch sicher sehr belastet. Warum haben Sie sich nicht getrennt?

Das kam für mich nicht infrage. Das wäre auch mit meinen Prinzipien nicht vereinbar gewesen. Ich habe einen Vertrag geschlossen und diesen musste ich auch einhalten. Außerdem hatte ich einen Sohn, den ich heranwachsen sehen wollte.

Sie sind dann im relativ hohen Alter noch Vater von zwei weiteren Söhnen geworden. Sie sind jetzt schon über 70 Jahre alt und ihr Jüngster liegt praktisch noch in den Windeln.

Das mutet schon etwas paradox an. Die Xanthippe hat ihre ganze Wut und Verzagtheit an mir ausgelassen. Und sie hat wohl geglaubt, wenn sie jetzt wieder kleine Kinder haben würde, könnte sie sich voll auf diese Kleinen konzentrieren und bräuchte mit mir dann nicht mehr so arg herumzetern. Es ist wohl oft so, dass Frauen in diesem Alter noch einmal ein Verlangen nach einem kleinen Kind haben. Und wenn es keine Enkelkinder gibt, dann eben eigene; wenn es denn noch geht. Ich habe geglaubt und gehofft, dass sie mich dann verschonen würde. Außerdem ist bei drei Kindern die Wahrscheinlichkeit größer, dass ein Kind mir im Wesen ähnlich wäre. Aber das ist wohl ein Wunsch, den viele Männer fälschlicherweise hegen.

Ist ihr Verhältnis zueinander denn besser geworden?

Das kann man nicht sagen. Vielleicht hatte sie auch gehofft, dass ich mich durch die späte Vaterschaft in meinem hohen Alter etwas ändern und mich mehr um die Familie kümmern würde. Das tat ich aber nicht. Und so ging es weiter wie vorher.

Herr Sokrates, haben Sie Angst vor dem Tod?

Ein klares Nein. Was habe ich zu verlieren? Ich habe jetzt in der Zelle gemerkt, wie gut es mir geht, wenn ich einmal zur Ruhe komme. Und durch den Tod erlange ich vollkommene Ruhe. Würde ich wieder draußen sein, wäre ich gleich wieder im alten Trott. Und wenn es so ist, wie uns gesagt wird und ich gelange nach dem Tod in die Unterwelt und treffe dort auf die großen Denker Heraklit, Thales oder sogar Homer, ist das doch wunderbar. Das Leben auf Erden ist endlich und mein Ende ist nun gekommen. Ich habe mein Leben gelebt, so wie ich es wollte und musste. Ich habe keine Angst vor dem Schierlingsbecher. Wenn es danach weitergeht, ist es gut und wenn nicht, ist es auch gut.

Fühlen Sie sich als ein Märtyrer?

Märtyrer? Nein. Wenn ich ein Märtyrer wäre, hätte ich ja meinen Tod billigend in Kauf nehmen müssen. Ich jedoch war mir dieser Gefahr nicht bewusst und habe nie damit gerechnet, dass mein Handeln einmal zum Tode führen könnte. Vielleicht bleibt mein Wirken aber auch so in Erinnerung und ich gelte als jener, der für seine freie Meinungsäußerung in den Tod gegangen ist.

Wäre es nicht sinnvoll gewesen, Ihre Gedanken und Reden niederzuschreiben?

Das können andere tun, wenn sie es denn wollen; vielleicht einer meiner Schüler. Ich halte es nicht so mit der Schrift. Welche Aussage hat das geschriebene Wort? Wie soll ich überprüfen, ob das wahr ist, was ich dort lese. Nein, nur das, was ich selber gesehen oder gehört habe, kann ich beurteilen. Und das ist manchmal schwierig genug, denn so mancher Schein trügt.

Was können Sie den Menschen für die Zukunft raten, Herr Sokrates?

Seid wachsam und wehret euch wenn es noch nicht zu spät ist! Eine Gefahr für die Menschheit ist nicht der Bettler, sondern der Edelmann, der den Bettler zum Bettler gemacht hat.

Bei einem vermeintlich großen Redner sollte man nicht darauf achten, wie er redet, sondern was er redet; was er wirklich sagt.

Ein Mensch, der nach außen hin einen guten Eindruck macht, hat nicht unbedingt einen guten Kern.

Meidet große Massenansammlungen. In der Masse ist der Mensch nicht mehr steuerungsfähig und lässt sich hinwegtreiben.

Vertraut auf euren klaren Menschenverstand und lasst euch nicht von Blendern blenden, von Glanz verzaubern, von Reichtum beeindrucken und von Macht knechten. Sonst werden große Verführer die Menschheit ins Verderben führen.

Seid sokratisch!

6. 95 sokratische Thesen und Fragen

Vorwort

Als ich vor einiger Zeit damit begonnen hatte aufzuschreiben, über was sich mein Gehirn Gedanken macht, hatte ich noch nicht geplant, dass daraus einmal „95 sokratische Thesen und Fragen“ werden würden. Als jedoch die Anzahl der einzelnen Themen immer mehr fortschritt, kam irgendwann die Idee, analog zu den 95 Thesen von Martin Luther, auch diese Anzahl anzustreben. Die Bezeichnung „sokratische“ habe ich gewählt, weil der von mir verehrte griechische Philosoph Sokrates dafür berühmtberüchtigt war, vieles zu hinterfragen und anzuzweifeln. Und weil auch ich dazu neige, sind einige der folgenden Sätze vielleicht etwas ungewöhnlich oder sogar provokant; können den Leser irritieren. Andere wiederum erscheinen auf dem ersten Blick logisch und nichtsagend. Es ist ratsam und so auch gewollt, bei jedem Satz etwas zu verweilen und sich mit der Thematik zu beschäftigen; auch zu einem späteren Zeitpunkt darauf zurückzukommen. Analog zum damaligen Sokrates hat sich mein Gehirn bei der Vielzahl an Themen auch mit religiösen beschäftigt. Mir ist klar, dass das eine sensible Thematik ist. Für mich war es aber in diesem Rahmen unerlässlich. Dazu passt vielleicht auch ein Zitat von Martin Luther. Als dieser vom Kaiser vor den Reichstag zitiert wurde, um seine 95 Thesen zu widerrufen, soll er gesagt haben: „Hier stehe ich. Ich kann nicht anders“.

95 sokratische Thesen und Fragen

1. Die Natur regelt alles selbst. Wenn es zu viele Wildschweine gibt, reguliert die Schweinepest den Bestand. Wenn es zu viele Kaninchen gibt, reguliert die Moxitoxose den Bestand. Wenn es zu viele Füchse gibt, reguliert die Tollwut den Bestand. Wenn es zu viele Menschen gibt, reguliert eine durch Vieren ausgelöste Pandemie den Bestand.
2. Ein Blick in die unendliche Weite des „bestirnten" Himmels sagt dir, wie klein und unbedeutend du doch bist; gleich einem Sandkorn in der Wüste.
3. Kann man Katzen lieben und gleichzeitig ein Vogelfreund sein? Katzen fangen Mäuse; sind aber auch potenzielle Vogelmörder.
4. Es ist leichter, den Horizont zu erreichen, als die Entstehung des Universums zu ergründen und zu verstehen.
5. Archäologen sind auch Leichenschänder und Grabräuber.
6. Wir sollten wissen, dass wir nicht alles wissen können und unser Wissen an Grenzen stoßen kann.
7. In die deutsche Sprache sind schon viele Vokabeln aus anderen Sprachen eingeflossen: griechische, lateinische, französische. Die Verwendung war durchweg Ausdruck einer gewissen Bildung. Hinter dem jetzt ausufernden „denglisch" verbergen sich oft nur Luftblasen.
8. Das Gehirn muss, genau wie ein Muskel, laufend trainiert werden. Da wir das Denken immer mehr der

Technik überlassen, wird sich das Gehirn langsam wieder zurückentwickeln. Anzeichen dafür sind schon jetzt zu erkennen.

9. Je mehr Informationen ich aufnehme je weniger ist „meine Meinung" meine Meinung. Die Gefahr der Manipulation ist groß.
10. Warum haben „Beutegreifer" wie zum Beispiel Wolf, Luchs oder Wildkatze eine so große Lobby; ihre Opfer aber nicht?
11. Reichtum ist ein relativer Begriff. Für viele Menschen wäre schon der Zugang zu sauberem Wasser und ausreichender Nahrung Reichtum.
12. Am Anfang der Evolution soll die „Urzelle" gestanden haben. Ist es zu begreifen, wie daraus zum Beispiel Auge, Ohr oder Gehirn entstanden sind?
13. Ein Geständnis verringert oft das Strafmaß. Ist die Straftat dadurch weniger verwerflich und das Leid der Opfer geringer? Ist das gerecht?
14. Wer vorsätzlich die rote Fußgängerampel missachtet macht den ersten Schritt zum Straftäter.
15. Der Mensch ist in der Lage, alles Leben auf der Erde zu vernichten. Er wird dieses auch tun. Dann wird aus den Tiefen der Ozeane neues Leben die Erde wieder besiedeln. Für das Wohl der Erde ist zu hoffen, dass die Evolution dann keinen Menschen wieder hervorbringt.
16. Die Bibel gleicht einer großen musikalischen Komposition. Sie entstammt zu einem großen Teil menschlicher Inspiration.
17. Hat Gott den „Urknall" ausgelöst oder ist er erst dadurch entstanden?
18. „Normal" zu sein ist ein steter Kampf der Anpassung.

19. Missionare sind Unruhestifter.
20. Wer dass „Navi“ einschaltet, schaltet das Gehirn aus.
21. Die prunkvollen Schlösser und Kirchen sind Symbole für Ausbeutung und Unterdrückung.
22. Am Anfang war der Glaube. Dann entwickelten sich die unterschiedlichen Religionen mit ihren jeweiligen Anschauungen, Gesetzen und Verboten. Schließlich folgten die Machtbesessenen die die Religionen missbrauchten und es immer noch tun.
23. Bodenschätze sind Schätze der Erde und gehören somit auch allen Bewohnern und nicht nur denen, die das entsprechende Land zufällig besiedelt haben oder es ausbeuten.
24. Ursprünglich wurde mit Geld der Wert einer Ware ausgedrückt. Jetzt ist das Geld zur Ware geworden.
25. Das Wissen vom Vorher löst nicht die Probleme vom Nachher.
26. Der eine wird reich - ohne Arbeit. Der andere bleibt arm - mit Arbeit.
27. „Glück“ zu haben ist oft nur ein winziger Moment. Danach unablässig zu streben, kann unglücklich machen.
28. Die „Zungenbürste“ bzw. der „Zungenspachtel“ ist noch nicht der Höhepunkt des Gesundheitswahns. Es wird noch die „Dickdarmbürste“ folgen!
29. Der Glaube kann Berge versetzen; reißt dadurch aber auch tiefe Gräben auf.
30. Wer meint, er könne durch Fasten seinen Körper „entgiften“ und sein „Seelenheil“ wieder in Ordnung bringen, hat davor nicht vernünftig gelebt.

31. Bei vielen Strafprozessen geht es nicht um die Straftat selbst, sondern nur um den Zweikampf zwischen Verteidigung und Staatsanwaltschaft.
32. Es ist schon erstaunlich, wie viele Menschen behaupten, sie hätten ein Buch geschrieben.
33. Die sogenannten Heiden waren auch gläubige Menschen.
34. Es wird ausufernde Bürokratie und Gesetzgebung beklagt. Ist jedoch etwas nicht genau geregelt, werden Gerichte angerufen.
35. Ist man ein Antisemit wenn man die israelische Siedlungspolitik und Vertreibung der Palästinenser verurteilt?
36. Investmentbanker bauen Luftschlösser, weil sie nicht mit einer Ware, sondern nur mit Zahlen handeln.
37. Wer viel redet, kann auch viel Unsinn reden.
    Wer wenig redet, redet weniger Unsinn.
    Wer jedoch zuhören kann, der ist weise.
38. Ist es gerecht, dass geistige Arbeit viel besser bezahlt wird als körperliche?
39. Männer haben die Religionen geschaffen. Es sind auch Männer, die diese missbrauchen.
40. Ich möchte das Schaf sein, das in einer großen Herde nicht mit den anderen mitblökt.
41. Die Geschichte lehrt uns, dass politische Gegebenheiten nicht die Endfassung sind. So wird es auch mit der EU sein.
42. Nicht nur der Ausstoß von klimafeindlichen Abgasen ist für den fortschreitenden Klimawandel verantwortlich, sondern auch das rigorose Abholzen der Wälder. Dadurch wird der Erde die Lunge entrissen. Sie ist atemlos geworden!

43. Der Mensch denkt in Jahrzehnten und Jahrhunderten. Die Erde denkt in Jahrtausenden und Jahrmillionen; gar in Milliarden von Jahren.
44. Zu welchem Zeitpunkt der Evolution ist aus dem „Urtier“ ein Mensch geworden und hat eine Seele bekommen?
45. Aberglaube ist auch ein Glaube.
46. Die größte Bestie ist der Mensch. Tiere töten nur, um zu überleben.
47. Die Mutter aller Götter ist die Sonne.
48. Überschwemmungen sind oft keine Naturkatastrophen, sondern nur der Versuch des Wassers, das wieder zu bekommen, was ihm genommen worden ist.
49. Die Körpertemperatur des Menschen von ca. 36,5 Grad hat ihren Ursprung darin, dass unsere Vorfahren während der Evolution in Urzeiten für sehr lange Zeit bei solchen Temperaturen gelebt haben. Der Körper hat sich der Umgebung angepasst.
50. Wo bleibt die Seele von Atheisten nach dem Tod?
51. Älter zu werden ist nicht das Problem der späten Jahre. Älter wird man von Geburt an.
52. Mit dem Pulver aus Kreide und bestimmten Steinarten werden weltweit Milliardengeschäfte gemacht, weil den Menschen weisgemacht wird, dass es gut sei, so etwas einzunehmen.
53. Engel, Elfen und Trolle sind Fabelwesen.
54. Die ehemalige DDR wird als „Überwachungsstaat“ zu Recht gebrandmarkt. Wir werden aber heute durch die neuen Kommunikationsmöglichkeiten auf jeden Schritt und Tritt auch ausgespäht und überwacht; sind zu gläserne Menschen geworden.

55. Ist es eine Einengung der persönlichen Freiheit, wenn man sich an „Werte und Normen“ halten soll?
56. Die Mörder der Erde haben gute Anwälte.
57. Vor dem Tod habe ich keine Angst. Nur vor der Zeit davor.
58. Wird der Wolf bei uns wieder aussterben, weil er in der Natur nichts mehr zum Fressen findet?
59. Die Story rund um den „Urknall“ ist die moderne Form der biblischen Schöpfungsgeschichte. Sie ist der Versuch, den Anfang zu erklären.
60. Jeder Mensch beteiligt sich an der Zerstörung der Erde, gibt aber den anderen die Schuld.
61. Würde es den „allmächtigen“ Gott geben, hätte Hitler die Attentate auf ihn nicht überlebt. Oder ist der Teufel der Stärkere?
62. Warum nach den Sternen greifen, wenn das Elend ist so nah?
63. Das Weiterleben in den Nachkommen ist das „Ewige Leben“ in Flora und Fauna.
64. Wer oder was ist ein Gott?
65. Nur die Freigabe von allen leistungssteigernden Mitteln (auch Doping genannt) gibt Chancengleichheit im Sport.
66. Der Mensch ist von Geburt an gut und unbefleckt. Die Lehre von der „Erbsünde“ ist irrig und respektlos gegenüber Neugeborenen.
67. „All inklusive“ im Urlaub ist eine Kriegserklärung an die Gesundheit.
68. „Feindliche Übernahme“ ist Krieg mit der Waffe Geld.

69. Ungebildete Menschen können durchaus intelligent sein. Von gebildeten kann man das nicht immer sagen; geschweige denn, dass sie weise sind.
70. Warum wurde Russland nach dem Fall des „Eisernen Vorhangs“ nicht die Aufnahme in die EU angeboten?
71. Wäre die Menschheit friedfertiger, wenn es die Religionen nicht geben würde?
72. Die EU mit ihrer zügellosen Erweiterung ist vergleichbar mit einem Luftballon. Wenn man zu viel Luft hineinbläst platzt er.
73. Wenn ein „Normaler“ von einem anderen denkt, dieser sei nicht normal, dann kann es sein, dass dieser „Unnormale“ das Gleiche von dem anderen denkt.
74. Ein Sandkorn in der Wüste ist genauso unbedeutend wie die Erde im Universum.
75. Die Größe eines Menschen zeigt sich oft in Kleinigkeiten.
76. Wenn Millionen von „Meinungs-Sandkörner“ in einen riesigen Trichter gefüllt werden und durch eine kleine Öffnung als „Einheitsmeinung“ unten wieder herauskommen, möchte ich das Sandkorn sein, das am Trichter vorbeifällt.
77. Hat jeder gläubige Mensch auf der Erde seinen eigenen Gott, den er anbetet und der für ihn „zuständig“ ist?
78. „Fasten“ mussten die Menschen ursprünglich, wenn die Lebensmittelvorräte zur Neige gingen und neue Nahrung noch nicht geerntet werden konnte.
79. Der Jugendwahn lässt so manches Gesicht zu einer hässlichen Maske werden.
80. Haben Tiere auch eine Seele?

81. Das „Elfmeterschießen“ beim Fußball ist zwar bei den Zuschauern sehr beliebt und schafft Helden (meistens Torwarte), aber leider auch untröstliche „Versager“, die sich noch lange als Schuldige fühlen. Der frühere Losentscheid war nicht gerechter aber humaner.
82. Kindererziehung bedeutet Grenzen aufzuzeigen und Liebe zu geben. Sie prägt den Menschen für das weitere Leben.
83. Es steht keinem Menschen zu, dass andere ehrfurchtsvoll vor ihm niederknien.
84. Den „Schnee von gestern“ hat die Sonne geschmolzen. Geblieben sind aber die Spuren, die er hinterlassen hat. Die abgebrochenen Zweige und Äste werden nicht wieder anwachsen.
85. Bedeutet „diskutieren“, dem anderen seine Meinung aufdrängen zu wollen oder die eigene zu verteidigen?
86. Die Verehrung und Anbetung einer „Schwarzen Madonna“ und anderer Heiligen ist vergleichbar mit der heidnischen Götzenanbetung.
87. Die Androhung von Fegefeuer und Hölle hat die Menschheit nicht besser gemacht.
88. Wie können „Experten“ Experten sein, wenn sie bei gleichem Sachverhalt zu einer völlig unterschiedlichen Beurteilung kommen?
89. Wenn die Reichen nicht wären, hätten die Armen keine Arbeit.
90. Der Bau einer neuen Autobahn schafft durch die Bepflanzung der Seitenräume und entstandene Baggerseen sowie neuer Biotope mehr neuen Lebensraum für Fauna und Flora als dadurch zerstört wird; vor allem

dann, wenn die Fläche vorher intensiv bearbeitetes Ackerland war.

91. Von was hat der „Erlöser“ die Menschheit erlöst?
92. Die Erde besteht nur aus Festland, von dem ein großer Teil mit Wasser bedeckt ist. Die mit Wasser bedeckte Fläche hat sich im Laufe der Erdgeschichte immer wieder verändert. Warum sollte der jetzige Zustand die Endfassung sein?
93. Wie viel Reichtum ist moralisch vertretbar?
94. Die Lösung des Energieproblems ist die Kernenergie. Es müssen nur Ausgangsstoffe gefunden werden, die keinen gefährlichen Atommüll hinterlassen.
95. Wann ist man ein guter Mensch?

7. Wer ernten will muss auch säen

Von jeher gibt es bei der Vermehrung von Pflanzen unterschiedliche Möglichkeiten. In erster Linie geschieht das durch reife Samen. Aber es werden manchmal auch aus den weitreichenden Wurzeln neue Triebe gebildet oder obererdige Ableger wachsen zu eigenständigen Pflanzen heran. Damit der Wind die Samen weit verbreiten kann, hat die Natur die unterschiedlichsten Flügel für sie geschaffen. Neben dem Wind sind aber auch die Vögel und andere Tiere ein wichtiger Transporteur der Samen, wie zum Beispiel der Eichelhäher und das Eichhörnchen bei den Eicheln und Nüssen.

Als der Mensch begann, das Land zu kultivieren, hat er diese Aufgabe übernommen, indem er die geernteten Samen gezielt auf seinen Acker, wie sich dieses Land nun nannte, ausbrachte. Dieses geschah zunächst breitwürfig; man hat „gesät". Da bei dieser Methode ein großer Teil der Samen dem Vogelfraß zum Opfer fallen konnte, hat man schon vor über 2000 Jahren mit primitiven Sämaschinen versucht, die Saat tiefer in die Erde einzubringen. Der Vorteil dieser Art war auch, dass sie nun in Reihen ausgebracht wurde und zwischen den Reihen das Unkraut bekämpft werden konnte. Die im Laufe der Jahrhunderte weiterentwickelte Maschine wird „Drillmaschine" genannt. Deshalb nennt sich dieses aussäen auch „drillen". Vielleicht rührt der Name auch daher, weil die Saat nun, wie beim militärischen Drill, in „Reih und Glied" eingebracht wurde.

Nach dem gleichen Prinzip arbeitet die einreihige „Dippelmaschine". Dieser kleine mit Hand geschobener Säkasten wurde bzw. wird noch insbesondere auf kleinen Flächen eingesetzt oder bei der Aufzucht von Pflanzen, die später verpflanzt werden sollen. Dieses Säen wird „dippeln“ genannt.

Für das breitwürfige Säen benutzte man anfangs umgehängte kleine Säcke oder an den Ecken zusammengeknüpfte Laken; später auch nierenförmige Säkästen. Diese wurden auch benutzt, um Dünger auszubringen. Dann heißt diese Tätigkeit aber nicht „säen“ sondern „streuen“, weil ja keine Saat benutzt wird!

Ein weiterer Begriff für das Ausbringen von Saat ist das „Legen“. Wenn ein Kleingärtner zum Beispiel Bohnen anbaut, dann werden diese „gelegt“. Sie sollen in der Reihe einen bestimmten Abstand zueinander haben oder können alternativ dazu in Dreiergruppen in die Erde eingebracht werden. Im Erwerbsanbau dient dazu allerdings auch wieder eine spezielle Drillmaschine.

Eigentlich wird die Kartoffel auch gelegt. Obwohl ein Kleingärtner bei vorgekeimten Kartoffeln dieses auch so macht, damit die Keime nicht abbrechen, spricht man hier jedoch vom Pflanzen. Zu der dafür entwickelten Maschine sagt man dann folgerichtig „Kartoffelpflanzmaschine“.

Grundsätzlich ist der Begriff „pflanzen“ gebräuchlich, wenn eine Pflanze von einem Ort zum anderen „verpflanzt“ wird. Zum Beispiel wurde und wird zum Teil noch heute die Steckrübensaat in Reihen „gedippelt“ und die Jungpflanzen dann auf den frisch gepflügten Acker „verpflanzt“.

Und dann gibt es noch die „Stecklinge“, die in den Boden „gesteckt“ werden. Das gelingt nicht bei allen Pflanzen; aber zum Beispiel beim Lavendel, Buchsbaum oder den Geranien recht gut.

Es gibt also die unterschiedlichsten Bezeichnungen und Arbeitsweisen für die Vermehrung in der Flora.

Obwohl es sich dabei nicht um Pflanzen handelt, spricht man in der Fauna bei der Vermehrung auch von einer „Fortpflanzung". So ist es auch bei den Menschen. Das heranwachsende ungeborene Kind wird oft auch als die „Leibesfrucht" bezeichnet.

Wenn das Kind dann in ein lebensfreundliches Umfeld hineingeboren wird, ist die Chance groß, dass es sich zu einem guten Menschen entwickelt. Aber die äußeren Einflüsse können auf dem weiteren Weg nach der Geburt auch sehr schwierig sein. Ein schlechtes Elternhaus kann sich negativ auswirken oder Not, Elend und Unterdrückung verhindern eine ungehinderte positive Entwicklung. Seine Umwelt ist der Nährboden für sein Gedeihen. Dem Menschen kann es also genau wie allen anderen Saaten ergehen. Deshalb gilt für jegliche „Vermehrung" grundsätzlich der gleiche Satz: Wenn gute Saat auf schlechten Boden fällt, ist's um eine gute Frucht gar schlecht bestellt.

Aber an diesen als logisch erscheinenden Satz hält sich die Natur nicht immer. Auch nicht an den Bibelspruch bei Matthäus, (Kapitel 12, Vers 35): „Ein guter Mensch bringt Gutes hervor aus dem guten Schatz seines Herzens; und ein böser Mensch bringt Böses hervor aus seinem bösen Schatz." Gerade in der Flora gibt es viele gegenteilige Beispiele. Es kommt nicht immer auf die Qualität des Bodens an, sondern welcher Samen auf welchen Boden fällt. Wo eine Reispflanze wächst, nämlich im sumpfigen Wasser, kann kein anderes Getreide angebaut werden. Oder wenn auf gutem Boden Weizen wächst, bedeutet es noch lange nicht, dass dort auch eine Weinrebe gedeiht. Auf vermeintlich kargem

Boden, auf dem jedes Getreidekorn vergeblich Wurzeln schlagen oder verkümmern würde, können jedoch andere Pflanzen gedeihen, die sich auf diese Gegebenheiten eingestellt und angepasst haben. Sogar an die lebensfeindliche, „böse" Wüste haben sich einige Tiere und Pflanzen als Überlebenskünstler gewöhnt.

Ein Sprichwort beschreibt dieses Phänomen im weitesten Sinne treffend:

Auf jeden Topf passt auch ein Deckel.

8. Eiszeit

Von jeher gab es in der Geschichte der Erde Epochen, die von großer Kälte aber dann auch wieder von großer Hitze geprägt waren. Auch wenn wir es im Moment anders empfinden, leben wir in einem Eiszeitzeitalter. In dieser langandauernden Epoche wandelt sich das Klima immer wieder. Der Mensch nennt dieses Eiszeiten und Warmzeiten. Die letzte einer solchen Eiszeit hatte ihren Höhepunkt vor etwa 20 000 Jahren als ein Eispanzer Teile der nördlichen Erdhalbkugel bedeckte. Wie dick dieses Eis damals war, wird deutlich, wenn man zum Beispiel die Tafelberge auf Island gesehen hat. Es ist fast unvorstellbar, dass viele dieser Tafelberge einmal aktive Vulkane waren, die bei ihrem Ausbruch die Eisschicht nicht durchbrechen konnten.

Als sich das Klima wandelte und die Durchschnittstemperaturen langsam anstiegen, begann die Schmelze des Eispanzers und setzt sich bis in die Neuzeit mit dem „Rückzug" der Gletscher fort. Aber es gab zwischenzeitlich weiterhin kleinere Eiszeiten und außergewöhnliche Warmphasen im Wechsel. In einer solchen Warmzeit waren zum Beispiel die Alpen vor 6000 Jahren nahezu Eisfrei. Der vor einigen Jahren gefundene „Ötzi" ist ein Beleg dafür. Untersuchungen haben ergeben, dass er vor über 5200 Jahren dort gelebt hat. Warum es diese kolossalen Schwankungen gibt, wird von Wissenschaftlern unterschiedlich bewertet und es gibt auch unterschiedliche Gründe. Manchmal sollen Naturgewalten wie Vulkanausbrüche, dann die Verschiebung der Erdachse, Veränderung der Umlaufbahn um die Sonne oder auch tecktonische Verwerfungen dafür verantwortlich gewesen sein.

Die letzte „kleine Eiszeit" hatten wir in Europa vom 15. bis hinein ins 19. Jahrhundert. Es herrschten überwiegend kühle Temperaturen. Im Moment befinden wir uns in einer Warmphase, der auf jeden Fall irgendwann wieder eine neue eisige Zeit folgen wird. Dabei darf man allerdings nicht in Jahren oder Jahrhunderten rechnen, sondern wahrscheinlich in vielen Jahrtausenden. Ob diese jetzige Warmphase ausschließlich menschengemacht oder auch andere Entwicklungen mit hineinspielen, ist nicht zweifelsfrei zu beurteilen; denn dieser Wandel des Klimas setzte ja zu einer Zeit ein, als der Mensch durch sein Handeln dafür noch nicht verantwortlich war. Das Schmelzen des damaligen Eispanzers muss also auch durch andere noch nicht gänzlich erforschte Gründe begonnen haben.

Durch den Wandel der Erdtemperaturen hat es auch Veränderungen bei der Höhe des Meeresspiegels gegeben. Als sich der Eispanzer auf der Nordhalbkugel während der letzten großen Eiszeit bis weit in Mitteleuropa ausdehnte, lag der Meeresspiegel über 100 Meter unter dem jetzigen. Es hat also bedeutend mehr sichtbares Land auf der Erde gegeben. Ein großer Teil des Meerwassers war in Eis gebunden. Da ein Ende der jetzigen Wärmeperiode nicht abzusehen ist und die Gletscher weiter abschmelzen werden, ist davon auszugehen, dass der Meeresspiegel weiter ansteigen wird.

Die Erde ist in einem steten Wandel und der jetzige Zustand wird nicht die Endfassung sein. Forschungen haben ergeben, dass sich in der Erdgeschichte die Pole verschoben haben, sodass es Zeiten gegeben hat, in denen im Gebiet des jetzigen Südpols nahezu tropische Temperaturen geherrscht haben und eine dementsprechende Vegetation vorhanden war.

Auslöser für die bisherigen „Warmphasen“ war meist ein Anstieg des Gehaltes an Kohlenstoff in der Atmosphäre. Deshalb ist es auch vollkommen berechtigt, den Ausstoß von klimaschädlichen Gasen als einen Grund für die Verschärfung des Klimawandels anzuführen. Da die Wetterkapriolen im letzten Jahrzehnt immer extremer geworden sind, muss es auch noch andere Gründe dafür geben; denn der Ausstoß von Kohlenstoff hat sich in den letzten 20 Jahren kaum verändert. Es ist erstaunlich, dass eine weitere Problematik zwar im Blickpunkt steht, aber nicht mit allen Mitteln energisch angegangen wird. Die rigorose Abholzung der Wälder auf der ganzen Welt ist mit Sicherheit mitverantwortlich für die jetzige Zunahme von extremen Wetterlagen. Wenn man 30 Jahre alte Satellitenaufnahmen von unserer Erde mit den aktuellen vergleicht, ist es erschütternd zu sehen, wie viel Wald in diesem Zeitraum verschwunden ist. So war zum Beispiel Madagaskar einmal eine vollkommen grünbewaldete Insel. Jetzt ist sie bis auf einen kleinen grünen Rand nahezu braun. So sieht es auch in vielen anderen Regionen aus. Und es wird weiterhin täglich Kahlschlag in unvorstellbarem Maße betrieben. Rigorose Abholzungen hat es allerdings auch schon früher gegeben. Die Folgen kann man zum Beispiel in Spanien und England erkennen. In diesen Ländern sind für den Schiff- und auch Bergbau die Wälder vernichtet worden. Zentralspanien ist versteppt und verwüstet und in England gibt es kaum noch Wälder. Die systematische Vernichtung der Wälder auf der Erde ist ein verhängnisvoller Begleiter des fortschreitenden und immer extremer werdenden Klimawandels. Die Fauna braucht Kohlenstoff zum Wachsen. Dieser wird aus der Luft in Form von Kohlendioxyd aufgenommen und zum Teil durch Fotosynthese in Form von Sauerstoff wieder abgegeben. Bei der Flora ist es genau umgekehrt. In beiden Fällen kann man von atmenden Lungen sprechen. Wenn die Lunge zerstört wird, kann der Mensch nicht atmen. Und wenn die Lunge der Erde zerstört wird, kollabiert sie. Leider erscheint es unmöglich, diese besorgniserregende Entwicklung abzuwenden. Das ist auch daran zu erkennen, dass als Ziel nicht ein Rückgang der Erderwärmung genannt wird, sondern nur eine Begrenzung des Temperaturanstiegs.

Eine andere Eiszeit ist jedoch zweifelsfrei von Menschenhand geschaffen. Paradoxerweise findet diese aber in einer „Warmzeit“ statt. Es ist die Zeit, in der wir wieder einen großen Appetit auf Speiseeis haben. Dann haben die Eisdielen Hochkonjunktion und wir genießen dieses Produkt als Becher oder einfach in einer Waffeltüte. Im eisigen Winter ist der Appetit darauf nicht so ausgeprägt und wir sehnen uns nach einer neuen Warmphase, die dann wieder zur „Eiszeit“ wird.

Es ist zwar in unseren Breiten immer seltener geworden, aber gelegentlich geschieht es doch noch: die Gewässer gefrieren und werden zu Eisflächen. Wenn die Fröste stark genug sind und für längere Zeit anhalten, ist diese „Eiszeit“ für viele Bürger die willkommene Gelegenheit, mit Schlittschuhen dieses Eis zu befahren oder zu Fuß zu begehen. Wenn das möglich ist, wird daraus gerne ein Event gemacht, wie zum Beispiel beim Hamburger „Alstervergnügen“ auf der zugefrorenen Alster. Das ist aber leider immer seltener der

Fall. Letztmalig konnte ein solches Fest im Jahre 2012 ausgerichtet worden. Danach wurde die erforderliche Eisstärke nicht mehr erreicht.

Aber es gibt noch eine weitere „Eiszeit“. Sie ist auch zweifelsfrei von Menschen gemacht und liegt im zwischenmenschlichen Bereich. Wenn sich zwei Menschen ernsthaft zerstritten haben, kann man von einer „Eiszeit“ sprechen, die zwischen ihnen herrscht. Beide legen sich einen dicken Eispanzer zu und wollen nichts miteinander zu tun haben. Dann ist zu hoffen, dass sich beide von dem Eis befreien und wieder füreinander erwärmen können. Wenn sie denn wollen und es dann heißt: Das Eis ist wieder geschmolzen.

9. Das Gehirn

(Eine nichtwissenschaftliche und in Teilen autobiografische Betrachtung)

Schon in der Antike ging man davon aus, dass die Gefühle, die Persönlichkeit, der Verstand und vor allem die „Seele", was immer man darunter verstehen mag, im Herz angesiedelt seien. Diese Ansicht hat sich bei vielen Menschen bis in die Neuzeit erhalten. Auch aus dieser Sicht heraus hat man für lange Zeit hochgestellten oder besonderen Persönlichkeiten neben den Eingeweiden auch das Herz entnommen und gesondert aufbewahrt oder es an einem separaten Ort bestattet. Vereinzelt wird dieses noch heute so praktiziert. Traditionell ist die Ansicht erhalten geblieben, dass Gefühle vom Herzen ausgehen. Viele Redewendungen bringen das zum Ausdruck. Wenn etwas Ungewöhnliches passiert, ist mir das „zu Herzen gegangen". Zu Jubiläen aller Art überbringt man die „herzlichsten Glückwünsche". Wenn zwei Menschen sich gut verstehen, sind sie „wie ein Herz und eine Seele". „Ich wünsche dir von ganzem Herzen alles Gute" oder „es zerbricht mir das Herz, wenn ich das sehen muss" sind weitere Beispiele dafür.

Warum wird das Herz so in den Vordergrund geschoben? Ein Grund mag sein, dass man von jeher das Herz mit Leben verbindet. Das Herz kann man fühlen und spüren. Der Pulsschlag zeigt, wie das Herz arbeitet. Insbesondere bei Anstrengungen reagiert es und schlägt schneller. Hat der Mensch über einen längeren Zeitraum hinweg Sorgen, bekommt er „Herzbeklemmungen". Es kann dann sogar zu schweren Erkrankungen kommen. Der Tod wird mit dem

Aufhören des Herzschlags in Verbindung gebracht. Noch immer wird in der Erstdiagnose geprüft, ob der Herzschlag zu fühlen ist. Um den genauen Todeszeitpunkt festzulegen, wird heute jedoch in Zweifelsfällen der Hirntod herangezogen. Bei der Organspende ist dieses zwingend vorgeschrieben. Das Herz lässt sich gegebenenfalls wiederbeleben. Das Hirn jedoch nicht.

Der medizinische Fortschritt macht es sogar möglich, ein krankes Herz durch ein anderes oder sogar künstliches zu ersetzen. In diesem Fall steht die entscheidende Frage im Raum: Verändern sich durch ein neues Herz alle bisherigen Eigenschaften des Patienten, die dem alten Herz zugesprochen wurden? Wird er dadurch ein anderer Mensch? So wird es nicht sein!

Werden dem Herzen die erwähnten Eigenschaften also zu Unrecht zugesprochen? Ist nicht das Herz, sondern das Gehirn dafür ausschlaggebend?

Ich möchte das an einem Beispiel aufzeigen und unseren Körper mit einem Industriebetrieb vergleichen. In einer Erdölraffinerie werden durch viele Prozesse, wie im menschlichen Körper, unterschiedliche Energiestoffe gewonnen. Der gesamte Betrieb funktioniert aber nur, wenn die eingebauten Pumpen reibungslos laufen. Sie sind das Herz der Anlage. Stehen sie still, steht auch der Betrieb still. So wichtig diese Pumpen auch für den gesamten Betrieb sein mögen, gesteuert, kontrolliert und entschieden wird in der Zentrale mit ihren Computern und Monitoren; dem Gehirn des Ganzen.

Der große Unterschied zu der Zentrale im Industriebetrieb ist jedoch, dass unser Gehirn selbstständig Entscheidungen treffen, denken und kreativ handeln kann.

Auch wenn spezielle Computer die Leistungsfähigkeit unseres Gehirns erreichen, wie zum Beispiel ein Schachcomputer, der gegen einen Schachweltmeister einige Partien gewinnen konnte, ändert das nichts an der Einzigartigkeit unseres Gehirns. Es ist zu außergewöhnlichen und fast unbegreiflichen Dingen fähig. Es besteht aus einem komplexen Nervengeflecht mit unzähligen und unterschiedlichsten Nervenzellen und ist über das Rückenmark mit dem gesamten Körper vernetzt. Vermutet wird, dass vor allem im Bauchraum befindliche Nervenzellen in engem Kontakt mit dem Gehirn stehen und es unterstützen. Es wird sogar vom „zweiten Gehirn" gesprochen. Deshalb gibt es auch die Redewendung, dass man eine Entscheidung „aus dem Bauch heraus" getroffen hat. Das „Bauchgefühl" sagt mir, dass etwas gut oder schlecht ist. Ein sehr empfindliches Nervengeflecht im Oberbauch ist das Sonnengeflecht, auch „Solarplexus" genannt. Ein Boxhieb auf diesen Punkt macht sofort kampfunfähig und kann sogar zum Tod führen. Dieses Sonnengeflecht macht sich bei großen Sorgen durch ein schmerzhaftes Brennen bemerkbar. Bei großer Freude hingegen vermittelt es ein wohliges Gefühl. Frischverliebte sprechen daher auch gerne davon, dass sie „Schmetterlinge im Bauch" hätten.

Nicht nur der Mensch besitzt ein Gehirn, sondern alle anderen Lebewesen ebenfalls. Messungen haben ergeben dass das größte mit durchschnittlich 9.000 g der Pottwal hat; 5.000 g ein Elefant, 550 g ein Pferd oder Rind, 200 g ein Schwein und 135 g ein Hund. Der Gorilla, der dem Menschen sehr ähnlich ist, hat nur ein halb so großes Hirn, nämlich 550 g. Auch wirbellose Tierarten besitzen ein „Hirnsystem“, das oft nur aus einem Nervenstrang besteht, von dem die Lebensabläufe geregelt werden.

Ob Pflanzen auch durch ein Gehirn gesteuert werden, ist noch nicht eindeutig erforscht, aber nicht ausgeschlossen. Vielleicht ähnelt es unserem Nervengeflecht im Bauchraum. Wir Menschen haben im Verhältnis zum Körpergewicht ein relativ großes Hirn. Übertroffen werden wir aber von der Spitzmaus, die das relativ größte besitzt. Die Größe des Gehirns sagt also nichts über die Leistungsfähigkeit aus. Wobei es diesbezüglich beim menschlichen Hirn durchaus unterschiedliche Meinungen gibt.

Forschungen haben ergeben, dass bei den Menschen das weibliche Hirn etwa 100 g leichter als das männliche ist, welches durchschnittlich ein Gewicht von 1.375 g hat. Das weibliche Gehirn ist nicht nur leichter, sondern auch etwas anders beschaffen. Das mag zum einen daran liegen, dass Frauen grundsätzlich kleiner und zarter gebaut sind und zum anderen auch damit zusammen hängen, dass sich im Laufe der Evolution die Aufgaben von Mann und Frau unterschiedlich entwickelten. Während die gebärende Frau in erster Linie für die Pflege des Nachwuchses zuständig war, musste der Mann durch Sammeln und Jagen für ausreichende Nahrung sorgen und obendrein seine Familie tatkräftig vor Feinden aller Art schützen.

Zu welchen fast unbegreiflichen Leistungen ist unser Gehirn in der Lage?

Die Hirnforschung hat schon viele Rätsel gelöst. So gibt es die Einteilung in Großhirn, Zwischenhirn, Kleinhirn und Stammhirn. Man weiß ziemlich genau, in welchen Bereichen bestimmte Vorgänge gesteuert oder verarbeitet werden. Warum die Gehirne aber mit so unterschiedlicher Intelligenz und Leistungsfähigkeit ausgestattet sind, konnte noch nicht mit Sicherheit erforscht und geklärt werden.

Als Einstein 1955 verstorben ist, hat der Pathologe Thomas Harvey dem Leichnam vor der Einäscherung verbotenerweise das Hirn entnommen und zerstückelt und in einer Flüssigkeit aufbewahrt. Er war davon besessen, die Genialität Einsteins in dessen Hirn nachweisen zu können. Nach 40 erfolglosen Jahren übergab er schließlich verschiedenen Wissenschaftlern einzelne Teile zu Forschungszwecken. Aber umfangreiche Untersuchungen brachten keine wesentlichen Ergebnisse. Das Rätsel konnte nicht gelöst werden.

Bei vielen Menschen sind vielleicht pathologisch nicht nachweisbare besondere Veranlagungen im Gehirn vorhanden, die nur darauf warten, abgerufen und gefordert zu werden. Wenn diese angeborenen besonderen Eigenschaften jedoch nicht abgerufen werden, bleiben sie im Verborgenen liegen. Wäre zum Beispiel Mozart nicht in einer Musiker-, sondern in einer Handwerkerfamilie aufgewachsen, wären seine genialen Fähigkeiten vielleicht gar nicht zum Tragen gekommen. Wahrscheinlich waren diese Veranlagungen aber auch nur deshalb vorhanden, weil er sehr musikalische Vorfahren hatte.

Dass herausragende Begabungen unentdeckt bleiben, ist gar nicht so selten. Manchmal gibt es die sogenannten Spätentwickler, die noch ihre wahre Begabung entdecken und mit nie für möglich gehaltenen Leistungen überraschen.

Vom Äußeren her ähneln sich die Gehirne. Aber warum sind sie so unterschiedlich leistungsfähig? Warum kann mein Gehirn nicht das leisten, wozu andere in der Lage sind? Als ehemaliger Berufsmusiker macht es mich oft fassungslos, wenn ich höre und sehe, wie andere, insbesondere Solisten, ihr Instrument genial beherrschen. Warum konnte ich ein so hohes Niveau nie erreichen? Es mag sein, dass sie mehr geübt haben, aber in erster Linie wird es wohl eine höhere Begabung sein. Aber warum ist das andere Gehirn zu so einer Leistung fähig, meines jedoch nicht? Was haben diese Genies, was ich nicht habe? Oder habe ich vielleicht nur das falsche Instrument erlernt? Muss ich meine Meinung sogar relativieren und es gibt Menschen, die mich wiederum wegen meiner Fähigkeiten bewundern, weil sie diese nicht haben? Man schaut wohl nur immer zu den anderen auf.

Fragen bleiben aber trotzdem.

Warum kann meine 94-jährige Mutter gelernte Gedichte und Liedertexte noch aufsagen und ich behalte nicht einmal einen Vierzeiler? Diese Schwierigkeiten hatte ich schon immer. Auch während meiner Schulzeit, in der von einer „Reizüberflutung" noch keine Rede sein konnte. Aber vielleicht gibt es für meine Schwäche heute irgendeinen Krankheitsbegriff. Das wäre schon tröstlich.

Eine andere für ein Gehirn herausragende Fähigkeit bewundere ich bei meinem Sohn.

Mit 26 Jahren nahm er 2002 an der Sendung „Wetten, dass?" teil. Er wettete, dass er 1000 Musiktitel nach nur 0,3 Sekunden erkennen könne. Üben konnte er das, weil ein befreundeter Musikproduzent die Titel entsprechend aufbereitet hatte. Alleine die Fähigkeit, 1.000 Titel im Gedächtnis zu speichern, ist für mich unbegreiflich, ebenso bei der Kürze der Einspielung noch die richtige Zuordnung zu finden. Aber er konnte es.

Wie Gehirne die modernen Unterhaltungs- und Informationstechniken ersinnen konnten und können, steht für mich außerhalb meiner Vorstellungskraft. Auch wohl deshalb, weil ich kein genügendes Fachwissen darüber besitze und hier hochbegabte Genies am Wirken sind.

Das menschliche Hirn ist also zu außergewöhnlichen, oft unbegreiflichen Leistungen fähig. Aber leider ist es manchmal nicht möglich, sich auf nur eine Sache zu konzentrieren. Dann gibt es im Gehirn einen Gegner, eine „andere Seite". Während die eine sich auf die zu erledigende Arbeit konzentriert, hat die andere darauf keine Lust und beschäftigt sich lieber damit, was man am Abend machen, womit man sich am Wochenende beschäftigen oder wie man den nächsten Urlaub gestalten könnte. Dann heißt es, man könne sich nicht konzentrieren; man leide unter Konzentrationsstörungen.

Vor allem bei Kindern werden diese dann medikamentös bekämpft. Allerdings ist dieses Dilemma bei den Menschen unterschiedlich ausgeprägt und bei manchen Gehirnen ist die „andere Seite" friedlich und ordnet sich dem Willen ihres Besitzers unter.

Für die „Eigenwilligkeit" des Gehirns habe ich einige Beispiele aus eigener Erfahrung.

Beim Autofahren sollte man sich auf den Straßenverkehr konzentrieren. Aber manchmal ist es leider so, dass die „andere Seite" ihre Ansprüche anmeldet und sich lieber mit der Musik oder den Wortbeiträgen im Autoradio beschäftigen möchte. So ist es mir ergangen, als ich in eine „Radarfalle" gerauscht bin. Diese war mir schon seit Jahren bekannt und ich habe deshalb einen solchen Vorgang eigentlich für unmöglich gehalten. Weit verbreitet ist heute beim Autofahren auch die Ablenkung durch Handy oder Smartphone, weil die „andere Seite“ unbedingt die neusten Nachrichten erfahren möchte. Das ist allerdings sehr gefährlich; denn dadurch können leider auch schwere Verkehrsunfälle ausgelöst werden.

Grundsätzlich kann ich ganz gut ein- und durchschlafen. Aber manchmal ist es leider nicht so:

Nach einem ganz normalen Tag gehe ich zur gewohnten Zeit ins Bett. Der Schlaf stellt sich aber nicht ein und ich beginne zu grübeln. Eigentlich habe ich gar keinen Grund, aber die „Schlafenseite“ meines Gehirns ist zu schwach, um sich ihres Gegners zu erwehren. Dieser beschäftigt sich lieber mit den unterschiedlichsten Themen. Ich versuche, mich mit allen Mitteln dagegen zu wehren und beginne, das große „Einmaleins“ zu rechnen, um das Gehirn zu ermüden. Aber von Ermüdung keine Spur! Jetzt die nächste Waffe: „Entspannungsübungen nach Jacobson“, die ich einmal in der Reha erlernt habe. Hierbei werden unterschiedliche Muskelgruppen nacheinander angespannt und wieder entspannt. Nachdem dieses ebenfalls erfolglos ist, rechne ich wieder. Ich addiere Zahlen mit sich selbst. Bei der 37 fällt mir eine Besonderheit auf. In Dreierschritten errechne ich stets eine sogenannte „Schnapszahl“. Also 3x37 gleich 111, 6x37 gleich 222. Das setzt sich fort bis 27x37 gleich 999. Das ist zwar logisch, fasziniert mich aber trotzdem. Leider schlafe ich trotzdem nicht ein.

Ich werde weiterhin von den verschiedensten Themen bombardiert. Obwohl ich befehle, damit aufzuhören, wird der Gehorsam verweigert. Habe ich eine Tür zugeschlagen, öffnet sich eine andere. Jetzt kommt die letzte Patrone zum Einsatz. Ich verschwinde ins Wohnzimmer, um zu lesen, bis mir die Augen zufallen. Habe ich den Kampf gewonnen? Mittlerweile ist es 4.00 Uhr, als ich wieder ins Bett gehe. Weil mein Wecker mich zur gewohnten Zeit aus dem Schlaf reißt, muss ich wohl doch noch eingeschlafen sein. Aber vielleicht tue ich meinem Gehirn Unrecht und es trifft ihm nur eine Teilschuld, weil es mit dem Schlafhormons Melatonin unterversorgt war.

Ein weiterer Schlafräuber ist der „Ohrwurm".

Als ich noch als E-Bassist in einer Band Tanzmusik gemacht habe, war ich stets froh, wenn ich zu später Stunde endlich mein Bett erreichte. Dass mein Körper immer noch das „Wumm, Wumm, Wumm" der Bassbox spürte, war verständlich. Viel schlimmer jedoch war der „Ohrwurm", der mir das Einschlafen unmöglich machte. Irgendeine Melodie vom Abend hatte sich in meinem Gehirn eingebrannt und brachte mich nun in „Endlosschleife" zur Verzweiflung. Meistens hatte das sonst praktizierte Einschlafprogramm keinen Erfolg.

Die gleiche Erfahrung mit dem „Ohrwurm" musste ich leider auch machen, als ich nach meiner Pensionierung einen kleinen Chor leitete und zusätzlich in einer Blaskapelle als Tubist mitwirkte. In dieser Zeit habe ich oft komponiert und arrangiert. Für den Wurm gab es also reichlich Nahrung. Das wurde oft zu meinem Verhängnis.

In dieser Zeit der musikalischen Tätigkeit erlebte ich eine weitere Besonderheit des Gehirns:

Ich hatte wie üblich meinen Mittagsschlaf gehalten, als ich plötzlich, wohl im Halbschlaf, eine vom E-Bass gespielte mir völlig unbekannte kurze Melodie hörte. Es waren acht Töne, die mir das Gehirn einige Mal vorspielte. Wie ist es dazu gekommen? Wenn ich komponiert habe, habe ich es dazu herausgefordert, aber während des Schlafes? So ist es wohl auch vielen großen Komponisten ergangen. Sie haben sogar ganze Sinfonien oder Opern im Kopf (Gehirn) gehabt und konnten diese, vergleichbar mit einem Schriftsteller, niederschreiben.

Ich bin damals sofort aufgestanden, habe die Tonfolge aufgeschrieben und daraus später einen kompletten Song entwickelt.

So, wie uns das Gehirn unaufgefordert mit Melodien versorgt, kann dieses auch mit Stimmen geschehen. Manchmal haben Menschen davon berichtet, dass sie angeblich Stimmen in ihrem Kopf gehört haben. Bei religiösen Schilderungen ist dieses Phänomen sehr verbreitet. Aber auch andere Menschen, die sich sehr emotional mit Dingen unterschiedlicher Art beschäftigen, berichten über solche Erlebnisse. Man ist dann schnell geneigt, dies als Spinnerei abzutun, vielleicht auch als Wichtigtuerei. Ich stehe dieser Sache aus eigener Erfahrung etwas anders gegenüber und denke, dass das Gehirn sehr wohl in der Lage ist, uns glauben zu lassen, eine Stimme zu hören.

Es war der 28. März 2001, 07.35 Uhr. Meine Frau und ich schliefen noch. Da erklang die Stimme meiner Mutter an der Schlafzimmertür: „Eckhard! Papa liegt tot im Bett!“ Er war 84 Jahre alt, aber noch völlig fit gewesen. Am Tag zuvor waren beide noch mit dem Auto zum Einkaufen gefahren. Diese Mitteilung kam völlig überraschend und schockierend. Was aber das Besondere an dieser Begebenheit ist, ist die Tatsache, dass sich dieses eine Wort „Eckhard“ so in mein Gehirn verankert hat, dass ich es noch Jahre später in der Originalversion im Schlaf, vielleicht auch Halbschlaf, vernommen habe. Oft bin ich dann aufgeschreckt und habe sogar mit „Ja" geantwortet.

Noch ein anderes Phänomen hat meine Vorurteile ins Wanken gebracht.

Wenn in den einschlägigen Medien über sogenannte „Nahtot-Erfahrungen" berichtet wurde, habe ich das sehr skeptisch betrachtet und als Erfindungen abgetan. Dann erlebte ich jedoch folgendes:

Wegen einer Mandelkrebserkrankung musste ich 2010 dreimal operiert werden. Aus der Narkose bin ich stets unproblematisch erwacht. Ein Jahr später wurde mir im gleichen Krankenhaus ein gutartiges „Granulom" von einem Stimmband entfernt. Nach dieser etwas schwierigen OP war jedoch alles anders. Mehrmals hörte ich eine Stimme, die mich zum Aufwachen aufforderte. Aber ich wollte nicht; denn ich befand mich in einer wunderbaren, kaum zu beschreibenden Welt. Herrlichste Farben umgaben mich. War es eine Landschaft? Es kann sein, aber ich weiß es nicht genau. Dazu kam ein noch nie zuvor erlebtes, unbeschreiblich schönes Gefühl. In diesem Zustand wollte ich unbedingt verbleiben. Ich widerstrebte. Die Stimme der Krankenschwester war jedoch stärker und ich erwachte schließlich doch. Was war mit mir geschehen? Als ein Beweis für ein Leben danach deute ich dieses Erlebnis nicht. Aber was hat mein Gehirn so manipuliert? - Vielleicht waren es ja „nur" die Reste des Narkosemittels.

Mit den Träumen, die unser Gehirn produziert, haben sich schon viele Forscher befasst. Sie haben versucht, sie zu ergründen und zu deuten. Da sie aber nicht wirklich greifbar sind, sind die Ergebnisse in vielen Bereichen von hypothetischer Art.

Warum arbeitet mein Gehirn noch weiter, obwohl ich eigentlich abgeschaltet habe und schlafe? Manchmal träume ich von realen Personen, doch oft umgeben mich mir völlig unbekannte Menschen. Woher nimmt mein Gehirn diese Gesichter? Ich nehme an, dass meine Augen diese schon irgendwann, irgendwo gesichtet haben, ich sie aber gar nicht registriert habe; in der Fußgängerzone, in einem Geschäft, vielleicht in einem Zug. Mein Gehirn hat diese Gesichter jedoch gespeichert; „in einen Ordner abgelegt", um in der Computersprache zu reden. Im Traum greift es darauf zurück und produziert die unterschiedlichsten Filme.

Es gibt auch Schilderungen über Personen, denen wegweisende Geschehnisse oder gar Erfindungen im Traum übermittelt worden sein sollen. Auch von sogenannten „Erscheinungen" wird gerade im religiösen Bereich oft berichtet.

In den Liebesfilm-Träumen ist es wie im realen Leben. Mal erreicht man die Angebetete bis hin zur körperlichen Liebe, ein andermal sind alle Bemühungen vergebens.

Manchmal sind aber auch furchtbare Albträume zu ertragen.

Obwohl es schon fast 20 Jahre her ist, dass ich aus dem Musikkorps der Bundeswehr ausgeschieden bin, verfolgt mich diese Zeit gelegentlich im Traum immer noch. Leider meistens als Albtraum. Und ich erlebe Dinge, die ich in Wirklichkeit so nicht erlebt habe: Ich habe das falsche Hemd an, finde den rechten Schuh nicht oder den richtigen Anzug. Dann fehlen mir bei einem Konzert die Noten oder das Instrument ist nicht im Koffer. Ich irre durch eine Stadt und suche vergeblich unseren Bus oder ich höre zwar das Musikkorps, finde es aber nicht. Jedes Mal artet der Traum in puren Stress aus. Wenn die Sache jedoch immer aussichtsloser wird, kann ich zum Glück meinem „Traumzentrum“ befehlen, endlich damit aufzuhören, weil ich ja gar nicht mehr bei der Bundeswehr bin. Es erstaunt mich aber, dass ich, bzw. mein Gehirn, in der Lage ist zu sagen: „Jetzt ist aber Schluss, das ist doch alles Quatsch!“ Wahrscheinlich verarbeitet mein Gehirn im Unterbewusstsein noch vorhandene Ängste von Ereignissen, die in der Realität nicht hätten passieren sollen. Aber zum Glück gibt es auch Träume, in denen ich wunderschöne Melodien auf der Trompete spiele. Diese Melodien sind aber so umfangreich, dass ich mich bisher an keine erinnern und sie später aufschreiben konnte.

Abschließend stellt sich mir nun die Frage: Warum hat das menschliche Hirn dieses Alleinstellungsmerkmal und diese außergewöhnlichen Fähigkeiten? Nach der Evolutionstheorie haben alle Kreaturen gemeinsame Vorfahren, stammen vom „Urtier“ ab. Aber unser Gehirn hat sich völlig anders als bei den anderen Kreaturen entwickelt. Wir Menschen haben im Laufe der Evolution die Fähigkeit erworben, denken zu können.

Die vielfältigen Urinstinkte sind uns fast völlig abhandengekommen. Das hat zur Folge, dass wir im Gegensatz zu den anderen, alles erlernen müssen. Bei den Vögeln zum Beispiel baut jede Art auf der ganzen Welt das gleiche Nest. Das kunstvolle Nest einer Elster in Hamburg ist genauso gebaut wie in Lissabon, Budapest oder London. Diese Fähigkeit ist angeboren. Das Gehirn steuert diese Abläufe automatisch. Im Tierreich stößt man oft auf außergewöhnliche Leistungen. Es gibt vereinzelt Tiere, die menschenähnlich logisch denken. Einige Primaten werfen sogar Nüsse auf den Boden, damit diese aufplatzen. Oder sie benutzen einen Stein, um sie zu knacken. Andere Tiere sind unter Anleitung eines Menschen fähig, erstaunliche Dinge zu erlernen. Auch wenn diese Dressur umstritten ist, beeindruckt das Dargebotene immer wieder.

Eine überlebenswichtige Funktion des „Urtieres“ ist uns jedoch erhalten geblieben. Sie belegt die gemeinsame Abstammung: Der Adrenalinausstoß, wenn wir in eine gefährliche, gar lebensbedrohliche Situation geraten.

Aber warum konnte sich das menschliche Gehirn im Laufe der Evolution so außergewöhnlich und einmalig entwickeln, wie es heute beschaffen ist? Darüber gibt es die unterschiedlichsten Thesen. Die oft angeführte Ernährung scheidet wohl aus, denn es gibt in der Tierwelt genug Kreaturen, die sich ähnlich ernähren. Dass der Mensch irgendwann begonnen hat, seine Nahrung zu garen oder zu kochen, wird auch kein stichhaltiger Grund sein. Es muss etwas anderes mit der Kreatur Mensch geschehen sein.

Mein Erklärungsversuch:

Seit ewigen Zeiten sind Veränderungen in der Fauna und Flora durch Auslese und Mutationen ausgelöst worden. Dieses geschah in einem Zeitraum von Hunderttausenden oder gar Millionen Jahren. Bei heutigen Züchtungen hat man festgestellt, dass dieser Vorgang durch gezielte „mutagene Bestrahlung“ (Röntgen- oder Neutronenstrahlen) künstlich beschleunigt werden kann.

Das bringt mich zu der These, dass bestimmte Erdstrahlen für die besondere Entwicklung des menschlichen Gehirns verantwortlich sein könnten. Demnach muss sich in Urzeiten eine größere Gruppe unserer Vorfahren in einem Gebiet aufgehalten haben, in dem sie einer gewissen Strahlung dauerhaft ausgesetzt waren. Es können auch strahlungsintensive Gebirgshöhlen, die sie als Unterkunft nutzten, dafür verantwortlich gewesen sein. Diese Bestrahlung über einen sehr langen Zeitraum hinweg, hat schließlich zu einer Veränderung des Gehirns geführt. Es entwickelten sich in dieser begrenzten Gruppe Fähigkeiten, die andere nicht besaßen. Bis zum intelligenten, denkenden Menschen war es jedoch noch ein sehr weiter Weg. Aber es wurden Weichen für die Zukunft gestellt.

Wie geht es mit der Entwicklung unseres Gehirns zukünftig weiter?

Es hat viele Millionen, vielleicht sogar Milliarden Jahre gedauert, um den heutigen Stand zu erreichen. Vieles deutet jedoch darauf hin, dass wir den Zenit der Leistungsfähigkeit unseres Gehirns schon überschritten haben. Es geht wieder bergab! Dafür gibt es etliche Belege.

In vielen Bereichen verlernen wir das Denken. Beispielhaft sei hier das „Navi" genannt. Es kann für uns zwar eine große Hilfe sein, aber wenn wir es nutzen, schalten wir unser Gehirn aus und vertrauen diesem Gerät blind. Was leider manchmal dazu führen kann, dass man in die Irre geführt wird.

Auch die immer häufiger vertretene Meinung: „Es ist nicht wichtig, Wissen zu haben, sondern zu wissen, wie ich an das Wissen gelange" ist sehr bedenklich.

Es sind nicht nur die schlecht geplanten Superbauten, sondern auch viele kleine Begebenheiten, die an den gesunden Menschenverstand zweifeln lassen. Immer nach dem Motto: Wir fangen erst einmal an und schauen dann, wie es weitergeht. Man hat den Eindruck, dass immer öfter nicht mehr zu Ende gedacht wird. Die neuen Technologien verleiten uns zunehmend, Wissen nicht mehr im Gehirn abzuspeichern, sondern auf der Festplatte. Wir verlassen uns zum Teil blind auf diese Technik.

Es wird immer noch Ausreißer geben, das heißt, es wird weiterhin Gehirne geben, die in der Lage sind, Außergewöhnliches zu leisten. Aber in der Breite wird der Mensch langfristig die Fähigkeit des Denkens immer mehr verlieren. Unser Gehirn ist wie ein Muskel trainierbar und muss laufend gefordert werden, um Leistungen zu erbringen. Geschieht dies jedoch nicht, entwickelt sich das Gehirn zurück. Es verliert nach und nach die in langen Epochen erlangten Fähigkeiten.

Die These, dass wir immer dümmer werden, bestätigt auch ein Gespräch mit einem guten Bekannten, der in den letzten 30 Jahren als Zweigstellenleiter eines norddeutschen Geldinstitutes Bewerbungen zu bewerten hatte. Er sagte mir, dass es unbeschreiblich und sehr besorgniserregend sei, mit welchen geistigen Leistungsfähigkeiten viele Bewerber, sogar mit Abitur, heute ausgestattet seien. Dieser Zustand habe gerade im neuen Jahrtausend stetig zugenommen.

Wenn sich diese Entwicklung so fortsetzt, und alle Anzeichen stehen dafür, kann es sein, dass sich unser Gehirn langfristig immer weiter zurückentwickelt und in ferner Zukunft wieder das Niveau unserer frühen Vorfahren erreichen wird.

10. Die Farbe Schwarz

(ohne Anspruch auf Vollzähligkeit)

Der helle Tag ist mir lieber als die dunkle **schwarze Nacht**.
„Schwarz wie die Nacht" ist eine Redensart.
Schwarz ist bei uns die Farbe für Tod, Beerdigung, Trauer; aber auch Eleganz.
Schwarze Wolken wirken bedrohend, stehen für schlechtes Wetter.
Die **schwarz** gekleideten Orthodoxen wirken befremdend.
Der **„Schwarze Block"** bei Demonstrationen war Furcht auslösend.
Die **„Schwarze Szene"** in manchen Städten ist mir unbehaglich.
Der sogenannte **„Schwarze Freitag"** 1929 war in Wirklichkeit ein Donnerstag.
Die Mitarbeiter der Börsen und Großbanken in ihren **schwarzen Anzügen** sehe ich mit Unbehagen, weil ich sie mit den großen Wirtschaftskrisen in Verbindung bringe.
Bei der Papstwahl zeigt **schwarzer Rauch** die Erfolglosigkeit an.
Die **„Schwarzen Löcher"** im Universum geben viele Rätsel auf.
Schwarz macht schlank, sagt man – kann aber auch elegant aussehen.
Der **schwarze Schornsteinfeger** gilt als Glücksbringer.
Schwarzer Tee ist sehr beliebt; als Getränk aber gar nicht schwarz.
Schwarzbier ist eine besondere Biersorte.
Schwarze Hautfarbe ist für uns ungewöhnlich;
unsere weiße für „die Schwarzen" aber auch.

Schwarzmalen ist genauso negativ wie **schwarzsehen**.
Ein **Schwarzseher** jedoch hat die Gebühren nicht bezahlt.
„Der schwarze Kanal“ war eine politische Sendung im DDR-Fernsehen.
Wer **ins Schwarze trifft**, der hat einen guten Schuss abgegeben.
Schwarz und Weiß ergibt Grau.
Zu **Schwarzwurzeln** sagt man auch Winterspargel.
Schwarzschimmel kann in feuchten Wohnungen entstehen.
Schwarzkümmel ist im Orient schon lange ein Gewürz.
Schwarzkümmelöl soll Heilkräfte haben.
Schwarzer Pfeffer ist ein scharfes Gewürz und soll gesundheitsfördernd sein.
Schwarzsauer sagen manche Menschen zur Blutsuppe.
Zum Saft aus Beeren des **Schwarzen Holunders** sagt man auch Fliederbeersaft.
Schwarze Johannisbeeren sind nicht jedermanns Geschmack.
Kaffee kann man **schwarz** trinken oder mit Milch.
Auch weil die Schiedsrichter oft als **„Schwarze Sau“** beschimpft wurden, tragen sie heute fast immer farbige Trikots.
Was du **schwarz auf weiß** besitzt, kannst du getrost nach Hause tragen.
Schwarzarbeit ist begehrt aber verboten.
Schwarzfahrer sind Betrüger.
Schwarzbrennerei und **schwarz Schlachten** war vor allem nach dem Krieg üblich.
Schwarzpulver war das erste Explosivpulver.
Das **Schwarze Meer** ist ein begehrtes Urlaubsgebiet.
Zur **Schwarzdrossel** sagt man auch Amsel.

Schwarze Oliven sind reif. Im Handel aber oft gefärbt.
Der **„Schwarze Gürtel"** wird in Kampfsportarten verliehen.
Auf der **schwarzen Liste** möchte man nicht gerne stehen.
Zur Schlehe sagt man auch **Schwarzdorn**.
Eine **Schwarzdecke** ist keine Tischdecke, sondern ein Straßenbelag.
Als **schwarze Kunst** bezeichnet man die Magie und auch Alchemie.
Schwarzweiß-Fotos sind manchmal aussagekräftiger als farbige.
Die **„Schwarze Madonna"** wird in der katholischen Kirche verehrt.
Die **„Schwarze Witwe"** ist dagegen eine giftige Spinne.
„Schwarzer Peter" ist ein Kartenspiel, das man als Kind oft gespielt hat.
Wenn eine **schwarze Katze** über den Weg läuft, soll dieses Unglück bringen.
„Schwarzer Kater" ist hingegen ein roter Likör.
Als **„Schwarzer Tod"** wurde im Mittelalter die Pest bezeichnet.
Zu Erdöl oder Kohle sagt man auch **schwarzes Gold**.
Früher spielte die deutsche Fußballnationalelf immer mit **schwarzer Hose**.
Das **„Schwarze Brett"** ist eine Tafel für Bekanntmachungen.
Der **Schwarzmarkt** und **Schwarzhandel** geht am Fiskus vorbei und ist illegal.
Das **Schwarzgeld** wird oft in Steueroasen deponiert.
Die CDU und CSU werden im Bundestag als **„Die Schwarzen"** bezeichnet.
Eine **„Schwarze Null"** ist das Ziel des Bundes bei der Haushaltsplanung.

Zu den Wildschweinen wird auch **Schwarzwild** gesagt.
Ein Rabe ist **schwarz**.
Eine **rabenschwarze Nacht** ist sehr dunkel.
An einem **rabenschwarzen Tag** geht vieles schief.
Schwarze Lackschuhe trägt man zum Smoking.
„Mir war **schwarz vor Augen**“ sagt man wenn man benommen war.
Der **“Schwarze Punkt“** ist ein schwarze Fleck auf hellem Untergrund und soll ein Kunstwerk sein.
Der **Schwarzstorch** kann den Bau einer Windkraftanlage verhindern.
Ein **schwarzes Schaf** ist bei Schäfern wegen der **schwarzen Wolle** unbeliebt.
Das **schwarze Schaf** einer Familie ist ein Sonderling.
Der **Schwarzwald** ist eine schöne Urlaubsregion in Südwestdeutschland.
Menschen aus **Schwarzafrika** werden auch als Schwarzafrikaner bezeichnet.
Die Farben der deutschen Bundesflagge sind **schwarz-rot-gold**.
Das **schwärzeste Schwarz** ist Vantablack und absorbiert 99,96% des Lichtes.

Aber eigentlich ist **Schwarz** gar keine Farbe, sondern wird, genau wie Weiß, als „Unfarbe“ bezeichnet.

11. Musik und Sport

Kurz nach dem 2. Weltkrieg, im Jahre 1947 geboren, bin ich sowohl mit der Musik als auch mit dem Sport aufgewachsen. Neben dem Betrieb einer kleinen Landwirtschaft wurde in unserer Familie seit vielen Generationen Musik gemacht und diente als unverzichtbare zusätzliche Einnahmequelle. Mit der überwiegend aus Familienmitgliedern bestehenden Kapelle wurde bei den unterschiedlichsten Veranstaltungen zum Tanz aufgespielt. Mit Sport hatten die vorherigen Generationen noch nicht so viel zu tun, aber mein Vater spielte in unserem kleinen Ort im ansässigen Sportverein mehr oder wenig erfolgreich Fußball. Zwar habe ich ihn live nur noch schemenhaft in Erinnerung, aber die Begeisterung für den Fußballsport ist trotzdem dadurch geprägt worden. Das lag aber auch daran, dass bei uns im Verein das Fußballspiel im Vordergrund stand. In den ersten Jahren nach dem Krieg gab es zwar noch ein vielfältiges Sportangebot, als dann aber immer mehr Menschen verzogen und sich die Einwohnerzahl zum Ende der 50er Jahre auf etwa dreihundert Einwohner eingependelt hatte, wurde im Verein bald nur noch Fußball gespielt.

Obwohl in unserem Haus regelmäßig musiziert wurde und sich auch ein Klavier im Wohnzimmer befand, wurde ich in früher Kindheit nicht zum Klavierspiel angehalten. Es sollte also kein Wunderkind produziert werden. Mein Großvater war es, der mich mit etwa acht Jahren musikalisch ausbilden wollte. Mit der anfänglichen Geige konnte ich mich jedoch nicht anfreunden. Als er es dann mit der Trompete versuchte, waren schon bald Fortschritte erkennbar und meiner „Karriere" als Musiker stand nichts mehr im Wege.

Schließlich konnte ich diese Ausbildung auch zu meinem Beruf machen und in einem Musikkorps der Bundeswehr als Musiker mitwirken.

Meine Laufbahn als Fußballer verlief nicht ganz so erfolgreich. Durch die Gegebenheiten in unserem Verein habe ich erst mit 16 Jahren in einer regulären Jugendmannschaft mitgewirkt. In der heutigen Zeit beginnen die Jugendlichen schon mit vier oder fünf Jahren mit regelmäßigem Training. Ich habe also sowohl im Sport als auch in der Musik Erfahrungen gesammelt und mich mit beiden Genres beschäftigt. Dabei habe ich festgestellt, dass es viele Parallelen, aber auch einige Unterschiede gibt. Grundsätzlich findet man in beiden Bereichen Individualisten und diejenigen, die in unterschiedlich großen Gruppen mitwirken.

Individualisten sind im Sport in sehr vielen Bereichen zu finden, wie zum Beispiel in der Leichtathletik, beim Schwimmen oder Tennis. Mannschaftssport wird unter anderem beim Fußball, Basketball, Handball oder Eishockey betrieben.

„Einzelkämpfer" in der Musik können unter anderem Schlagersänger, Opernsänger oder Instrumentalsolisten sein. Bei den Gruppen seien hier die Konzertorchester, Theaterorchester oder die reinen Blasorchester genannt, aber auch die Posaunenchöre oder die vielen Chöre der Gesangvereine zählen dazu.

Sowohl im Sport als auch bei der Musik gibt es die Möglichkeit, die Tätigkeit nur als Amateur zu bestreiten. Aber man kann seine Fähigkeiten, sein anfängliches Hobby, in beiden Bereichen auch zum Beruf machen.

In meinem Leben hatte ich auch Kontakt zu anderen Sportarten wie zum Beispiel bei der Ablegung des Sportabzeichens mit Weitsprung, Kugelstoßen, Laufen (Langstrecke und Sprint) sowie das Schwimmen. Die meisten Erfahrungen habe ich beim Fußballsport machen können. Daher werde ich mich auch damit näher beschäftigen. Ebenso verhält es sich bei der Musik. Hier habe ich als Sänger in einem Chor mitgewirkt oder selber einen solchen geleitet. In einer Band habe ich als Bassist Tanzmusik gemacht und dort einige Titel solistisch gesungen. Die meisten Erfahrungen habe ich jedoch als Musiker in einem Blasorchester gesammelt. Da liegt es nahe, dass ich mich beim Vergleich des Sports und der Musik im Wesentlichen auf den Fußballsport und der Orchestermusik konzentriere.

Der Fußballsport hat sich aus den Fang- und Raufspielen längst vergangener Zeiten entwickelt. Zunächst gab es noch viele Ähnlichkeiten mit dem heutigen Rugby. 1857 wurden schließlich in England der erste Fußballklub gegründet und etwas später dort auch verbindliche Regeln aufgestellt. Deswegen wird England auch gerne als Mutterland des Fußballs bezeichnet. In Deutschland waren es Schüler des Gymnasiums Braunschweig, die 1878 den ersten Fußballverein gründeten.

In der Musik gibt es Orchester schon viel länger. Aus den anfänglich kleinen musizierenden Gruppen, die vor allem „an den Höfen" musizierten, entwickelten sich im 16. Jahrhundert die ersten größeren Orchester. Das lag auch daran, dass es jetzt Komponisten gab, die für größere Besetzungen musikalische Werke schufen. Das älteste noch bestehende Orchester in Deutschland wurde 1501 am Staatstheater Kassel gegründet.

Grundsätzlich werden sowohl der Sport als auch die Musik von beiden Geschlechtern ausgeübt. In früheren Jahren war dieses in einigen Fällen noch nicht üblich und möglich. So war zum Beispiel in Deutschland bis Anfang der 70er Jahre Frauenfußball noch untersagt. Auch in vielen Orchestern waren Frauen lange Zeit tabu. Die „Berliner Philharmoniker" haben sich zum Beispiel bis weit in die 60er Jahre hinein geweigert, Frauen aufzunehmen. Die „Wiener Philharmoniker" haben sogar erst 1973 eine Harfenistin als erste und lange Zeit einzige Frau in ihren Reihen „geduldet", bis schließlich ab 1996 auch andere Frauen eine Chance erhielten.

Im Sport gibt es allerdings genetisch bedingte Leistungsunterschiede zwischen Männern und Frauen und es hat deshalb lange eine strikte Trennung stattgefunden. In der Neuzeit sind aber immer mehr Disziplinen geschaffen worden, bei denen kleine gemischte Gruppen ihren Wettkampf bestreiten und als „Mannschaft" auftreten, wie zum Beispiel beim Rodeln oder Bobfahren. Im Reit- und vor allem Tanzsport ist eine Trennung schon lange nicht gegeben. Bei der Musik gibt es allerdings keinen Unterschied; denn beide Geschlechter sind hier zu den gleichen Leistungen imstande.
In welchem Alter wird mit der jeweiligen Ausbildung begonnen?

Bei dem Fußballer beginnt die „Karriere" schon recht früh. Das Erlernen des Gehens und Laufens ist schon die erste Sportart und eine Voraussetzung für den weiteren Weg. Es dauert nicht mehr lange bis das Kleinkind einem Ball hinterherläuft. Was zunächst auch eine Koordinationsübung sein soll und nicht leicht zu bewältigen ist, entwickelt sich in vielen Fällen schnell zu einer Lieblingsbeschäftigung. Wenn dieses Kind Glück hat und es ein entsprechendes Angebot gibt, geht es dann schon bald zum regulären Training in einem Fußballverein. Als Trainer habe auch ich mich mit diesen ganz kleinen Anfängern beschäftigt. Auch deshalb, weil ich die eigenen Kinder von Anfang an auf ihrem Weg in dieser Sportart begleitet habe. Wenn ich mit einem neuen Anfängerjahrgang begonnen habe, konnte ich stets das Gleiche feststellen: Obwohl alle gemeinsam mit dem ersten Training begonnen hatten, war schon nach kurzer Zeit eine unterschiedliche Fähigkeit im Umgang mit dem Ball festzustellen. Aber so verhält es sich ja auch in der Schule. Auch dort gibt es die sehr guten Schüler, die nicht so guten und auch die „schlechten“ Schüler. Und bei den letztgenannten ist dieses nicht unbedingt auf Faulheit zurückzuführen, sondern einfach auf die fehlende Begabung. Was aber nicht bedeutet, dass ein solcher Schüler im späteren Leben zum Scheitern verurteilt wäre. Nein! Es gibt genug gegenteilige Beispiele.

Mit der Musik hat der kleine Erdenbürger schon kurz nach seiner Geburt Kontakt. Sei es das Wiegenlied der Eltern, das das Einschlafen erleichtern soll oder auch die Musik, die aus dem Radio oder Fernseher zu vernehmen ist. Nach dem Sprechen folgt auch bald das Erlernen von leichten Liedern. Dieses wird schon sehr früh in der „Kita“ vermittelt und meistens auch in der Familie gefördert. Es ist keine Seltenheit, dass schon dreijährige zu Weihnachten einige Lieder mitsingen können und auch alleine, zum Stolz der Eltern, vorsingen können.

In früheren Jahren war es vielfach entscheidend, ob das Kind im Elternhaus zum Erlernen eines Instrumentes herangezogen wurde. In der Schule bezog sich die musikalische

Ausbildung meistens nur auf das Erlernen von Liedern. An größeren Schulen gab es auch Schulchöre in denen „Auserwählte“ mitsingen durften. Schon bei meinen Kindern war es in der Schule üblich, das Spielen einer Blockflöte zu erlernen. In weiterführende Schulen war und ist es möglich, mit anderen Instrumenten in Schulorchestern mitzuwirken. Da dieses oft auch modern ausgerichtete Big Bands sind, animiert das immer mehr Schüler und Schülerinnen, ein Instrument zu erlernen und dort mitzumachen. Auch die Modernisierung der Posaunenchöre spielt hierbei eine große Rolle. Aber bei den angehenden Musikern kann man das Gleiche wie bei den Fußballern feststellen: Die unterschiedlichen Begabungen und Fähigkeiten. Wenn es bei einem Musiker nicht zu großartigen Leistungen kommt, kann dieses manchmal auch ganz banale Gründe haben. Diese Person hat sich vielleicht nur für das falsche Instrument entschieden. Bei vorhandener Musikalität wäre ein anderes eventuell passender gewesen. Vergleichsweise wäre auch aus einem „schlechten“ Fußballer vielleicht ein herausragender Handballer oder Tischtennisspieler geworden. So ähnlich ist es mir als Musiker ergangen. Ich habe es zwar mit meiner Trompete zu einem Orchestermusiker gebracht und so zu meinem Beruf machen können, als ich jedoch nach meiner Pensionierung das Spielen einer Tuba erlernte, musste ich feststellen, dass mir dieses Instrument mehr zugesagt hätte. Während ich mit der Trompete einen ewigen Kampf ausüben musste, um das Geforderte zu leisten, fiel mir dieses auf der Tuba bedeutend leichter. Wobei betont werden sollte, dass es ein „leichtes“ Instrument nicht gibt. Ohne unerlässliches Üben geht es bei allen nicht. „Ohne Fleiß keinen Preis“, heißt es so schön.

Wegen der Ausgewogenheit beschäftige ich mich beim Fußball mit einem männlichen Fußballer und bei der Musik mit einer Musikerin.

Unsere beispielhaften „Künstler“ haben sich richtig entschieden. Der kleine Fußballer wird schon bald immer herausragender und die Musikerin gehört auf ihrem Instrument auch schon nach kurzer Zeit zu den Besten ihres Alters.

Wie geht oder besser gesagt „kann“ es nun mit beiden weitergehen? Beide Könner ihres Faches haben eines gemeinsam: sie sind außergewöhnlich begabt und talentiert. Das sind zwar viele andere auch, aber um es ganz nach oben zu schaffen, muss man zusätzlich extrem ehrgeizig und bereit sein, vieles hintendran zu stellen. Durch diesen Ehrgeiz der Heranwachsenden steigt meistens auch der Ehrgeiz der Eltern; denn auch sie sind gefordert.

Der geniale Fußballer ist schon bald in seinem Heimatverein unterfordert und ist durch seine zahlreichen Tore bei den gegnerischen Vereinen bestens bekannt und auch gefürchtet. Spätestens mit etwa zwölf Jahren wird er von großen Vereinen umworben und die Eltern beschließen, ihn tatkräftig zu unterstützen. Das bedeutet, dass sie organisieren müssen, wie und wann sie ihn zum Training des höherklassig spielenden Vereins fahren können. Nicht selten werden dabei Entfernungen bis zu 50 Kilometer in Kauf genommen. Da er auch in den Auswahlmannschaften groß auftrumpft, haben ihn bald auch Bundesligaklubs „auf den Zettel“, wie man früher sagte. Heute ist er natürlich bei den sogenannten „Scouts“ schon lange in ihrer Datei aufgenommen worden. Nach Absprache mit den Eltern wechselt er schließlich in ein Leistungszentrum eines Bundesligisten.

Schnell muss er feststellen, dass er hier nicht mehr der Beste ist. Um sich in diesem Fußballinternat letztendlich ge- gen die anderen durchzusetzen, sind neben dem Talent noch andere Kriterien erforderlich, wie zum Beispiel die körperliche Robustheit und der absolute Wille, schwierige Phasen zu überwinden. Aus den unterschiedlichsten Gründen bleiben viele „außergewöhnlich Begabte" irgendwann auf der Strecke. Manche hören ganz mit dem Fußball auf, weil sie andere Schwerpunkte in ihrem Leben setzen, andere begnügen sich mit einer unteren Spielklasse für die ein nicht so großer Aufwand erforderlich ist. Sie sind dann dort oft Leistungsträger und fühlen sich im angenehmen kameradschaftlichen Verbund sehr wohl. Manchmal gibt es auch ein „aufgepepptes" Fahrgeld für eine zusätzliche Einnahmequelle.

Parallelen gibt es bei der Laufbahn der „außergewöhnlich begabten" Musikerin. Aber der Weg ist ein etwas anderer. Gemeinsame Voraussetzung ist, neben dem vorhandenen Talent, auch bei ihr der unbedingte Ehrgeiz und Wille, immer besser werden zu wollen. Sonst wird die Musikerin die Musik nicht zum Beruf machen können. Oft ist es so, dass die Eltern die junge Instrumentalistin zunächst noch zum Üben auffordern müssen, aber nach relativ kurzer Zeit wird die Lust auf das Musizieren sie immer mehr zu den täglichen Übungsstunden antreiben. Spätestens wenn die ersten Erfolge als Solistin erzielt werden, steigt, genau wie bei dem Fußballer, auch der Ehrgeiz der Eltern; denn nun muss diese „außergewöhnlich Begabte" auch intensiv gefördert werden. Es muss ein qualifizierter Lehrer gefunden werden, der sie neben der Schule musikalisch ausbildet. Da es in der Musik in jungen Jahren keine Leistungszentren wie im Fußball gibt, müssen andere Wege zur Förderung gefunden werden. Also meldet der nun ebenfalls von Ehrgeiz ergriffene Lehrer seine Schülerin zum Wettbewerb „Jugend musiziert“ an. Hier kann sich die junge Musikerin mit Gleichbegabten messen und erkennen, woran sie noch arbeiten muss. Unsere Musikerin wird schon vorher in einem kleinen Orchester mitgewirkt haben. Ab einem bestimmten Leistungsniveau hat sie eventuell die Möglichkeit, in einem besonderen Jugendorchester mitzuwirken. Diese Orchester auf Bundes- und Landesebene proben meistens in den Schulferien und gehen auch auf kleine Tourneen. Diese Möglichkeit besteht ab etwa vierzehn Jahren. Aber es gibt unter Umständen auch einen anderen Weg. Wenn sie die Möglichkeit hat, in ihrer Nähe ein Musikgymnasium zu besuchen, kann sie dort ihr Abitur mit Schwerpunkt Musik ablegen. Mit Sicherheit wird es an einer solchen Schule auch sehr gute Musikformationen geben. Ideal wäre es, wenn sie daneben schon eine Uni besuchen könnte, an der sie ein Vorstudium absolvieren kann und von hochqualifizierten Lehrern (Professoren) unterrichtet wird. Wenn sie dann nach dem Gymnasium ihr Vollstudium an der Uni aufnimmt, werden ihr die unterschiedlichsten Studiengänge geboten. Neben Instrumentalist und Solist sind dies unter anderem Musikübertragung (Tonmeister), Kirchenmusik (katholisch/evangelisch), Dirigieren, Komposition oder Lehramt. Gerade das Letztere wäre sehr interessant, wenn sie merken sollte, dass es mit ihrem Instrument für eine Orchesterlaufbahn nicht reichen könnte.

Grundsätzlich ist es so, dass es nur wenigen vergönnt ist, außergewöhnlich viel Geld mit ihrem Beruf zu verdienen. In der Musik treten solche Könner (Stars) meistens als Solisten auf. Aber diese wenigen ganz großen Vorbilder animieren andere, diesen Weg zu gehen und davon zu träumen, es auch einmal zu schaffen.

Zwar gibt es auch bei den Orchestern den Versuch, ein Ranking der Besten aufzustellen, aber hier ist es nicht so leicht wie im Fußballsport wo man auf Grund der Ergebnisse Tabellen und Klassen ermitteln kann. Bei den Orchestern gibt es einen solchen messbaren Leistungsstand nicht, denn die Qualität der einzelnen Orchester lässt sich nur bedingt miteinander vergleichen. Es gibt allerdings auch eine Einteilung in A, B, C und gelegentlich D-Orchester. Dieses bezieht sich aber in erster Linie auf ihre jeweilige Größe und den unterschiedlichen Tarifverträgen. In jedem der etwa 130 Berufsorchester Deutschlands ist ein herausragendes musikalisches Leistungsvermögen selbstverständliche Voraussetzung.

Wenn eine Orchesterstelle neu besetzt werden soll, hat sich unsere deutsche Bewerberin mit Musikausübende aus der ganzen Welt zu messen. Wenn sie sich trotzdem durchsetzt, wird sie auf diese Leistung besonders stolz sein. Sollte es bei einem der „großen" Orchester mit klangvollem Namen jedoch nicht geklappt haben, ist sie zum Beispiel in den relativ vielen Rundfunkorchestern auch sehr gut aufgehoben; denn auch hier wird auf allerhöchstem Niveau musiziert. Bei vielen Orchestern ist es bei Neubesetzungen allerdings üblich, dass zunächst ein Probejahr zu absolvieren ist. Erst dann wird darüber befunden, ob eine Übernahme erfolgen soll. Auch wenn die Freude über ein erfolgreiches Probespiel zunächst groß sein wird, kann es also doch noch passieren, dass man danach nicht übernommen wird.

Fast identisch kann es auch beim „außergewöhnlich begabten“ Fußballer verlaufen. Auch er muss sich gegen internationale Konkurrenz durchsetzen. Aber gerade im Leistungsvermögen gibt es doch erhebliche Unterschiede. Obwohl es auch bei den Profiklubs ein gelegentliches Vorspielen gibt, sind die Vereine heute durch das ausgefeilte Scouting-System so aufgestellt, dass sie fast jeden überragenden Fußballer erfasst haben. Sie kennen also die Fähigkeiten der Spieler und versuchen, die passenden zu finden, wenn auf irgendeiner Position Bedarf herrscht. Während bei den Orchestern die technischen Fähigkeiten der Musiker nahezu gleich sind, gibt es bei Fußballern in technischer Hinsicht erhebliche Leistungsunterschiede. Aber in einer Fußballmannschaft werden nicht nur überragende Techniker, sondern auch Spieler gebraucht, die durch ihre „robuste“ Spielweise überzeugen. Oft sind dieses großgewachsene Abwehrspieler. Vergleichbar mit der Musikerin ist es durchaus möglich, dass unser „außergewöhnlich begabter“ Fußballer sich zwar bei den wenigen Spitzenmannschaften der Bundesliga nicht durchsetzen kann, er es aber bei einem mittelmäßigen Verein trotzdem schafft. Aber auch dort muss er sich gegen internationale Konkurrenten durchsetzen. Mit hervorragenden Leistungen und auch etwas Glück ist es ihm dann vielleicht möglich, später doch noch bei einem Spitzenverein zu landen. Es gibt aber genügend Beispiele dafür, dass es bei allen Bemühungen nicht für die 1. Liga reicht. Manchmal gibt es auch das Phänomen dass ein Spieler in einer internationalen Liga herausragend spielt, deshalb zu einem Spitzenklub nach Deutschland wechselt, er dort aber überhaupt nicht zurechtkommt. Als Beispiel kann der Italiener Ciro Immobile gelten, der als heißbegehrter Torjäger von Borussia

Dortmund verpflichtet wurde, dort aber nie zu seiner zweifellos vorhandenen Klasse gefunden hatte. Nach kurzer Zeit ist er wieder nach Italien zurückgekehrt und dort funktionierte bei ihm das Toreschießen wieder außerordentlich erfolgreich. Es hatte in Dortmund, warum auch immer, nicht gepasst. Genauso verhält es sich mit den Anforderungen bei Bayern München. Auch dort sind schon hervorragende Spieler gescheitert, weil sie angeblich das legendäre „Bayern-Gen“ nicht besessen hatten.

In der Musik hat es so etwas ähnliches auch schon gegeben. So war es zum Beispiel bei den „Berliner Philharmonikern“ Anfang der 70er Jahre, als Sabine Meyer, eine jetzt weltberühmte Solo-Klarinettisten, vor allem auf Betreiben vom damaligen Dirigenten Karajan eingestellt wurde. Auch sie musste sich dem Probejahr stellen. Das Orchester hat sich dann aber gegen einen weiteren Verbleib ausgesprochen und soll dieses damit begründet haben, dass ihr Klarinettenton zwar hervorragend sei, aber nicht zum Klang des Orchesters passe. Ob das der wirkliche Grund gewesen ist oder vielmehr, dass sie als bis dahin zweite Frau in die Männer-Domäne der Berliner „eingedrungen“ war, sei einmal dahingestellt.

Außer den „außergewöhnlich Begabten“ gibt es auf beiden Gebieten Menschen, die noch aus dieser Gruppe herausragen: Die Genies oder die „Wunderkinder“, die oft schon in früher Kindheit mit genialen Fähigkeiten aufhorchen lassen. Das beste Beispiel in der Musik ist hier wohl Mozart, der schon mit vier Jahren musizierte und im Alter von sechs Jahren mit seinem ehrgeizigen Vater, der auch ein begnadeter Musiker war, durch ganz Europa tourte und an

Höfen und in betuchten Gesellschaften sein außergewöhnliches Können darbot. In der Neuzeit kann man in diesem Zusammenhang als Beispiel vielleicht den Pianisten Lang Lang nennen, der schon mit drei Jahren den ersten Klavierunterricht erhielt, mit gerade neun Jahren ein Musikstudium begann und schon früh erste Preise erhielt und weltberühmt wurde.

So wie es bei der Musik in den verschiedenen Genres herausragende Solisten gibt, sind diese auch in vielen Sportarten vorhanden. Andere trainieren vielleicht genauso hart, können aber nie die Leistung dieser Genies erreichen. Beim Fußball wären aus der Neuzeit hier zum Beispiel die überragenden Ausnahmespieler Messi und Ronaldo genannt. Vielleicht aber auch der junge Dortmunder Fußballer Moukoko, der schon einen Tag nach seinem 16. Geburtstag sein erstes Bundesligator erzielt hatte und von den Medien zu einem „Wunderkind" erhoben wurde. Aber ein solcher Ruf muss erst einmal bestätigt werden. Daran sind vorher schon viele andere gescheitert. Ganz oben zu bleiben ist manchmal schwerer als dort hinzukommen.

In der Musik ist ein Absturz bedeutend seltener als im Sport und hier speziell beim Fußball. Es muss ganz klar herausgestellt werden, dass eine außergewöhnliche Begabung alleine nicht ausreicht, um Berühmtheit zu erlangen. Dieser Ruhm kann nur durch unermüdliches Üben (Trainieren) erreicht und erhalten werden.

Nun möchte ich auf die vielen Parallelen zwischen einem Orchester und einer Fußballmannschaft, zwischen der Musik und dem Fußball, eingehen; aber auch auf gewisse Unterschiede hinweisen.

Wenn eine Fußballmannschaft hervorragend gespielt hat, wird manchmal auch davon geredet, dass diese Mannschaft wie ein großes Orchester aufgetreten sei. Sie sei gut aufeinander abgestimmt gewesen, alle Spieler hätten die ihnen gestellten Aufgaben sehr gut gelöst und hervorragend miteinander harmoniert. Das, was bei dieser Mannschaft wohl auf Dauer eher eine Ausnahme darstellt, ist in der Musik bei den Orchestern elementare Selbstverständlichkeit. Hier kann man nicht, wie es bei den Fußballern sehr oft geschieht, davon reden, sie seien heute nicht in Form gewesen und deshalb sei das Konzert nicht so gut ausgefallen. Allerdings können die Orchestermusiker nach einem bestimmten Konzert das Gefühl haben, vielleicht auch bedingt durch eine besondere Atmosphäre, dass dieses außergewöhnlich gut gestaltet worden ist und an diesem Abend alles gepasst hat. Das ist, in gewissem Maße, auch mit einer Fußballmannschaft vergleichbar, wenn diese in einem bestimmten Spiel gegen einen vermeintlich übermächtigen Gegner über sich hinausgewachsen und nach einer herausragenden Leistung als Sieger vom Platz gegangen ist.

Selbstverständlich sind für einen Musiker die täglichen technischen Übungen wie zum Beispiel Tonleitern, Dreiklänge, Etüden oder komplizierte Passagen der Kompositionen. Ein berühmter Musiker (der Urheber ist etwas umstritten - es könnte Rubinstein gewesen sein) soll einmal gesagt haben: „Wenn ich an einem Tag nicht geübt habe, merke ich es. Übe ich an zwei Tagen nicht, merken es meine Kritiker. Am dritten Tag merkt es das Publikum und am vierten Tag werde ich ausgepfiffen.“ Das mag vielleicht etwas übertrieben sein, verdeutlicht aber die Wichtigkeit des täglichen Übens. Dieses sollte für einen Fußballer eigentlich genauso gelten. Für die meisten sind solche technischen Übungen aber ein Graus. Treten doch dabei die Unzulänglichkeiten offen zu Tage. Das habe ich hautnah als Trainer einer Landesligamannschaft erlebt, als ich bei den von mir vorgemachten relativ leichten Übungen hören musste, ob wir hier denn in der C-Jugend wären. Die erheblichen Probleme mit dem Ball waren aber unverkennbar.

Im Vergleich zu unserer Musikerin ist für unseren Fußballer ein „Einzelüben" schwerlich alleine durchzuführen und er benötigt dafür die Unterstützung von anderen. Es wäre also ganz normal, wenn in jedem Training gemeinsam technische Übungen durchgeführt würden. Die Wirklichkeit sieht aber auch im Spitzensport meistens anders aus. Das führt dann auch zu so einer sonderbaren Aussage, dass man Elfmeter bzw. Strafstöße nicht üben könne. Das kann bei einem Musiker nur ein Kopfschütteln auslösen. Eine schwierige Stelle nicht intensiv üben und sich auf die „Tagesform" verlassen? Undenkbar. Diese besagte Stelle wird solange geübt bis man sie „im Schlaf" beherrscht. Nur dauerndes Üben bringt Sicherheit. So sollte das eigentlich auch beim „Elfer" im Fußball sein.

Von der Bundesliga bis zur Kreisklasse findet das Training stets gemeinsam statt. Aber hierbei kann es durchaus sein, dass ein gruppenspezifisches Training durchgeführt wird. So etwas Ähnliches gibt es auch bei den Orchestern. Zwar wird auch meistens gemeinsam geprobt, aber vor allem beim Erarbeiten eines neuen Stückes können ohne weiteres auch Satz- oder Registerproben auf dem Dienstplan stehen, um das Zusammenspiel zu perfektionieren. Dann üben zunächst kleine Gruppen zusammen, wie zum Beispiel nur die

Trompeten, Posaunen oder Hörner. Das wird als „Satzprobe“ bezeichnet. Bei der „Registerprobe“ werden mehrere dieser Gruppen zusammengefasst und das gesamt „Blech“, alle Holzbläser oder Streicher üben dann gemeinsam.

Die Leitung haben heute die Trainer und die Dirigenten. Das war aber nicht immer so. Beim Fußball war es in den Anfängen meistens eine Respektperson, die auch leistungsmäßig herausragte. Weil dieser die Mannschaft leitete und führte, wurde er als „Mannschaftsführer“ bezeichnet. Die Leitung haben aber bald Personen übernommen, die zwar fachlich auch herausragten aber nicht mehr Bestandteil der aktiven Mannschaft waren. Diese „Trainer“ waren und sind für den sportlichen Bereich der Mannschaften verantwortlich. Sie leiten die Übungseinheiten und beaufsichtigen die Spieler beim Wettkampf und geben die taktische Ausrichtung vor. Die Funktion des Mannschaftsführers gibt es auch heute noch. Die Bestimmung eines solchen wird unterschiedlich gehandhabt. Oft wird er von der Mannschaft gewählt, manchmal aber auch vom Trainer bestimmt. Darüber hinaus gibt es oft auch noch den Mannschaftsrat.

Bei den Orchestern gibt es den Dirigenten wie wir ihn heute kennen erst seit gut 150 Jahren. Vorher war es ähnlich wie beim Fußball üblich, dass ein bestimmter herausragender Musiker die damals noch kleineren Formationen leitete. Weil dieses mit seiner Violine meistens stehend erfolgte, wurden diese Leiter auch als „Stehgeiger“ bezeichnet. Diesen früheren „Kapellmeister“ gibt es heute noch im Orchester. Er sitzt ganz vorne bei der ersten Violine und hat als „1. Konzertmeister“ besondere Funktionen inne, wie zum Beispiel das Einstimmen des Orchesters vor dem Konzert, nachdem er von der Oboe den „Kammerton a“ übernommen hat.

Weil die Orchester immer größer wurden, setzte sich in der Mitte des 19. Jahrhunderts der Gebrauch eines Taktstocks in der heutigen Form durch. Schon vorher war es teilweise üblich, den Takt vorzugeben. Dabei wurde mit einem langen Stock auf den Boden gestampft, um so das einheitliche Tempo und Zusammenspiel akustisch anzugeben. Durch Ausübung dieser Tätigkeit ist sogar einmal ein Diri- gent ums Leben gekommen. 1687 hat sich Jean-Baptiste Lully die Spitze des Stabes in den Fuß gerammt und sich ver- letzt. Daran ist er nicht direkt gestorben, sondern deshalb, weil sich die Wunde infizierte und es zu einem „Wund- brand“ gekommen ist.

Während im Fußball es gang und gäbe ist, dass der Trainer immer von der Führungsspitze des Vereins verpflichtet wird, ist es in den Orchestern durchaus üblich, dass das Orchester ein gewisses Mitspracherecht hat. Bei den Rundfunkorchestern ist es allerdings meistens so, dass der Dirigent vom Intendant ausgesucht und verpflichtet wird. Leider gibt es beim Fußball, insbesondere in den höheren Klassen, die besorgniserregende Entwicklung, dass die Trainer nicht bis zum Ende des Vertrages im Verein verbleiben. Meistens ist eine gewisse Erfolgslosigkeit der Grund oder man hatte eine „unterschiedliche Auffassung“ über die taktische Ausrichtung der Mannschaft. „Man konnte die Handschrift des Trainers nicht erkennen“ ist auch ein gerne verwendetes Argument. Manchmal hat man den Eindruck, dass im Profifußball nicht überall professionell gearbeitet und mit dem anvertrauten Geld gewissenhaft umgegangen wird.

Diese vorzeitigen Wechsel sind in den Orchestern eher die Ausnahme von der Regel. Aber ausgeschlossen sind sie nicht. Als Beispiel sei dabei vielleicht das zerrüttete Verhältnis zwischen den „Berliner Philharmonikern“ und ihrem Dirigenten Karajan genannt, das schließlich 1989 zur Trennung führte. Grundsätzlich verbleibt der Dirigent aber bis zum Ende seines Vertrages. In diesem Bereich wird also bei der Musik „professioneller“ gearbeitet und genau geschaut, welcher Dirigent zum Orchester passt. Für beide Genres gilt jedoch das Gleiche: Trainer oder Dirigenten geben die Richtung vor. So ist es im Fußball oft der Fall, dass die Mannschaft nach einem Wechsel plötzlich ein anderes Bild abgibt, taktisch anders eingestellt ist und auch erfolgreicher spielt. Aber leider ist das nicht immer der Fall, weil auch eine gewisse Qualität der Spieler vorhanden sein muss. Diese Problematik ist bei den Orchestern in dieser Form nicht so gravierend. Trotzdem kann ein Dirigent den Klang eines Orchesters durch sein Wirken beeinflussen. Nur ausgesprochene Musikkenner sind allerdings in der Lage, diese unterschiedlichen Klangfacetten auch zu hören. Hier sei wieder einmal Herbert Karajan erwähnt, der während seines dreißigjährigen Wirkens bei den „Berlinern“ deren besonderen Klang und spezielle Spielkultur entscheidend geprägt hat. Dieses ist bis heute erhalten geblieben und deshalb wird auch bei der Neubesetzung einer Musiker-Stelle genau darauf geachtet, ob der Kandidat zum Orchester passt.

Für einen besonderen Klang und einem bestimmten Spielstil sind auch die „Wiener Philharmoniker“ ein gutes Beispiel. Dieses konventionelle und sehr auf Traditionen fixierte Orchester hat sich über Jahrzehnte einen unverwechselbaren Klang bewahrt. Maßgeblich daran beteiligt war auch ihr langjährige ehemaliger Konzertmeister. Er hat viele Dirigenten mit unterschiedlichen musikalischen Auffassungen erlebt, aber er hat immer darauf geachtet, dass das Spezielle der „Wiener“ erhalten geblieben ist.

Genauso ist es im Fußball zum Beispiel bei Bayern München gewesen. Auch hier hat Ulli Hoeneß bis zu seinem Ausscheiden über Jahrzehnte die Geschicke maßgeblich bestimmt und den Verein zu dem gemach was er heute ist. Auch er hat viele Trainer mit den unterschiedlichsten sportlichen Vorstellungen kommen und gehen gesehen, aber er hat stets darauf geachtet, dass die für diesen Verein typische „Mir san mir“ – Mentalität an erster Stelle steht. Beide Meister ihres Faches haben durch ihr Wirken ganze Epochen geprägt und entscheidend zum Erfolg beigetragen.

Epochen geprägt haben aber auch Trainer und Dirigenten. Wenn diese einen gewissen Grad an Berühmtheit erreicht haben, gibt es die Parallele zwischen Fußball und Musik, dass diese „großen“ Trainer nur zu einem international erfolgreichen Verein gehen werden und der berühmte Dirigent mit Sicherheit nur zu einem der „großen“ Orchester wechseln wird, wenn der bisherige Vertag ausgelaufen ist. Nun ist es aber nicht so, dass diese Besten ihrer Zunft nicht außerhalb jeglicher Kritik bei ihren „Untergebenen“ stehen würden. Egal ob Fußball oder Musik, alle Ausübenden haben schon unter einer anderen Leitung gespielt und ziehen Vergleiche. Zwangsläufig führt das bei dem einen oder anderen zum Ergebnis, dass dies oder das bei einem anderen besser gewesen ist. Es gibt in beiden Bereichen immer wieder Menschen, die eine andere Auffassung haben. Sei es die Gestaltung des Trainings oder der Proben. Auch die Wahl der richtigen Taktik im Fußball oder die Programmgestaltung bei Konzerten findet nicht bei allen die volle Zustimmung. Neben dem fachlichen Können sind auch die Ausstrahlung und der Umgang mit den „Untergebenen" für ein gutes Betriebsklima ein entscheidender Faktor. Man spricht dann davon, dass die „Chemie" stimmen müsse.

Bei der Musik ist oft die unterschiedliche Auslegung der Tempi ein Streitpunkt. Als Beispiel sei hier einmal Wagners „Parsifal" genannt. Während es unter Paganini in Bayreuth mit 4 Stunden und 48 Minuten die bisher längste Aufführung gab, benötigte Boulez dafür gerade einmal 3 Stunden und 38 Minuten. So ein großer Unterschied war für die Musiker sicher außergewöhnlich und diskussionswürdig. Manchmal entzünden sich sogar wahre „Glaubenskriege" darüber, wie bestimmte Töne zu spielen sind. Als Beispiel nenne ich hier die 5. Sinfonie Beethovens. Auch hier gibt es unterschiedliche Auffassungen über das richtige Tempo. Die Noten sind immer die gleichen aber welches genaue Tempo schwebte Beethoven vor? Das weiß eigentlich niemand so genau und fragen kann man ihn auch nicht mehr. Mit dem entsprechenden Tempo ist auch zwangsläufig verbunden wie zum Beispiel das berühmte Leitmotiv des ersten Satzes zu interpretieren ist. Die meisten Dirigenten nehmen ein relativ schnelles Tempo. Dadurch wirkt dieses Motiv allerdings etwas gehetzt und erfährt nicht die Wichtigkeit seines Bekanntheitsgrades. Weil es die meisten Musiker so kannten, war es für viele von ihnen wohl gewöhnungsbedürftig als

Karl Böhm in früheren Zeiten und jetzt auch Daniel Barenboim ein wesentlich langsameres Tempo wählten und die ersten vier Töne besonders betont und abgesetzt spielen ließen.

Eine ähnliche Erfahrung mussten auch die Fußballer des FC Bayern München machen als Pep Guardiola die Mannschaft 2013 übernommen hatte. Die Mannschaft war vorher äußerst erfolgreich und viele Welt- und Europameister spielten in ihren Reihen. Da ist Guardiola anfangs sicher auf Unverständnis gestoßen, als er und sein Trainerteam die technische Qualität der Mannschaft infrage stellten und konsequent eine andere Art der Ballbehandlung einforderte. Vor allem im Bereich der Ballannahme (auch stoppen genannt) wurde wahrscheinlich nicht zur Freude aller Spieler so intensiv wie nie zuvor gearbeitet. Der größte Unterschied zu vorher und prägend für die gesamte Bundesliga war aber das Passspiel mit der angezogenen Fußspitze. „Flach spielen und hoch gewinnen" haben schon unsere Väter gesagt, aber kein Trainer hat diese These so konsequent wie Guardiola eingefordert.

Obwohl in deutschen Orchestern die „Amtssprache" deutsch ist, gibt es auch Musiker, die dieser Sprache nur bedingt mächtig sind. Da die Noten aber auf der ganzen Welt gleich sind, ergeben sich daraus keine gravierenden Schwierigkeiten. Hinzu kommt noch, dass alle Erläuterungen und Anweisungen, mit einigen Ausnahmen, grundsätzlich auf dem Notenblatt in Italienisch erfolgen. „Laut" und „leise" wird zum Beispiel als „forte" und „piano" bezeichnet (abgekürzt mit „f" und „p"). Wobei es dann aber noch Abstufungen vom einfachen „f" bis zum bedeutend lauteren „fff" gibt. Der Dirigent kann also mit diesen einheitlichen Begriffen alle Musiker erreichen und zusätzlich durch seine Art des Dirigierens seinen Willen vermitteln. Ausländische Gastdirigenten behelfen sich bei der Kommunikation aber auch manchmal mit englisch. Durch die unterschiedlichen Muttersprachen der Musizierenden kann es allerdings auch vorkommen, dass sich gleichsprachige Grüppchen bilden können. Für die Ausübung des Berufes ist das jedoch nicht relevant.

Ähnlich sieht es auch im Spitzenfußball aus. Auch wenn bei den meisten Vereinen der Bundesliga die deutschen Spieler sogar in der Minderheit sein können, ist auch hier die „Amtssprache“ deutsch. Obwohl erwartet wird, dass die ausländischen Spieler nach einer gewissen Zeit auch deutsch sprechen, tun sich doch viele Spieler damit schwer. Erst kürzlich berichtete ein Trainer der Bundesliga, der während der Saison eine abstiegsbedrohte Mannschaft übernommen hatte, dass ein Teil der Mannschaft weder deutsch noch englisch verstehen würde und er deshalb zunächst große Schwierigkeiten hatte, diese Mannschaft zu erreichen. Wenn der Trainer nicht verstanden wird, verpufft eine emotionale Ansprache vor dem Spiel oder auch in der Halbzeitpause förmlich in der Luft. Diese Kommunikation zwischen Leitung und Ausübenden ist also bei der Musik weltweit wesentlich unproblematischer.

Unsere beiden „außergewöhnlich Begabten“ werden in ihrem Beruf feststellen, dass es unter den Kollegen durchaus auch unsympathische Menschen gibt mit denen man nicht so gut auskommt. Auch Intrigen sind nicht auszuschließen, genau wie der Satz „Elf Freunde müsst ihr sein“ heute im

Profifußball leider überholt ist, so wird es auch in den Orchestern nicht nur „Freunde“ geben. Das liegt aber auch in der Natur des Menschen.

Obwohl für unseren Fußballer das Spielgerät Ball immer gleich ist, wird er für eine bestimmte Position in der Mannschaft ein besonderes Talent besitzen. Wenn unser Fußballer nicht Torwart geworden ist, kann er als Feldspieler auf den verschiedensten Positionen geringfügig hin und hergeschoben werden. Er hat also die Möglichkeit mitzuwirken, obwohl er nicht auf seiner Lieblingsposition eingesetzt wird. Ein besonderer Spieler ist der Torwart. Er darf ungestraft den Ball auch mit der Hand spielen. Ihn kann man auch als das Fundament der Mannschaft bezeichnen. Das setzt sich dann stufenweise fort mit den Innen- und Außenverteidigern. Dann folgen die defensiven und offensiven Mittelfeldspieler und schließlich die Stürme deren Spitze der Mittelstürmer bildet. Man spricht auch gerne davon, dass Mannschaften eine stabile Mittelachse haben müssen, die sich vom Torwart ausgehend mit überdurchschnittlichen Spielern bis in die Spitze erstreckt. Das sind die sogenannten „Führungsspieler“, an denen es allerdings in manchen Mannschaften mangelt. Meistens sind diese dann auch nicht sehr erfolgreich.

In der Neuzeit hat es sich bei vielen Mannschaften durchgesetzt, dass genau auf diesem Weg der Ball vom Torwart aus über alle Stationen nach vorne bis zu den Stürmern „getragen“ wird. Wenn durch diesen modernen „Ballbesitzfußball“ allerdings so gut wie keine Torchancen erarbeitet werden, wird diese Spielweise vom Zuschauer oft als sehr langweilig empfunden.

Für unsere junge Musikerin ist viel entscheidender für welches Instrument sie sich entschieden hat. Sie kann im Orchester nicht hin und her wechseln, sondern hat eine feste Position. Hat sie ein Streichinstrument erlernt, gehört sie zu den sogenannten „Tutti- Instrumenten“ weil diese mit vielen anderen überwiegend die gleiche Stimme spielen. Hier bilden die Streichbässe das Fundament. Darauf aufbauend sind es Celli, Bratschen, 2. Geigen und schließlich die 1. Geigen. So ähnlich verhält es sich mit den Blasinstrumenten im Orchester. Dort bildet die Tuba das Fundament. Dann folgen die Posaunen, Hörner und Trompeten im „Blech“. Bei den „Hölzern“ sind es Fagott, Englischhorn, Oboe, Klarinette und die Flöten. Dann sind da noch die Harfe, die Pauken, das „Stabspiel“ und je nach Komposition umfangreiches Schlagwerk. Richard Wagner war der Unterschied zwischen den Posaunen und Hörnern zu groß und ließ daher ein Instrument bauen, das im Klang dazwischen liegt: die sogenannte „Wagnertube“, die so ähnlich aussieht wie ein Tenorhorn aber mit einem Hornmundstück geblasen wird. Dieses Instrument haben nur wenige Komponisten übernommen. Einer davon ist Bruckner, der in den letzten Sinfonien davon Gebrauch machte.

Obwohl es bei den Streichern in der Orchestermusik auch Solisten gibt, verschwinden viele in der Masse und sind einzeln nicht herauszuhören; denn die einzelnen Instrumente sind an der gleichen Stimme vielfach vertreten. Sechzehn Musiker bei den Streichern an der gleichen Stimme sind keine Seltenheit. Bei den Bläsern hat jeder eine eigene Stimme. Ist unsere Musikerin eine Hornistin, verschwindet sie nicht in der Masse, sondern ist mit ihrer eigenen Stimme oft deutlich im Orchester zu hören; insbesondere dann, wenn sie an der ersten Stimme sitzt und zahlreiche Solopartien zu bewältigen hat. Hier steht sie im Rampenlicht und kann ihre Musikalität für jeden hörbar voll einbringen. Wenn das Konzert mit einem grandiosen Finale endet, wird frenetischer Beifall des Publikums aufbrausen. Und wenn unsere Hornistin sehr stark gefordert war, wird der Dirigent sie sicher besonders herausheben und alleine aufstehen lassen. Der verstärkte Applaus gilt dann ganz alleine ihrer besonderen Leistung und wird sie mit Stolz erfüllen. Und diesen Ruhm kann sie nicht nur in Deutschland genießen, denn viele Orchester gehen mit ihrem Programm auch auf internationale Tourneen.

Wenn unser Fußballer mit seiner Mannschaft ein wichtiges Spiel gewonnen hat, wird das vollbesetzte Stadion diese nach dem Schlusspfiff mit ohrenbetäubendem Lärm feiern. Hat er mit seiner Mannschaft eine Meisterschaft errungen, wird er wahrscheinlich mit ihr auf dem Rathausbalkon von den Fans und der ganzen Stadt enthusiastisch gefeiert. Ist er sogar mit der Nationalelf Weltmeister geworden, wird er mit der Mannschaft nicht nur von einer Stadt, sondern von der ganzen Nation verehrt und gefeiert. Vielleicht wird er auch als der „Unterschiedsspieler“ besonders geehrt.

Genau wie beim Fußball ist es auch in der Musik. Beides kann uns in ihren Bann ziehen und große Emotionen auslösen.

12. Die Angst des Schützen vorm Elfmeter

Abpfiff.

Auch die Verlängerung hat in diesem grandiosen Endspiel keine Entscheidung gebracht. Es steht immer noch 0:0. Leider müssen wir ins Elfmeterschießen!

So ein Mist. Das hätten wir doch gewinnen müssen! Dieses Riesending in der 117. Minute. Rückpass von rechts. Roy kommt 10 Meter vorm Tor frei zum Schuss und haut den Ball an die Oberkante der Latte. Den muss er doch machen! Aber das alte Lied! Bei einer richtigen Schusstechnik wäre das wohl nicht passiert. Aber als Abwehrspieler darf man den Stürmern mit so etwas nicht kommen. Und die Trainer sprechen das auch kaum detailliert an. Wenigstens die meisten. Techniktraining ist heutzutage so was von verpönt. „Sind wir hier in der C-Jugend?“ heißt es dann. Oder die Berater beschweren sich sogar, weil ihr Klient „bloßgestellt“ wurde. Nur weil einige Übungen nicht auf Anhieb geklappt haben und er dabei etwas „ungelenk“ ausgesehen hat. Wenn ich da an die täglichen technischen Übungen der Musiker denke ...

Jetzt ist aber Hochspannung angesagt!

Der Schiri hat auf die Sekunde genau abgepfiffen. Wahrscheinlich wollte auch er, dass es zum Elfmeterschießen kommt; so, wie die meisten Zuschauer. Wäre bei mir genauso, wenn ich als Unbeteiligter zuschauen würde. Dann hoffe ich auch, dass in der Verlängerung keine Entscheidung fällt und es zum „Showdown“ kommt. Das hat schon seinen Reiz.

Wenn ich ehrlich bin, hätten beide Mannschaften den Sieg verdient gehabt; denn auch der Gegner hatte in der regulären Spielzeit gute Chancen. Jetzt werden die Karten also neu gemischt.

Ich bin wohl nicht unter den ersten fünf. Gott sei Dank. Inzwischen sind wir alle im Bereich der Trainerbank angekommen. Es herrscht ein hektisches Treiben, obwohl immer wieder zur Ruhe aufgerufen wird. „Entspannt euch und kommt runter“ höre ich von irgendwoher. Die Kameramänner, die zwischen uns herumlaufen können schon nerven. Mein Gehirn arbeitet. Eigentlich hätten wir das Elfmeterschießen doch mehr üben müssen. „Elfmeterschießen kann man nicht üben“ hat ein berühmter Fußballer einmal gesagt. So ein Quatsch! Die Nervenanspannung wohl nicht, aber die Technik schon. Da fällt mir wieder die Musik als Beispiel ein. Was soll ein Musiker dazu sagen? Der übt schwere komplizierte Passagen tausendmal. Bis er sie im Schlaf beherrscht und praktisch auswendig spielen kann.

Der Trainer diskutiert mit dem „Co“, der einen Zettel in der Hand hält. Sie sprechen einzelne Spieler an; sind auf „Opfersuche“. Eigentlich stehen die Schützen im Groben fest. Das Trainerteam hat aber auch noch aus der Körpersprache der einzelnen Spieler gewisse Rückschlüsse gezogen und möchte sich nun noch letzte Gewissheit verschaffen; will die Verfassung der Kandidaten abklären.

Jetzt noch etwas trinken. Die Muskulatur in den Beinen lockern. Kurz hinlegen und sich strecken. Die Atmosphäre aufsaugen.

Ich werde wohl erst als 7. oder 8. schießen müssen. Komme wahrscheinlich davon. So hoffe ich.

„Benny, du musst schießen“ schreckt mich der Trainer auf. „Roy hat seinen Fehlschuss mental noch nicht verkraftet und Blacky ist durch seinen Pferdekuss gehandicapt und traut sich das nicht zu.“

Ja, aber ich sollte doch ...

„Du schießt auch erst an fünf. Da brauchst du vielleicht gar nicht mehr ran, wenn alles gut läuft.“ Ich willige ein. Die Reporter bzw. Kommentatoren erzählen jetzt bestimmt, dass die älteren, erfahrenen Spieler Verantwortung übernehmen. Dabei bin ich doch gerade 26 Jahre alt! Beim Elfmeterschießen habe ich noch nie mitgemacht. Ja, bei einem Pokalspiel war ich vor einiger Zeit schon einmal im erweiterten Kreis. Kam aber nicht zum Einsatz. Und jetzt muss ich auf international höchster Ebene ran. - Wird schon klappen. Kann ja wohl nicht so schwer sein, den Ball aus 11 Meter Entfernung dort hinzuschießen, wo er auch hinsoll.

Es soll losgehen! Wir bilden den obligatorischen Kreis; feuern uns an. Der Trainer mahnt noch kurz Ruhebewahrung und Konzentration an, dann lösen wir den Kreis nach unserem Schlachtruf auf und trotten zum Mittelkreis. - Gedankenversunken. - Konzentriert. - Mit eisiger Mine.

Ich werde wohl die linke Ecke nehmen. Oder?

Ja, doch.

Alle Spieler haben sich an der Mittellinie versammelt. Die Show kann beginnen.

Mir wäre es lieber, wenn wir anfangen würden. Aber leider haben die anderen die Wahl gewonnen und entschieden, dass sie mit dem Schießen beginnen. Ob das ein Vorteil oder Nachteil ist, wird sich noch zeigen. Der Druck ist wohl etwas größer wenn man weiß, wie der Vorgänger geschossen hat und man nachlegen muss. Aber vielleicht ist das

Spiel ja schon entschieden, wenn ich dran bin. So, wie der Trainer mir es in Aussicht gestellt hat. Also muss unser Keeper Franki einen halten. - Und einer geht vorbei! Einen hält der bestimmt. Bei seiner Größe!

1. Schütze.

Daumen drücken.

Tor!

Franki hatte keine Chance. Er hat sich die falsche Ecke ausgesucht.

Jetzt ist Steve dran. Ich habe ein gutes Gefühl. Er schießt oft unsere Strafstöße. Er nimmt immer nur einen kurzen Anlauf.

Tor!

Scharf in die linke Ecke. Der Torwart war zwar noch dran, aber der Schuss war zu platziert und auch scharf geschossen.

Die linke Ecke nehm' ich auch. Vielleicht etwas höher ansetzen. Dann ist er unhaltbar!

1:1

2. Schütze.

Beim Anlauf des gegnerischen Schützen verkrallt sich die Hand von Charly in meiner Schulter. Wir haben alle unsere Arme auf die Schultern der Nebenleute gelegt.

Oh! Das war aber abgebrüht. Einfach in die Mitte gelupft. Da hast du als Torwart keine Chance. Es sei denn, du bleibst einfach stehen. Aber wer macht das schon.

So, Fredy, jetzt bist du gefordert.

Tor! Klasse gemacht.

Das könnt' ich nicht. Kurz den Anlauf verzögert, Torwart fliegt in die linke Ecke und dann ruhig in die andere geschoben. Das können nur wenige. Aber wenn der Keeper sehr lange stehen bleibt, kann das schnell schief gehen. Jetzt haben die Reporter aber schon recht, wenn sie von verladen reden. Aber in den meisten Fällen bei denen es so aussieht, hat sich der Torwart einfach nur die andere Ecke ausgesucht.

Ist egal. Alles im grünen Bereich!

2:2

3. Schütze.

So, Keeper. Jetzt kannst du aber auch mal einen halten.

Anlauf.

Tatsächlich gehalten!!!

„Toni, du bist ein Fußballgott“ hat der Rundfunkreporter Herbert Zimmermann 1954 beim „Wunder von Bern“ gesagt.

Unsere Arme lösen sich von den Schultern und wir laufen einige Schritte jubelnd nach vorne.

Hab’ ich doch gewusst! Einen hält er. Super Franki! Ich könnte ihn knuddeln. Aber dafür ist er zu weit weg.

Weiter!

Jetzt muss Sam die Ruhe bewahren. Ich tippe auf die linke Ecke.

Anlauf.

Tor !!!

Das war aber knapp! Der Torwart war noch dran. Aber wenn man als Rechtsschütze die linke Ecke mit etwas Schnitt anvisiert, dazu noch eine gewisse Schärfe reinbringt, ist es für den Torwart schwer, diesen Schuss abzuwehren. Der Ball dreht von ihm weg und zieht ins Tor; auch wenn man noch mit den Fingerspitzen dran ist. War aber trotzdem knapp.

Es bleibt dabei, ich schieße auch links. Ist schon gut.

Wir führen! Läuft doch gut.

2:3

Nur noch 2 Schützen.

4. Schütze.

So, jetzt muss der Pfosten her. Oder vorbei. Das würde passen.

Leider nein! - War astrein geschossen! Dazu Franki auch noch in der falschen Ecke.

3:3

Aber wir legen ja noch nach und können wieder in Führung gehen.

Auf geht's! Luk, mach ihn rein!

Was macht denn der blöde Torwart? Steht am Punkt und wartet dort auf Luk. Nur ganz langsam geht er ins Tor zurück. Er will ihn provozieren. Jetzt wedelt er mit den Armen und springt auf der Torlinie hin und her. Hat er vorher auch schon gemacht; aber nicht so extrem! Vor nicht allzu langer Zeit war das noch verboten. Nun ist es aber erlaubt.

Luk, bleib cool!

So ein Mist! Gehalten.

Aber der war auch wirklich schwach geschossen. Als Rechtsschütze in die rechte Ecke geschoben. Den hätte sogar ich gehalten, wenn ich mir die Ecke ausgeguckt hätte.

Hätte, hätte, Fahrradkette. (Warum fällt mir jetzt dieser blöde Spruch ein?) Aber wenn sich der Torwart die andere Ecke ausgesucht hätte, hätten die Reporter wieder gesagt: ausgeguckt und sicher eingeschoben. War aber leider nichts mit ausgucken.

Hatte Luk auch bestimmt anders geplant. Weiter in die Ecke und etwas schärfer. Aber es ist ja noch nichts verloren.

Nun ist aber klar, dass ich auf alle Fälle auch noch schießen muss.

Es bleibt beim 3:3.

5. Schütze.

Wenn der jetzt vergibt, kann ich das Spiel für uns entscheiden. Wenn er aber trifft, kann ich eigentlich nur verlieren; denn wenn ich dann verwandle, habe ich ja nur ausgeglichen und das Schießen geht weiter.

Komm, Franki, den hältst du!

Anlauf – Tor!

Franki hatte wieder keine Chance. Als Linksschütze mit Vollspann in die linke obere Ecke. Genau wie es englischen Wissenschaftler kürzlich berechnet haben. Der perfekte Elfer soll danach mit Vollspann und großer Wucht in die rechte oder linke obere Ecke getreten werden. Waren bestimmt Theoretiker; denn dazu gehört schon ein enormer Mut und natürlich auch die entsprechende Technik. Kann schnell danebengehen.

4:3! Sie sind in Führung gegangen.

Genau diese Situation wollte ich gar nicht haben. Ruhig bleiben, Benni!

Ich gehe los.

42 Meter bis zum Punkt.

Also links oben. Genau dahin, wo das Loch auf der Torwand im ZDF-Sportstudio ist. Nur platziert schießen und eine gewisse Schärfe, dann passt es!

35 Meter bis zum Punkt.

Aber mit Vollspann einfach in die Mitte ist auch 'ne sichere Sache. So wie der Holländer Neeskens es 1974 bei der WM gemacht hat. Nee, nee! Dann geht es mir womöglich so wie Uli Hoeneß bei der EM 1976 im Endspiel gegen die CSSR, als er den Ball übers Tor in den Belgrader Nachthimmel geschossen hat. Der fliegt jetzt noch als Satellit durch das Weltall ...

25 Meter bis zum Punkt.

Der Torwart ist bisher dreimal in die linke Ecke gegangen; das letzte Mal in die rechte. Der wechselt jetzt bestimmt wieder und geht in die linke. 100 Pro. Wenn ich den Ball nicht astrein treffe und nicht weit genug in die Ecke komme, kann er den rausholen.

Rechts oben ist genauso sicher. Sich einfach das ZDF-Loch rechts oben vorstellen. Geht auch.

15 Meter bis zum Punkt.

Alle Kameras sind auf mich gerichtet. Millionen, wenn nicht sogar Milliarden Zuschauer sehen mich im Fernsehen. So, wie auch meine Freunde in meinem Heimatverein.

Die Reporter faseln jetzt bestimmt etwas von „ist er diesem Druck gewachsen, behält er die Nerven?"

Wo ist eigentlich der Ball?

5 Meter bis zum Punkt.

Der blöde Torwart hat ihn noch in der Hand und kommt jetzt auf mich zu.

Ich stehe am Punkt.

Der Torwart übergibt mir den Ball und sagt mit einem Grinsen „I go left!"

I go left!

Was meint er damit?

Idiot!

Von sich aus gesehen? Oder von mir aus?

Warum hat der Schiri das überhaupt zugelassen?

Kann ein Torwart im Elfmeterschießen eigentlich eine gelb/rote Karte erhalten oder sogar eine rote?

Er ermahnt ihn nur durch ein Handzeichen! Bravo ...

Die Hampelei des Keepers auf der Linie nehme ich gar nicht so stark wahr. Ich konzentriere mich nur auf meine Ecke. Nachdem ich den Ball auf den Punkt gelegt habe, schaue ich beim Aufrichten ganz kurz in die linke Ecke. Nur ein flüchtiger Blick. Die meisten Torwarte achten darauf und schließen daraus die geplante Ecke. - Funktioniert aber nicht immer. Wirst du gleich sehen.

Ich gehe fünf Schritte zurück. Dabei ist mein Blick nur auf den Ball gerich. Auf die Ronaldo-Pose verzichte ich. Die steht nur ihm zu.

Der Schiri pfeift. Gibt den Ball frei. Ein kurzer Blick auf'sTor.

Also, rechts oben.

Anlauf. - Schuss. - Pfosten.

Pfosten???

Ich kann es nicht fassen.

Der zurückprallende Ball landet genau vor meinen Füßen. Ein Nachschuss wäre auch beim regulären Strafstoß nicht möglich. Ich haue ihn trotzdem rein.

Ein ohrenbetäubender Lärm erschallt im weiten Rund. Jubel verschmilzt mit Entsetzen. Die jubelnden Gegner, die ihren Torwart unter sich begraben, nehme ich nur schemenhaft war. Es umgibt mich eine völlige Leere.

Die Mitspieler wollen mich trösten. - Vergeblich.

Ich fühle mich schuldig und dafür verantwortlich, dass wir diesen großen Titel nicht gewinnen konnten.

Warum hat der Schiedsrichter Karl Wald 1970 bloß dieses blöde Elfmeterschießen erfunden!? Beim vorherigen Losentscheid hat es keinen Schuldigen gegeben.

Aber! - Ich hatte Recht! Der Torwart lag in der anderen, in der linken Ecke...

13. Ein Haus erzählt seine Geschichte

(und was sonst noch geschehen ist.)

Prolog des Autors

Das Bauernhaus der Familie Burmester im niedersächsischen Eddelstorf, das ich mit meiner Familie bewohne, ist laut Inschrift am Erker am 28. August 1907 errichtet worden. Nach 100 Jahren wird dieses Ereignis am 31.08.2007 in würdiger Form gefeiert. Unter den 80 Gästen sind auch der „Fidelia-Chor Eddelstorf“ und die „Kleine Blaskapelle Lüneburg“ anwesend.

Um 19.00 Uhr begrüße ich vom Trittstein der Eingangstür aus die versammelten Gäste.

Die Kapelle spielt den Choral „Großer Gott wir loben dich“. Aus alter Tradition heraus überreichen die beiden „Kranzjungfern“, die Töchter Martina und Simone Burmester, den gebundenen Richtkranz. An dem Kranz sind nach alter Tradition Zimmermannstaschentücher angebracht, in denen Münzen für die Zimmerleute eingeknotet sind. Außerdem hängen zwei Schnapsflaschen am Kranz, die allerdings mit Brennnessel ummantelt sind. Als Scherz von den Kranzjungfern ist in einer der Flaschen nur Wasser. Die Zimmerleute könnten also auch die Flasche mit dem Wasser vom Kranz lösen.

Während der Kranzübergabe singt der Fidelia-Chor Eddelstorf „Ode an die Freude“ (Freude schöner Götterfunke).

Es folgt der Richtspruch von meinem 87-jährigen Onkel (der Bruder meines Vaters) Rudolf Burmester. Er war von

Beruf Zimmermann und deshalb mit dieser Zeremonie vertraut. Es ist bemerkenswert und erstaunt uns alle, dass der folgende Richtspruch von ihm auswendig vorgetragen wird!

Hochverehrte Anwesende!
Bauherr, Meister und alle, die hier versammelt sind!
Hier steh' ich nun nach altem Brauch
und freu' mich dieses Werkes auch.
Und schaue kühn und froh umher
Als wenn ich selbst der Meister wär'.

Denn hoch vom neu erbauten Haus
blick ich zur Schöpfung weit hinaus.
Und seht, wie alles herrlich steht
durch Gottes unendliche Majestät.

Wie er das große Haus der Welt
in seinen Fugen zusammenhält.
Wer hat nicht seine Lust daran?
Wer spricht, er hab's ihm nachgetan?

Wohl rührt sich Meister und Gesell',
ein jeder freut sich seiner Stell'.
Doch bleiben wir hinter dem Meisterstück
weit, weit, unendlich weit zurück.

Schaut nun euch umher von Nord nach West.
Wie steht Himmel und Erde so fest.
Der Palast und Tempel Heiligtum
verkünden des Zimmermanns Ruhm.

Der Turm, der in die Wolken steigt,
das Hüttlein, das auf Erden kreucht,
die alle rufen laut:
Auch uns hat der Zimmermann gebaut.

Durch Gottes Güt' und seiner Macht
ist der Bau grad zugang gebracht.
Ist aufs Beste versehen mit Schwellen und Pfosten.
Drum soll's dem Bauherrn eine Mahlzeit kosten.

Und an dem Bau, wie jeder sieht,
da fehlt kein Nagel und kein Niet'.
Ein jeder Mann wohl sagen kann,
dass wirklich ist kein Fehler dran.

Drum stimmt, ob groß, ob klein,
mit mir in meine Bitt' hier ein:
Herr Gott, du Schöpfer aller Ding',
dem nichts zu groß, nichts zu gering,
behüte diesen Bau in Gnaden.
Bewahre ihn vor allen Schaden.

Und segne reichlich dieses Haus
und alle, die drin gehen ein und aus.
Dem Bauherrn schenke deinen Segen
und allen, die sich darin regen.

Zuletzt sei unser noch gedacht,
die hier dies Werk zustand' gebracht.
Es wächst durch uns noch manches Haus
und breitet Glück und Segen aus.

Damit wir nun hören zu dieser Frist,
wie hier der Bau uns gelungen ist.
Ob er gehörig lang und breit,
ob er auch trotze dem Zahn der Zeit,
ob sich die Regel daran bewährt,
ob er geworden, wie man begehrt.
So frag' ich den Bauherrn vor aller Welt,
ob ihm das Haus nun so gefällt.

Als jetziger Besitzer antworte ich:
„Da dieses Haus auch nach 100 Jahren immer noch so prächtig dasteht, danke ich allen Handwerkern, die an der Erbauung mitgewirkt haben. Ich bin mit dem Haus sehr zufrieden und es gefällt mir."

Wohl uns, da uns der Bauherr lobt,
so ist das Werk genug erprobt.
Gesellen und Meister leben heut
und lange noch in Fried' und Freudigkeit.

Ich möchte nun auf das Wohl des Bauherrn trinken,
dann wird das Glas zu Boden klingen.

Nach zwei vergeblichen Versuchen auf der Straße zerschellt das Glas schließlich auf dem Trittstein. Dann wird der Richtkranz über der Eingangstür aufgehängt.

Zum Abschluss der Feierstunde spielt die Kapelle die Nationalhymne. Anschließend geht es in den Saal des Dorfkruges. Zum Essen werden Bratkartoffeln mit Leberkäse und Spiegeleier gereicht.

Während der Richtfestfeier halte ich den folgenden Vortrag:
Ein Haus erzählt seine Geschichte und was sonst noch geschehen ist.

HEIL DIR IM SIEGERKRANZ. HERRSCHER DES VATERLANDS.
HEIL, KAISER DIR!
FÜHL' IN DES THRONES GLANZ DIE HOHE WONNE GANZ,
LIEBLING DES VOLKS ZU SEIN.
HEIL KAISER DIR!
(von mir gesungen)

Das ist der Text der Nationalhymne, der zur Zeit meiner Errichtung im Deutschen Reich von der Bevölkerung mit Inbrunst gesungen wurde. Das Lied war ab 1795 preußische Volkshymne, bis es 1871 zur „Kaiserhymne" erhoben wurde. Die Melodie entstammt dem englischen Volkslied „God save George the King". Noch heute werden im „Vereinigten Königreich Großbritannien und Nordirland" sowie auch in Liechtenstein Hymnen mit dieser Melodie gesungen.

Nachdem die vereinten Länder Preußen und Bayern den Krieg gegen die Franzosen gewonnen hatten, ließ sich Wilhelm I. 1871 in Versailles zum Deutschen Kaiser krönen und das 2. Deutsche Reich wurde gegründet. Als 1. Deutsches Reich wird allgemein das „Heilige Römische Reich" bezeichnet, das ab dem 16. Jahrhundert den Zusatz „Deutscher Nation" trug.

Das 2. Deutsche Reich existierte von 1871 bis 1918. Die Farben der Flagge waren schwarz-weiß-rot. Und weil die Gründung des DFB (Deutscher Fußballbund) im Jahre 1903 in diese Zeit fiel, sind diese grundsätzlich auch die Farben der deutschen Nationalmannschaft.

Soweit ein kleiner Schwenk in die Geschichte. Nun aber wieder zu mir.

Friedrich Burmester, geboren am 18.01.1780, war nach seiner Heirat am 18.12.1809 mit der Eddelstorferin Katharina Benecke von Vorwerk in das benachbarte Eddelstorf übergesiedelt. Beide bewohnten ein Haus auf dem jetzigen Grundstück. Die Wurzeln der Burmesters liegen also im Nachbarort Vorwerk. Leider lässt sich die Linie durch die vorliegenden Unterlagen nur bis ins Jahr 1750 zurückverfolgen, als sein Vater Friedrich Burmester I. dort geboren wurde.

Der am 12.04.1820 geborene Ludwig war, wie seine Vorfahren, Schneider und Imker, aber auch sogenannter Köthner, weil nebenher etwas Land zur Eigenversorgung bewirtschaftet wurde. Ein „Köthner" besaß in unseren Breiten eine Kate, die sich oft am Dorfrand befand. Wenn man von der Lage des alten Dorfes ausgeht, war es auch in diesem Fall so.

In diesem alten Haus war für einige Zeit die Eddelstorfer Schule untergebracht, denn als man 1835 die Schule gründete, gab es noch keinen geeigneten Raum für die Schüler. So fand der Unterricht in der geräumigen Schneiderstube statt, bis das neue Schulgebäude 1839 bezogen werden konnte.

Ein Großteil der Deutschen war sehr stolz auf ihren Kaiser Wilhelm II. Auch wenn die Arbeit, die sie zu verrichten hatten, oft schwer und mühsam war, ging es den Menschen relativ gut. Weil auch die Zukunftsaussichten ganz positiv waren, entschloss sich der am 27.11.1850 geborene Heinrich Burmester sen. 1906, zusammen mit seiner Ehefrau Marie, geb. Ehlers, mich (das Haus) zu bauen. Er hatte nach und nach etwas Land dazugekauft und das alte Haus war für den Betrieb einer kleinen Landwirtschaft nicht geeignet.

Finanziert wurden die benötigten 10.000 Goldmark durch Erspartes und einen Kredit von Heinrich Brammert aus Vorwerk, der mit der Familie verwandt war. Heinrichs Vater Ludwig hatte am 03.01.1849 eine Elisabeth Brammert aus Vorwerk geheiratet.

Aber bei meiner Planung gab es ein kleines Problem. In den Platz an dem ich errichtet werden sollte, also längs der Dorfstraße, ragte das an der Grenze zum Nachbargrundstück stehende alte Haus etwas hinein. Was war zu tun? Es wurde 1906 zunächst mit dem Wirtschaftstrakt bis zu dem Erker begonnen. Nach dem Winter 06/07 zog die Familie dann zunächst hier ein. So konnte das alte Haus abgerissen und ich fertiggestellt werden. Aus den Balken des alten Hauses entstand später das Schweinehaus.

Am 28.08.1907 war es dann schließlich soweit: Es wurde mir zu Ehren das Richtfest gefeiert. Ein Zimmermann des im Ort ansässigen Bauunternehmen Heinrich Meyer hielt den Richtspruch. Diese Firma hat nichts mit dem Maurermeister Meyer zu tun, sondern war in dem Haus am Ende des Dorfes schräg gegenüber vom jetzigen landwirtschaftlichen Betrieb Röber in den Wiesen angesiedelt. Es gab also zwei Bauunternehmen in Eddelstorf. Meier 14 (zur Unterscheidung wegen dessen Hausnummer so genannt) führte Zimmereiarbeiten durch. Das andere im Dorf angesiedelte Bauunternehmen Heinrich Meyer war für Maurerarbeiten zuständig und hat ebenfalls bei meiner Erbauung mitgewirkt.

Meine Belegschaft wohnte, wie schon erwähnt, bis zur endgültigen Fertigstellung noch im nördlichen Teil. Aber der zweite, kleinere, Schornstein, der aus meinem Dach ragt, belegt, dass dort auch geheizt werden konnte.

Übrigens hatte ich in den ersten Jahren noch keinen Stromanschluss. Nachdem 1913 die Stadt Bevensen an die Stromversorgung angeschlossen wurde, erhielt auch Eddelstorf etwas später Strom und auch ich wurde „innerlich erleuchtet“ und ging in neuem Glanz auf.

Aber wer gehörte damals zu meinen Bewohnern?

Das waren mein „Chef“ Heinrich Burmester sen. mit seiner Frau Marie und deren Kinder Heinrich, Anna, Wilhelm und Adolf. Die drei Töchter Frieda, Marie und Doris waren auswärts „in Stellung“ oder schon verheiratet.

Heinrich jun., der älteste Sohn, hatte von 1900 bis 1902 als Militärmusiker beim Kaiserheer gedient und war dort als Hornist und Tubist eingesetzt. Heinrich war ein sehr vielseitiger Musiker. Neben der Tuba spielte er noch Trompete, Geige, Klarinette, Saxophon und Streichbass. Mit dem Streichbass ist er in den 30er Jahren sogar per Fahrrad nach Lüneburg gefahren, um im dortigen Theater zu musizieren. Seine Brüder Wilhelm und Adolf wurden auch zu Musikern ausgebildet. Sie haben außerdem eine Lehre bei den Meyer-Bauunternehmen absolviert; Wilhelm als Zimmermann und Adolf als Maurer. Gemeinsam musizierten sie sehr lange in der Kapelle Burmester.

Heinrich hat als angehender Hoferbe zusammen mit seinen Eltern die kleine Landwirtschaft betrieben. Die Schneiderei gab es in dem neuen Haus nicht mehr, aber die Imkerei und vor allem die Musik war ein wichtiger Nebenerwerb. Aus der kleinen Landwirtschaft hätte jedoch aus folgendem Grund auch ein großer Betrieb werden können: 1841 wurden die Eddelstorfer Ländereien vermessen und an interessierte Bürger aufgeteilt. Zehn Interessenten erhielten je etwa 100 Morgen (altes norddeutsches Flächenmaß; vier Morgen sind ein Hektar) Land. Der Schneider, Imker und Köthner Ludwig Burmester hatte kein Interesse angemeldet und bekam daher nur 2,4 Morgen „Restland" zugewiesen. Land, für das sich die anderen wohl nicht interessiert hatten. Er war mit dem zufrieden, was er hatte, und außerdem war die Beschaffenheit und Ausrüstung seines damaligen Anwesens für einen Großbetrieb auch nicht geeignet.

Dieser sogenannte „Rezess" war nötig, weil es immer wieder Streitigkeiten gegeben hatte. Bei der üblichen Dreifelderwirtschaft wurden damals die Flächen willkürlich verlegt; ohne klare Besitzverhältnisse. Nun musste also Ordnung geschaffen werden. Die zehn Interessierten erhielten zusätzlich je einen Anteil an 20 Morgen Gemeindewald (daher der Name „Interessentenforst") und an der damaligen Schweinewiese am Blanken, die sechs Morgen groß war.

Nach und nach hat Ludwig kleine Flächen gekauft oder für sich urbar gemacht, sodass etwas mehr Land zu bewirtschaften war.

Bis 1911 ging es in meinen Mauern ziemlich ruhig zu. Aber nach der Hochzeit Heinrichs mit Alwine Schöntke aus Kollendorf am 15. Dezember sollte sich das ändern. Mit der Heirat übernahm Heinrich den Hof von seinem Vater. In dem Übernahme- und Heiratsvertrag wurde, neben der Altenteilregelung und der Ausbezahlung der Geschwister, die je 300 Reichsmark erhielten, unter anderem auch festgehalten, dass der Vater der Braut am 1. April 1912 den „Brautschatz" in Höhe von 3.000 RM in bar zu entrichten habe und die Braut eine Aussteuer im Wert von 1.500 RM in den

Haushalt einbringen müsse. Zu der damaligen Zeit waren dies enorme Beträge.

Ja, jetzt war es mit meiner Ruhe bald vorbei.

Vier Söhne wurden in den nächsten Jahren geboren: 1912 Otto, 1914 Heinrich, 1917 Arnold und 1920 Rudolf.

Große Sorgen bereitete mir aber ein anderes Ereignis.

Am 28.07.1914 erklärte Österreich nach einem Attentat auf dessen Thronfolger Ferdinand Serbien den Krieg, in den Deutschland mit hineingezogen wurde. Dieser Krieg weitete sich schnell zu einem brutalen Weltkrieg aus. Mein damaliger „Chef" Heinrich musste auch einrücken. Die meisten Soldaten zogen mit einem großen Hurra in den Krieg. Diesmal lief es vor allem in Frankreich aber nicht so reibungslos wie 1870/71. Der Krieg geriet zu einem großen Fiasko.

Heinrich erlebte zwar die Geburt der ersten Söhne Otto und Heinrich noch zuhause. Als aber der Erstgeborene Otto mit fast drei Jahren an einer Hirnhautentzündung starb, war er schon in Elsass-Lothringen im Stellungskrieg. Da er als Militärmusiker eingezogen war, hatte er auch seine Tuba mit in den Krieg genommen. Seine Kapelle hat trotz des Krieges gelegentlich für die Bevölkerung aufgespielt. Glücklicherweise hat er den Krieg überlebt, musste aber bei seiner Gefangennahme die Tuba in Frankreich lassen. Er hatte zwar einen Zettel mit seiner Anschrift an der Tuba angebracht, sie aber als Verlust abgeschrieben. Zu seinem großen Erstaunen wurde sie ihm jedoch wenige Wochen später zugeschickt. Er hat noch viele Jahre darauf geblasen. Nun hängt sie bei meinem jetzigen „Chef" Eckhard im Wohnzimmer an der Wand. Aber genau vor fünf Jahren hat er dieses Instrument für einige Zeit von der Wand genommen und begonnen, das Tubaspiel zu erlernen. Die ersten Töne waren für mich allerdings fast unerträglich; denn sie hörten sich so an als wenn man einen Stuhl hin und her schieben würde. Aber zum Glück wurde das bald besser und klingt auf einer neuen Tuba inzwischen sehr angenehm.

Meine Bewohner konnten nach dem Krieg einigermaßen normal weiterleben. Das Land reichte zum Leben, es konnte Honig verkauft werden und Musik wurde natürlich auch gebraucht. Aber sonst ging es drunter und drüber. Es herrschte große Not. Aufstände und Aufruhe bestimmten die Zeit. Der Kaiser hatte sich nach Holland abgesetzt und Chaos hinterlassen. Durch die hohen Kriegsschulden und Reparationszahlungen, die zu leisten waren, ging es in Deutschland wirtschaftlich bergab. Die Inflation nahm immer größere Ausmaße an. Gab es noch im November 1922 den 1000-Markschein als höchstes Zahlungsmittel, so geriet 1923 alles aus den Fugen. Die Druckereien kamen nicht mehr mit dem Gelddrucken nach. Zur Zeit der Hyperinflation im Herbst 1923 wurde täglich ein neuer Kurs zum Dollar festgelegt, der unaufhörlich stieg und schließlich Mitte November bei 4,2 Billionen Mark für einen Dollar lag.

Mit der Währungsumstellung am 15.11.1923 zur Rentenmark kehrte wieder etwas Normalität ein und ein kurzer Aufschwung begann. Bis zum Herbst 1929 gab es die sogenannten „Goldenen 20er Jahre“. Dieser Ausdruck bezog sich nicht unbedingt auf die wirtschaftlichen Verhältnisse, sondern galt eher für das gesellschaftliche Verhalten der Menschen. Es wurde kräftig gefeiert und das Leben genossen; zumindest in den Städten.

Die Inflation Anfang der 20er Jahre hatte für einige Menschen auch ihre guten Seiten. Sie konnten erdrückende

Schulden abbauen; denn „Mark ist gleich Mark“, hieß es damals für eine kurze Zeit.

Für die Schulden, die mein Bau verursacht hatte, war dies nicht von großer Bedeutung. Es war damals, insbesondere in der Landwirtschaft, vielfach üblich, den Betrag des geliehenen Geldes mit dem Wert von Weizen oder Roggen gleichzusetzen. So war gewährleistet, dass der tatsächliche Wert erhalten blieb. Im Hinblick auf die Inflation war das eine sehr weise Vorgehensweise.

Dieser kurze Aufschwung nahm also mit dem sogenannten „Schwarzen Freitag“ am 25.10.1929 und der damit ausgelösten Weltwirtschaftskrise ein jähes Ende. Die große Spekulationsblase an der New Yorker Börse war am Tag zuvor (Donnerstag) mit großen Verlusten geplatzt. Am Freitag erholten sich die Kurse zwar etwas, aber nach dem Wochenende setzte ein dramatischer Kursverfall ein, der auch nach Europa übergriff und eine große wirtschaftliche Depression auslöste.

Dieser „Schwarze Freitag“ war also eigentlich ein „Schwarzer Donnerstag“. Aber der Begriff hatte sich schon damals für einen Börsencrash eingebürgert. Der Namensgeber waren Zusammenbrüche in der Vergangenheit, die jeweils an einem Freitag stattfanden; am 24.09.1869 in den USA, ausgelöst durch Goldspekulanten, am 09.05.1873 in der deutschen Gründerzeit sowie der Crash an der Berliner Börse am Freitag den 13.05.1927. Der erste weltweite Börsencrash wurde übrigens in den Niederlanden durch die Spekulation mit Tulpenzwiebeln ausgelöst. Am 27.04.1637 brach der völlig überhitzte Markt zusammen und die Tulpenmanie hatte ein jähes Ende.

Wie schon gesagt, haben die wirtschaftlichen Turbulenzen meine Bewohner eigentlich nicht besonders getroffen. Man hatte zwar nicht viel Geld, aber man konnte einigermaßen leben. Viel betroffener machte Heinrich und seine Frau Alwine allerdings, was sich nach dieser „schlechten Zeit“ politisch in Deutschland abspielte. 1933 ergriff Adolf Hitler die Macht und rief das 3. Deutsche Reich aus. Für meine kaisertreuen Bewohner war das eine Katastrophe! Andere, vor allem die jüngere Generation, wurden jedoch von der jetzt um sich greifender Euphorie mitgerissen. Es gab aber auch viele ältere Anhänger. So kann ich mich noch gut an einen Wortwechsel erinnern, als die Nachbarin zu Besuch kam. Diese sagte: „Oh, ick häff groad Radio hört, Hitler hät sproaken! Häbt jü dat uk hört?“ Hatten Heinrich und Alwine natürlich nicht. Daher fragte Alwine: „Watt hät he denn sägt?“ Die Antwort: „Dat weet ick nich, aber he hät to gout sproken!“ (Übersetzung ins Hochdeutsche: „Ich habe gerade Radio gehört, Hitler hat gesprochen.“ „Was hat er denn gesagt?“ „Das weiß ich nicht, aber er hat zu gut gesprochen.“) Das Unheil nahm nun seinen Lauf. Nachdem es sechs Jahre unaufhörlich aufwärts gegangen war, begann Hitler einen irrsinnigen Krieg. Ich bin dabei zwar verschont geblieben, aber Leid und Trauer hielt auch in meinen Mauern Einzug. Der Hoferbe Heinrich, übrigens auch als Trompeter im Militärmusikdienst, wurde 1944 in Russland als vermisst gemeldet. Diesen Schmerz haben seine Eltern nie überwunden. Aber mit viel Glück hatten wenigsten die Söhne Arnold und Rudolf den Krieg überlebt.

Im April 1945 habe auch ich vom Krieg direkt etwas mitbekommen. Zwar ist mir nichts auf den Kopf gefallen, wie vielen anderen Häusern, aber auf einmal wurde in meinen

Mauern englisch gesprochen. Die einrückenden Briten hatten das Haus besetzt. Meine Bewohner mussten ins Schweinehaus ziehen. Zwar hatten die Besetzer gestattet, alle wichtigen Habseligkeiten in einem bestimmten Zimmer zu verwahren, das nicht angerührt werden sollte. Als sie wieder abgerückt waren, war das Zimmer aber leer. Der Verlust von wertvollen Musikinstrumenten musste ertragen werden. Andere vergrabene Sachen wurden von der polnischen Magd, die auf dem Hof beschäftigt war, verraten und von den Soldaten geplündert.

Als der Krieg am 8. Mai 1945 vorbei war, atmete ein ganzes Volk auf. Es dauerte nicht lange, bis die beiden überlebenden Söhne Arnold und Rudolf wieder zuhause waren. Der gelernte kaufmännische Angestellte Arnold kehrte seinem erlernten Beruf den Rücken und wurde als ältester noch lebender Sohn Landwirt. Rudolf hatte als Zimmermann zunächst in der jetzt beginnenden „wilden Zeit“ bis zur Währungsreform keine feste Anstellung.

In meinen Mauern herrschte in der Nachkriegszeit Hochbetrieb. Die aus dem Osten zugewanderten Flüchtlinge mussten untergebracht werden und es gab die sogenannten Zwangseinquartierungen. Bei mir zogen zwei Partien ein.

Als dann Arnold am 28.01.1946 Martha Röber und Rudolf etwas später Charlotte Sahlberg heirateten, wurde es ganz eng, weil auch noch die Flüchtlingsfamilie Belawski im Haus wohnte. Als sich dann Nachwuchs bei den beiden Ehepaaren einstellte, drohte ich aus allen Nähten zu platzen. Für mich ist es sehr bemerkenswert, dass das Zusammenleben trotzdem funktioniert hat.

Zu Arnold und Martha gesellten sich die Kinder Eckhard (am 09.01.1947) und Rita (am 03.06.1949). Bei Rudolf und

„Lotti“ kam Brigitte am 30.05.1948 dazu, einige Jahre später am 20.03.1955 noch Renate.

In den ersten Jahren nach dem Krieg ging es hoch her. Man hatte zwar kein Geld, aber es wurde ausgiebig und oft gefeiert. Dazu brauchte man natürlich auch Alkohol, aber den gab es offiziell nicht. Also musste dieser selbst gebrannt werden. In der Not ist man eben erfinderisch. Jetzt waren die „Alchemisten“ am Werke. So manche Nacht wehte der süßliche Geruch von gekochten Zuckerrüben vom Schweinehaus zu mir herüber.

Mit der Währungsreform am 21.06.1948 war es mit der Schwarzbrennerei schlagartig vorbei. Eigenartigerweise gab es jetzt auf einmal alles zu kaufen. Und was auch sehr wichtig war: Die Menschen fanden wieder geregelte Arbeit und es ging langsam aufwärts.

Bis zum 2. Weltkrieg bin ich eigentlich im Urzustand belassen worden, wenn man von der „Stromzuführung“ einmal absieht. Und meine Zimmer bekamen ab und zu einen neuen Anstrich, der aus Kreide- oder Leimfarbe bestand. Nach dem Krieg begann aber ein Zeitalter der Veränderungen. Das begann damit, dass der Zimmermann Rudolf in der sogenannten wilden bzw. schlechten Zeit nach dem Krieg vor der Küchentür einen Vorbau errichtete. Woher er das Material dafür hatte, ist mir jetzt noch schleierhaft. Ich weiß nur, dass die Fenster aus 10 cm breiten und 100 cm langen Einzelscheiben bestanden, die auf der Ziegelei von den Soldaten eines Nachschublagers hinterlassen worden waren. Dieser Vorbau war aber eine gute Idee. Vorher zog es, besonders im Winter, ganz schön durch die Tür, sodass man

Angst haben musste, dass die in unmittelbarer Nähe der Tür befindliche Wasserpumpe einfrieren könnte.

Nur ein Jahr nach der Währungsreform wurde mit Einverständnis der drei Westmächte am 23.05.1949 die Bundesrepublik Deutschland gegründet. Schon am 07.10. des gleichen Jahres nannte sich die „Sowjetisch Besetzte Zone" dann Deutsche Demokratische Republik. Es gab nun zwei deutsche Regierungen.

Nachdem die Hofstelle am 01.01.1952 von Heinrich auf seinen Sohn Arnold überschrieben worden war, wurden bald die ersten Modernisierungen durchgeführt. Die Küche und der Vorbau, die vorher nur einen Zementboden hatten, wurden gefliest, der Abwaschstein neu aufgesetzt und mit Kacheln versehen.

Kurz darauf folgte eine wesentliche Neuerung: Es wurde eine Wasserleitung installiert. Nun hatte man in der Küche und im Schweinehaus fließendes kaltes Wasser. Im Kuhstall konnten Tränkbecken für die Kühe installiert werden. Jetzt ging es nicht nur in der Bundesrepublik Deutschland, sondern auch in meinen Mauern stetig aufwärts.

Mein neuer „Chef" Arnold machte, wie schon seine Vorfahren, nebenbei auch fleißig Musik mit der Tanzkapelle Burmester und arbeitete lange Jahre für die Gemeinde Eddelstorf als sogenannter Gemeindedirektor. In den 60er Jahren war sogar das Gemeindebüro in meinen Mauern untergebracht. Mit der Imkerei hatte er aber nichts im Sinn, denn er reagierte auf das Bienengift allergisch.

Die nächste Veränderung hat mich nicht direkt betroffen, aber für die Landwirtschaft auf meinem Gelände war es doch eine gravierende Änderung. Am 03.04.1958 wurde ein Trecker angeschafft. Ein 15-PS starker Deutz, Baujahr 1952.

Bis zu diesem Zeitpunkt waren die Burmesters immer „Kuhbauern“ gewesen. Die Kühe gaben nicht nur Milch, sondern wurden auch angespannt. In den 30er Jahren hatte es Heinrich kurz mit Pferden versucht, aber bald damit wieder aufgehört. Auch deshalb, weil diese seiner Meinung nach die meiste Zeit nutzlos im Stall herumstehen würden. Anschließend konnte der Pferdestall in einen Steckrübenkeller umgestaltet werden. Darüber wurde eine Kornkammer eingerichtet.

Jetzt musste ich mich also an einen Trecker gewöhnen, der Krach machte und obendrein die Luft verpestete. Aber für die Bewirtschaftung des Ackers war es natürlich eine enorme Erleichterung. Ich muss schon staunen, was dieser kleine Trecker alles leistete. Weil mein damaliger „Chef“ Arnold immer mehr Land pachtete, reichte dieser Trecker irgendwann nicht mehr aus und es kam ein 40-PS Deutz dazu, der eine Hydraulik besaß und somit die Arbeit noch mehr erleichterte; denn der „Kleine“ war nur mit einer Handaushebung ausgerüstet.

1959 gab es zwei nennenswerte Ereignisse um mich herum. Eine lang anhaltende Dürreperiode vom 13. Mai bis zum 16. August ließ den Brunnen auf dem Hof versiegen. Es musste tiefer gebohrt werden. Außerdem begann Rudolf damit, an der Straße zum Sportplatz ein Haus für seine Familie zu bauen. Ein Jahr später konnte das neue Heim bezogen werden. Und weil die letzte Flüchtlingsfamilie nach Australien ausgewandert war, gab es in meinen Mauern nun genügend Platz.

1963 war ein ereignisreiches Jahr. Eckhard machte in Bevensen seine Mittlere Reife und begann zuhause eine landwirtschaftliche Lehre. Ich hatte allerdings das Gefühl, dass er mehr zur Musik neigte. Jede sich bietende Gelegenheit nutzte er, um in der „Kellerkammer" Trompete zu üben. Schon fünf Jahre vorher hatte sein 1960 verstorbener Opa begonnen, aus ihm einen Musiker zu machen. Zunächst sollte er das Geigenspiel erlernen. Das Gequietsche war für mich unerträglich und ging mir unheimlich auf die Nerven. Zum Glück ging es Eckhard wohl auch so und er wechselte schon bald zur Trompete. Am Anfang war das zwar auch kein Hochgenuss aber schon sehr bald zu ertragen.

Nach seiner Schulzeit fuhr Eckhard jetzt einmal in der Woche nach Lüneburg zum Unterricht bei dem ehemaligen Militärmusiker Reinhard Meißner. In diese Stadt hatte es auch seine Schwester Rita verschlagen, die nach der Handelsschule dort im Büro arbeitete.

In diesem Jahr 1963 musste ich mir darüber hinaus große Sorgen um das Wohlergehen der vielen Mäuse und Ratten, die ich beherbergte, machen. Das eingelagerte Getreide auf dem Kornboden hatte ihnen jahrzehntelang reichlich Nahrung beschert. Und jetzt sollte damit Schluss sein. Mein „Chef" kam auf die Idee, hinten im Garten auf der Streuobstwiese eine große Scheune zu bauen, in der das Getreide zukünftig eingelagert werden sollte.

Ab jetzt war Schluss mit lustig. Diese bequeme Nahrungsquelle war versiegt. Aber es wurde wenigstens noch etwas Futterstroh und Heu auf dem Boden eingelagert. Außerdem gab es ja noch die Kornkammer. Aber der Bestand an Mäusen hat sich danach doch stark dezimiert. Die Ratten waren sogar ganz ausgezogen und hielten sich jetzt nur noch im Schweinestall auf.

Hatte ich in den ersten 40 Jahren eigentlich meine Ruhe, gab es jetzt laufend Veränderungen, an die ich mich gewöhnen musste.

Eine größere Baumaßnahme stand 1965 an. Der Kuhstall wurde umgebaut. Danach war für sieben Milchkühe Platz. In dem vorherigen Tiefstall waren es nur vier gewesen. Im Rahmen dieser Baumaßnahme entstand neben einer Milchkammer auch ein Badezimmer. Das war für meine Bewohner eine wirklich wohltuende Neuerung; denn nun brauchte man unter anderem nicht mehr zum Plumpsklo im Schweinehaus zu gehen und das Baden in einer Zinkwanne in der Schweineküche war Vergangenheit! Außerdem bekam ich noch eine neue „Kopfbedeckung". Na ja, „neu" ist übertrieben. Die Dachpfannen wurden in Pappdocken gelegt. Im Laufe der Jahre war der Unterstrich der Dachpfannen schon an vielen Stellen herausgefallen. Das hatte zum Beispiel zur Folge, dass im Winter bei Schneetreiben der Boden einer tief verschneiten Landschaft glich.

Für die Hausversicherung war dieser Schaden durch starke Stürme entstanden; also ein Sturmschaden. Wenn ich aber ehrlich bin, gab es auch einen anderen Grund. Wenn die Panzer der Besatzungstruppen, vornehmlich Briten und Holländer, an meinen Mauern vorbei brausten, wurde ich ganz schön durchgeschüttelt. Dem Unterstrich hat das sicher nicht gutgetan. Mein Dach war jetzt jedenfalls wieder abgedichtet.

Am 14. 06.1966 bekam ich es aber wirklich mit der Angst zu tun. Ich drohte abzusaufen. Und dass, obwohl weit und breit kein Fluss oder Meer zu sehen ist. Bei einem Wolkenbruch waren in 40 Minuten 120 ml/m^2 Niederschlag gefallen, was zu einem bisher nie dagewesenen Hochwasser führte. Etliche Keller waren im Dorf vollgelaufen. Da ich an der tiefsten Stelle des Dorfes stehe, war ich schnell vom Wasser eingekreist. Nur weil meine Männer mit Sandsäcken die Kellerfenster sicherten, stand das Wasser im Keller nur 30 cm hoch. Der Garten war eine einzige Seenlandschaft und das Wasser lief hinten bei der Scheune über die 40 cm höher gelegene Straße. Da bin ich wirklich noch glimpflich davon gekommen.

Am 03.10.1966 musste Eckhard seinen Dienst bei der Bundeswehr in Lüneburg antreten, um nach der Grundausbildung als Musiker ins dortige Heeresmusikkorps zu wechseln. Obendrein ist auch noch „Oma“ Alwine im Dezember dieses Jahres nach schwerer Krankheit verstorben. Es wurde jetzt etwas zu ruhig in meinen Mauern; denn nun beherbergte ich nur noch meinen „Chef“ Arnold und seine Ehefrau Martha in meinen Mauern. Diesen beiden ist es wohl auch so gegangen. Na ja, ganz stimmt es so auch nicht; denn Eckhard kam oft mit seinen Kollegen vom Musikkorps zu mir und es wurde dann fröhlich gefeiert und manchmal auch musiziert. Besonders hat mir dabei die Musik gefallen, die die sogenannte „Brennerbesetzung“ darbot. Unvergessen bleiben wohl die vielen Auftritte dieser Besetzung bei den Polterabenden in dieser Zeit.

Sogar aus Hamburg gab es oft Besuch. Helmut Köhn, der ein Musikkorpsfreund von Eckhard war, begeisterte sich für das Landleben und war oft bei landwirtschaftlichen Tätigkeiten eingebunden. Dieser „Knecht Helmut“, wie er bald genannt wurde, war übrigens auch die treibende Kraft, dass der „historische“ Bienenzaum 1969 in einer „Nacht- und Nebelaktion“ abgerissen wurde. Auch wenn das Schauertor durch einen Fahrfehler des Knechtes etwas leiden musste, blieb ich wenigstens in dieser Zeit einigermaßen unverletzt. Zu den „eingeschleusten" Hamburgern zählte übrigens auch sein Freund Reinhard Henrichsen, der dann später Rita heiratete.

Im Sommer der Jahres 1970 gab es eine Baumaßnahme, die mir wirklich ausgesprochen gut getan hat. Es wurde eine Heizung installiert. Das war ja ein ganz neues Gefühl! Nun konnte in allen Räumen geheizt werden. Der Winter war dadurch auch für mich erträglicher. Auch brauchte der Kohleofen im Badezimmer nicht mehr angezündet zu werden, wenn man es dort mollig warm haben wollte. Für meine Bewohner war diese Errungenschaft eine unschätzbare Verbesserung der Lebensqualität. Zum Opfer wurde leider auch der schöne Kachelofen in der kleinen Stube. Den hätte ich gerne behalten. Vielleicht haben das meine Bewohner später auch ein weinig bereut. Aber er wurde ja nicht mehr gebraucht. Mit Holz heizen war nun nicht mehr angesagt. Die wunderschönen Eisblumen an den Fenstern waren auch bald Vergangenheit; denn es wurde im Laufe der Jahre nach und nach die alten Holzfester durch Kunststofffenster mit Isolierverglasung ersetzt.

Mir ging es jetzt also wirklich gut! Aber im Frühsommer 1972 wurde ich jäh aus meiner Ruhe gerissen und ich habe gedacht, dass es mir jetzt an den Kragen geht. Auf der Ostseite wurden die Dachpfannen abgedeckt und meine Dachsparren mit Kettensägen abgesägt. Aber am Abend war ich wieder beruhigt; denn ich merkte, dass hier neuer Wohnraum geschaffen und dafür das Dach mit einer Gaube versehen werden sollte.

Und das aus folgendem Grund: Im Januar 1971 hatte Eckhard bei einem Militärkonzert in Dahlenburg Adelheid

Prechel, genannt Heidi, aus Prisser bei Dannenberg kennengelernt. Und als diese sich immer öfter in meinen Mauern aufhielt, merkte ich bald, dass sich hier wohl etwas Ernsthaftes entwickeln könnte. So ist es dann auch gekommen und nun sollte bei mir im obigen Bodenbereich neuer Wohnraum geschaffen werden.

Am 25.05.1972 war es dann soweit: Es wurde geheiratet und einen Tag später die Hochzeit gefeiert! Das Nest war gebaut und die beiden bezogen die obere Etage. Bald stellte sich dann auch der Nachwuchs ein.

Martina machte am 06.04.1974 den Anfang, Andreas folgte am 27.02.1976 und Simone vervollständigte das Trio am 04.08.1977. Jetzt war wieder Leben in der Bude; denn wenn drei Kinder herumtoben ist das auch mit Lärm verbunden. Aber mir war das lieber, als wenn Totenstille geherrscht hätte.

An weiteren baulichen Maßnahmen stand 1978 noch der Neubau von Garagen mit anschließender überdachter Sitzecke an. Dafür musste der alte Holzstall weichen. Der wurde jetzt ja nicht mehr gebraucht. Schön fand ich den schon lange nicht mehr. Der neue Trakt passt besser zu mir.

Damit jedes Kind ein eigenes Zimmer bekommen konnte, verzogen die Eltern sich 1981 in den hinteren Teil der Wohnung. Dafür wurde der ehemalige Kornboden weiter ausgebaut, die Dachgaube dazu erweitert, die Stube vergrößert und ein neues Schlaf- und Badezimmer sowie ein dringend benötigter Abstellraum errichtet. Nun war für alle gesorgt. Eckhard hatte sich zwischenzeitlich entschieden, ganz bei der Bundeswehr zu bleiben. Heidi kündigte ihre Arbeit bei der Samtgemeinde Bevensen und widmete sich nun ganz dem Haushalt und der Versorgung der Familie.

Von größeren Eingriffen in meine Bausubstanz bin ich dann in den nächsten Jahren verschont geblieben. Irgendwann muss man ja auch mal zur Ruhe kommen!

Da sein Vater das Rentenalter erreicht hatte, übernahm ab 1982 Eckhard als Pächter den landwirtschaftlichen Betrieb. Bewirtschaftet wurde dieser aber weiter von seinen Eltern, der Arbeitsaufwand schrittweise reduziert und deshalb zunächst die Milchkühe abgeschafft. Einige Jahre später verzichtete man auch auf die Aufzucht von Schlachtrindern und hörte schließlich Ende März 1996 ganz mit der Landwirtschaft auf. Die zum Hof gehörenden Flächen übernahm Eckhards Cousin.

Als politisches Großereignis konnte ich am 09.11.1989 den sogenannten Mauerfall und die am 03.10.1990 vollzogene Wiedervereinigung miterleben. Sechs Jahre hatte das Hitler-Regime benötigt, um mit einem wahnsinnigen Krieg ganz Europa in Schutt und Asche zu legen. Das Ergebnis war die Teilung Deutschlands. Jetzt fiel nicht ein Schuss und 40 Jahre nach der Gründung der beiden Teilstaaten hatte der Spuk ein Ende. Nun gab es wieder ein vereintes Deutsch- land. Der „Eiserne Vorhang“ war gefallen. Die Aussichten auf einen dauerhaften weltweiten Frieden schienen sehr groß zu sein. Aber leider ist der Mensch unberechenbar und man kann nie sicher vor ihm sein. Irgendwo ist immer Krieg. Der Nachwuchs der Familie Burmester entwickelte sich in meinen Mauern prächtig. Alle drei haben begonnen, ein Musikinstrument zu erlernen. Aber nur Martina ist ihrer Spielmannsflöte treu geblieben und im Eddelstorfer Spielmannszug aktiv.

Nach der Schulzeit und den folgenden Ausbildungsjahren gehen alle drei nun einer Beschäftigung nach. Martina beim

Arbeitsamt (seit 01/2004 heißt diese Behörde offiziell „Arbeitsagentur") in Lüneburg, Andreas auf der Geschäftsstelle bei Hannover 96 und Simone beim Germanischen Lloyd in Hamburg. Ihre Zimmer belegen sie aber doch noch ab und zu, wenn sie in meinen Mauern zu Besuch sind. Darüber freue ich mich natürlich.

Heidi hat ab Dezember 1989 wieder eine Beschäftigung in ihrem Beruf aufgenommen und arbeitete zunächst im „Hamburgischen Krankenhaus" in Bad Bevensen und nach dessen Schließung in Uelzen im Klinikum.

Eckhard wurde am 31.03.2000 bei der Bundeswehr pensioniert und verbringt seine Zeit nun mit der Leitung des „Fidelia-Chor Eddelstorf", dem Musizieren mit der Tuba in der „Kleinen Blaskapelle Lüneburg" und unterstützt seine Frau bei der Gartenarbeit.

Nachdem sein Vater Arnold am 28.03.2001 plötzlich verstorben war, erbte Eckhard das Anwesen und wurde so zu meinem neuen „Chef". Seine Mutter Martha ist noch sehr rüstig, bewohnt die untere Etage und hält noch Teile des Gartens in Schuss.

Im Frühjahr 2005 sollte im Hinblick auf mein 100-jähriges Bestehen der Giebel des Erkers einen neuen Anstrich erhalten. Dabei stellte die Malerfirma allerdings fest, dass das Holz teilweise schon sehr morsch war und ein Anstrich sinnlos erschien. Daraufhin ersetzten Zimmerleute sämtliche Holzteile. Ich bekam einen neuen Anstrich und erstrahlte danach in einem neuen Glanz.

Über ein Ereignis sollte ich aber auch noch berichten, das mich etwas irritierte.

Im Juni 2006 hatte ich den Eindruck, dass ein großes Ereignis gefeiert wurde. Hatte ich etwas verpasst und nicht richtig mitbekommen? Überall waren schwarz-rot-goldene Fahnen zu sehen! Auch an den Autos, die bei mir auf der Straße vorbeirauschten. Sogar aus meinen Fenstern im Erker hingen zum ersten Mal in meinem Leben Fahnen. Die Erklärung war aber ganz einfach: In Deutschland fand „nur" die Fußballweltmeisterschaft statt. Und das wurde gebührend gefeiert. Leider konnte aber von der deutschen Mannschaft das große Ziel, der Weltmeistertitel, nicht erreicht werden. Abschließend muss ich feststellen, dass ich in meinem Alter von 100 Jahren eigentlich noch ganz gut in Schuss bin. Man könnte mich fast mit einem guten Wein vergleichen, der im Alter immer besser wird; denn in den zurückliegenden Jahren sind etliche Verbesserungen vorgenommen worden, die mich immer wohnlicher gemacht haben.

Na ja, hier und da zwickt es schon etwas, aber das geht ja allen so, wenn sie älter werden. Ein paar Dachlatten hängen etwas durch und müssten erneuert werden und neue Dachziegel würden mir auch ganz gut zu Gesicht stehen. Aber auf der anderen Seite muss ich sagen: Diese haben jetzt 100 Jahre gehalten und sie werden wohl auch die nächsten 100 Jahre noch halten. Was man hat, das hat man.

Ich muss gestehen, dass ich einige Probleme mit der heutigen Wärmeschutzverordnung bzw. den Richtlinien zum Energiesparen habe. Als ich Anfang der 70er Jahre ausgebaut worden bin, wurde ich nach den damaligen Verhältnissen vernünftig isoliert. Anfangs kostete das Heizöl gerade einmal 9 Pfennig und man stöhnte, als es dann auf 11 Pfennig anstieg: „Wer soll denn das bezahlen?" hieß es damals. Trotzdem brauchte man sich um die Isolierung noch nicht so viele Gedanken zu machen. Es gab auch nicht die heutigen Möglichkeiten. Aber das Heizöl wurde dann rasch immer teurer. Ein bisschen Nachisolieren wäre wohl nicht schlecht, um die Verordnung einzuhalten und weniger Heizöl zu verbrauchen. Heute werden die neuen Häuser ja sogar schon abgedrückt! Es darf keine Luft mehr entweichen. Der Sinn ist wohl der: Wenn jemand in der Wohnung einen Pups lässt, dann darf das draußen keiner riechen ... Diese Probleme habe ich aber nicht. Bei mir herrscht noch ein reger Luftaustausch, der allerdings auch dazu führt, dass bei starkem Ostwind im Winter die Temperatur in der Stube etwas unangenehm wird und meine Bewohner Mühe haben, diese warm zu bekommen. Aber im Großen und Ganzen bin ich, wie schon gesagt, eigentlich mit mir ganz zufrieden.

Zum Schluss möchte ich mich noch bei allen bedanken, die mir die Ehre erwiesen haben und zu meinem Jubiläum erschienen sind. Ein Dank an den „Fidelia-Chor Eddelstorf" für das Lied „An die Freude", das ich noch aus meiner Errichtungszeit gut kenne und natürlich auch an die Musikanten der „Kleinen Blaskapelle Lüneburg".

Ich muss schon gestehen: Als diese Musiker vorhin vor meiner Haustür mir zu Ehren aufgespielt haben, ist es mir kalt den Rücken herunter gelaufen; denn genau in einer solchen Besetzung ist schon vor 100 Jahren in meinen Räumen musiziert worden. Und dann hat auch noch mein jetziger „Chef" Eckhard, genau wie damals sein Großvater Heinrich, die Tuba gespielt. Das war für mich ein besonderes Erlebnis.

Ich habe in den letzten 100 Jahren viele Menschen kommen und gehen gesehen und bin mit allen ganz gut klar gekommen. Eines hatte dabei aber immer Bestand: Von der ersten Minute an wurde in meinen Mauern musiziert. Das werde ich wohl sehr vermissen, wenn dieses eines guten Tages mal nicht mehr der Fall sein sollte.

Es treffen sich zwei Freunde nach längerer Zeit wieder. Sie sind früher durch „dick und dünn“ gegangen und empfinden eine große Wertschätzung für einander.

Was sagt der eine zum anderen zur Begrüßung?

„Na, du altes Haus!“

14. Wertigkeit des Lebens

„Große Bestürzung herrscht weiterhin über den Anschlag in Wien, bei dem ein Mitglied und drei Angestellte des Österreichischen Bundestages ums Leben kamen. Namhafte Vertreter aller politischen Parteien verurteilten diesen Anschlag aufs Schärfste und fordern eine rasche Aufklärung und harte Bestrafung der Täter. Nach ersten Ermittlungen scheint festzustehen, dass religiöse Hintergründe diese barbarische Tat ausgelöst haben könnten. Bei einem großen Staatsakt sind zahlreiche Würdenträger aus aller Welt erschienen, um den Opfern zu gedenken."

Dieser (fiktive) Bericht erscheint in ähnlicher Form mit entsprechenden Fotos in allen großen Tageszeitungen. Auf der Seite einiger dieser Zeitschriften kann man eine kleine Notiz finden:

„Bei einem Massaker im Südsudan haben LRA-Rebellen in einem Dorf 123 Zivilisten grausam ermordet. Hunderte Menschen befinden sich auf der Flucht und suchen Schutz in den größeren Städten."

Kein Mitglied irgendeiner politischen Partei verurteilt diesen Anschlag. Keine Würdenträger aus aller Welt reisen zu einer Gedenkfeier für die Opfer. Es herrscht keine Bestürzung und kein Mitgefühl für die Opfer und Hinterbliebenen. Es betrifft uns ja nicht direkt und ist weit weg. Ist das Leid der Betroffenen nicht das gleiche?

Nach welchen Kriterien wird die Wertigkeit eines Menschenlebens festgelegt? Nach der Hautfarbe, nach der Stellung in der Gesellschaft, nach der Staats- oder Religionszugehörigkeit, ob arm oder reich?

Ist das Leben eines hochrangigen Menschen mehr wert als eines gewöhnlichen Bürgers,
das eines Deutschen mehr als das eines Russen,
das eines Amerikaners mehr als eines Asiaten,
das eines Weißen mehr als eines Farbigen,
das eines Juden mehr als eines Palästinensers,
das eines Christen mehr als eines Moslems,
das eines Besitzers mehr als eines Obdachlosen,
das von Journalisten mehr als eines von Bomben getöteten unschuldigen Menschen?

Hinterlassen nicht alle Opfer eine Mutter, einen Vater, eine Großmutter, einen Großvater, Kinder oder Enkelkinder, die mit gleicher Intensität trauern; genauso leiden?

15. Warum und wer bin ich?

Meine Eltern kenne ich. Auch meine Großeltern habe ich noch erlebt. Durch Bilder und Erzählungen weiß ich einiges von meinen Urgroßeltern. Aber damit hat sich mein Blick in die Vergangenheit und auf meine Vorfahren schon fast erschöpft. Aus der Ahnentafel sind mir namentlich noch zwei weitere Generationen bekannt. Wann und wo ich geboren wurde, wird durch die Geburtsurkunde dokumentiert. Ich weiß also, wie ich heiße und wie alt ich bin. Aber wer bin ich eigentlich? Warum bin ich so, wie ich bin? Und bin ich wirklich so, wie ich mich sehe? Oder bin ich ganz anders? So, wie mich andere sehen und mich beurteilen und mir ist das gar nicht bewusst? War ich schon immer so oder habe ich mich im Laufe meines Lebens verändert? Mein Aussehen hat sich auf Grund des natürlichen Alterungsprozesses sicherlich verändert. Aber wie sieht es mit meinem Charakter aus, mit meinem Wesen? Vielleicht bin ich weiser geworden; durch die Lebenserfahrung. Deshalb bin ich aber keinesfalls vor Fehlern gefeit! Die macht man trotz der Lebenserfahrung bis an sein Lebensende immer wieder. Man zieht daraus zwar seine Lehren, aber daraus zu lernen, ist eine andere Sache.

Wie wäre ich geworden, wenn ich in einem anderen Umfeld, einer anderen Gegend, einem anderen Land, gar in eine andere Zeit hinein geboren worden wäre? Vielleicht in Griechenland zur Zeit der großen Philosophen. Wäre ich dann vielleicht auch ein großer „Denker" geworden, wie zum Beispiel der von mir verehrte Sokrates? Das könnte schon sein; denn eine gewisse Veranlagung dazu verspüre ich in mir.

Welchen Weg hätte ich genommen, wenn ich 30 Jahre früher wie mein Vater, also im Jahre 1917 geboren und ich unter den Einflüssen des „Dritten Reiches" aufgewachsen wäre? Es ist jetzt leicht, diese Generation zu verurteilen, aber kann ich es ausschließen, dass auch ich zu einem „gläubigen" Hitleranhänger geworden wäre? Das sollte man immer unter dem Gesichtspunkt der damaligen Informationsmöglichkeiten betrachten. Es ist ja nicht so, dass nur die „Unterschicht" Hitler gefolgt ist, sondern auch viele gebildete und hochintelligente Menschen. Warum? War er für die, die an ihn „geglaubt" haben, ein weltlicher Gott? Unvergessen bleibt mir in diesem Zusammenhang ein Satz meines Onkels, der mir bei einer Unterhaltung über den Krieg und der damaligen Zeit sagte: „Du kannst es glauben oder nicht. Wir haben bis zuletzt an ihn geglaubt und waren davon überzeugt: Adolf holt uns hier wieder raus! Irgendetwas wird geschehen, damit sich alles noch zum Guten wenden wird!" Aber er hat auch gesagt, dass er es aus heutiger Sicht nicht verstehen könne, warum sie damals so verblendet waren. - Ich bin froh, dass ich nicht in diese Zeit hinein geboren wurde!

Möchte ich gerne anders sein als ich jetzt bin? Wenn ja, warum kann ich es nicht? Ich kenne doch meine Schwächen. „Keiner kann aus seiner Haut" heißt es so schön. Aber stimmt das wirklich?

In der Natur ist dieses in einigen Fällen sogar möglich. Zum Beispiel verbringt die Libelle den ersten Teil ihres Lebens als unansehnliche Larve im Wasser. Es ist faszinierend zu beobachten, wie aus dieser Larve dann, an einem Stängel geheftet, ganz allmählich eine wunderschöne grazile Libelle schlüpft, sich aus ihrer Haut befreit. Metamorphose lautet der Fachbegriff für den Entwicklungsprozess. Warum kann die Libelle das und uns Menschen fällt es so schwer?

Bin ich so wie ich bin, weil mich bestimmte Geschehnisse geprägt haben? Wäre ich anders geworden, wenn ich andere Freunde und Bekannte um mich herum gehabt, ich anders erzogen worden wäre oder eine andere Familie gegründet hätte? Das ist natürlich hypothetisch; denn um das zu ermitteln, müsste ich zurück entwickelt werden und mein Leben noch einmal leben.

Was habe ich von meinen Eltern geerbt? Gibt es Eigenschaften und Verhaltensweisen bei mir, die ich auch bei meinen Eltern erkenne? Und was habe ich meinen Kindern weitergegeben, vererbt? Sind sie mir, nicht nur äußerlich, in bestimmten Dingen ähnlich? Bei den guten Eigenschaften wäre es ja schön, diese wiederzufinden; aber wer hat nicht auch Schwächen?

Sind die Kinder richtig erzogen worden? Das eine oder andere hätte man vielleicht anders angehen können, aber Erziehung ist ja kein Ausbildungsberuf. Man ist selber fast noch ein Kind, in seiner Entwicklung noch lange nicht vollkommen und soll den Kindern die richtigen Wege aufzeichnen. Da werden sicherlich auch Entscheidungen getroffen, die mit etwas Abstand anders ausgefallen wären.

Wie ist meine Grundeinstellung? Bin ich pessimistisch oder eher optimistisch eingestellt? Die Formel lautet für mich: Optimist + Pessimist = Realist. Ich bezeichne mich auch gerne als „Sokratischer Stoiker“. Manchmal denke ich, es wäre nicht schlecht, wenn ich etwas von der südländi- schen Mentalität hätte. Die Leichtigkeit des Seins. Das Le- ben genießen, nicht alles so genau nehmen, sich nicht so viele Gedanken machen über das Wie, Was und Warum.

Müsste ich dann aufhören zu denken? Bin ich ein „Denker“ oder nur jemand, der sich Gedanken macht; alles hinterfragt, wie es einst Sokrates getan hat?

Wo sind meine Wurzeln? Wo beginnt mein Stammbaum? Wenn ich die im Moment auswertbaren Unterlagen nehme, ist es mir möglich, sechs Generationen zurückzuver- folgen. Etwa bis ins Jahr 1750. Vielleicht gibt es auch andere mir noch nicht bekannte Quellen, nach denen ich einige Generationen mehr erforschen könnte. Aber dieses Unterfangen ist doch sehr beschränkt. In der Bibel endet der Stammbaum von Jesus im Lukas Evangelium (Kapitel 3, Verse 23 – 38) nach 76 Generationen bei Adam; also bis etwa in das Jahr 2000 vor unserer Zeitrechnung. Wenn ich nun die Linie meiner männlichen Vorfahren nehme, es könnte natürlich auch die Linie der jeweiligen Mütter genommen werden, so geht diese Linie viel weiter in vergangene Zeiten zurück und gleicht einem Strich, den ich bis zum Horizont ziehen will. Es gibt keinen erklärbaren Anfang, sondern nur Hypothesen. Der Mensch muss gestehen, dass er nicht alles ergründen und erklären kann. Er stößt hier eindeutig an Grenzen.
„Ich weiß, dass ich nichts weiß“ soll Sokrates sinngemäß treffend gesagt haben.

Wenn man nun bedenkt, wie weit die Linie meiner Ur-, Ur-, Urväter zurückreicht, ist es schon ein kleines Wunder, dass ich bin. Was mussten diese Vorfahren alles ertragen? Unter welchen Umständen haben sie überlebt? Wie viele Kriege haben sie überstanden? Welchen Naturgewalten und Katastrophen mussten sie widerstehen? Wo hielten sie sich zum Beispiel beim 30-jährigen Krieg auf? Wo waren sie während der Eiszeit? Vielleicht im warmen Afrika oder Asien? Dort soll die Kinderwiege der Menschheit liegen; was allerdings nicht eindeutig bewiesen ist, sondern von Forschern so dargestellt wird, weil sie es nicht besser wissen. Auf welche „Urzeit" bezieht sich diese Festlegung? Was ist jedoch mit der Zeit, als meine Vorfahren noch keine Menschengestalt hatten, noch nicht so aussahen, wie wir jetzt aussehen? Auch in dieser Phase mussten sie einen immerwährenden Kampf um das Überleben bestreiten, mussten sich gefräßigen Feinden erwehren.

In Millionen oder gar Milliarden von Jahren ist es meinen Urvätern jedoch immer wieder gelungen, sich zu behaupten und sich fortzupflanzen. Der Weg meiner Vorväter gleicht einem Slalomlauf im Skisport, der aber im Unendlichen beginnt und wobei der Läufer dann die schwierigsten Tore zu meistern hat, um schließlich ins Ziel zu kommen. Das Ziel bin ich. In meinen Kindern wird der Torlauf weitergeführt. Nur wenn diese keine weiteren Nachkommen zeugen, wird diese lange Fahrt endlich sein.

Wie lange haben meine Vorfahren schon die jetzige Menschengestalt?

Eine zeitliche Festlegung kann nur falsch sein; denn das „Menschwerden" ist in unvorstellbar langen Zeiträumen fließend geschehen. Nach Knochenfunden können wir diese mit unseren Möglichkeiten einer bestimmten Zeit zuordnen, aber es gibt immer ein Davor! Weil wir bei den Affen eine gewisse Ähnlichkeit mit uns wahrnehmen, glaubt die Wissenschaft, dass wir vom Affen abstammen. Anatomisch gesehen sind wir aber auch dem Schwein sehr ähnlich. Herzklappen vom Schwein werden daher schon seit einiger Zeit bei Menschen eingesetzt.

Ist der Mensch eine Schweinerasse? Können wir deshalb Schweine als „Ersatzteillager“ für Menschen benutzen, indem wir das Rückenmark durch menschliche Stammzellen so verändern, dass die Schweine dann menschliches Blut erzeugen und die Organe vermenschlichen? Wahrscheinlich Utopie. Aber wo sind die Grenzen der Wissenschaft und Forschung?

Nein! Die Aussage: „Der Mensch stammt vom Affen ab“ ist schlichtweg falsch. Richtig ist vielmehr, dass sowohl der Mensch als auch der Affe von dem „Urtier“ abstammen, das in Urzeiten bei der Evolution entstanden ist.

Wie das Leben auf der Erde einmal entstanden ist, ist unbegreiflich und nicht zu fassen. Dazu gibt es viele Theorien, aber wir werden das nie ergründen können. Und wie sich aus der einfachen niederen „Urzelle“ Pflanzen und Tiere entwickeln konnten ist noch unbegreiflicher.

Als Individuum bin ich ein Wunder der Natur, ein Unikat. Aber das ist bei allem Leben so. Wenn wir glauben, dass zum Beispiel alle Schafe gleich aussehen, so irren wir. Nur auf dem ersten Blick ist es so. „Der Schäfer kennt seine Schäfchen“ heißt ein Sprichwort, weil er tatsächlich jedes seiner Schafe erkennt. Entstanden bin ich aus einer winzigen befruchteten Eizelle.

Vergleichbar ist mein weiterer Werdegang mit einem Baum, der auch aus einem winzigen Samen entstanden ist. Ob daraus einmal ein großer, kräftiger Baum entstehen kann, hängt von vielen Faktoren ab. Zunächst ist entscheidend, ob er auch auf gutem Boden aufwächst und das junge Pflänzchen genügend Platz hat, um sich entfalten zu können. Wenn der Samen Glück hat, landet er in einer Baumschule. Hier wird er gehegt, gepflegt und mit genügend Nahrung und Wasser versorgt. Jedenfalls, wenn es eine gute Baumschule ist. Dieser Zeitraum ist vergleichbar mit meiner Jugendzeit in der Familie.

Wenn der Baum eine gewisse Größe erreicht hat, wird er an einen Platz verpflanzt, der für die weitere Entwicklung ideale Voraussetzungen hat. Aber auch hier braucht der junge Baum anfangs noch ein gewisses Maß an Fürsorge und Pflege. Oftmals erhält er bei dieser Verpflanzung den sogenannten „Erziehungsschnitt“. Auch wenn dann aus dem zarten Pflänzchen bald ein stattlicher, prächtiger Baum herangewachsen ist, wird er in seinem Leben immer wieder großen Gefahren ausgesetzt sein. Gefräßige Tiere oder schwere Krankheiten können ihn erheblich schwächen. Es kostet dann viel Kraft, sich wieder zu erholen. Oft darf dieses in seinem Leben aber nicht geschehen; denn das kann sein vorzeitiges Ende bedeuten.

Aber es gibt auch Artgenossen, die nicht so frei aufwachsen und sich entfalten können. Sie werden beschnitten und zu Hecken erzogen oder in Obstplantagen auf erwerbsmäßigen Ertrag getrimmt. Diese Artgenossen müssen das ganze Leben ertragen, gegen ihren Willen gehalten zu werden. Der Freiheitsdrang bleibt und sie wollen aus dieser Zwangsjacke ausbrechen indem sie vergeblich neue Triebe bilden; denn sie werden immer wieder beschnitten und schauen neidvoll auf die in ihrer Nähe stehenden Bäume, denen das gleiche Schicksal erspart bleibt.

Ist dieser unterschiedliche Lebensweg der Bäume nicht vergleichbar mit dem der Menschen, jedes einzelnen Menschen? Gehen wir Menschen nicht auch diesen unterschiedlichen Weg? Ist unser Dasein mit dem Leben eines Baumes vergleichbar?

Wie kann ich mich selber einordnen? Der „Erziehungsschnitt“ wurde bei mir auch vorgenommen. Danach konnte ich mich aber relativ frei entfalten. Gesetzliche und moralische Regulierungen waren dabei allerdings einzuhalten. Ich war und bin in einem riesigen Wald einer von vielen, ohne jedoch eine gewisse Eigenständigkeit aufgeben zu müssen. In dem Verbund mit den anderen trage ich dazu bei, dass das Ökosystem im Gleichgewicht bleibt. Hier und dort bin ich mit meinen Zweigen auch bei anderen angeeckt, habe dabei die eine oder andere Blessur ertragen müssen und einige kranke Äste sind auch schon abgesägt worden. So manchen Sturm, der an meinen Ästen zerrte, habe ich überstanden und hoffe, dass die Säge noch einen weiten Bogen um meinen Stamm macht.

Je älter ein Baum wird, umso empfindlicher wird er. Das Wetter setzt ihm nun immer mehr zu und der starke Wind beraubt ihm mancher Äste. Er wird gebrechlich und macht dann schließlich seinem Nachwuchs Platz. So, wie es nach den Naturgesetzen vorgesehen ist. Seine Aufgabe und den Sinn seines Daseins hat er jedoch erfüllt. Er hat durch seine Nachkommen für die Arterhaltung gesorgt.

Und das, was für diesen Baum gilt, gilt auch für mich:

Ich bin, weil ich sein muss, um die Art zu erhalten.

16. Warum gibt es immer weniger Insekten und Vögel?

„Daran sind die Bauern mit ihrer blöden Spritzerei schuld" heißt eine beliebte Antwort. Aber so einfach ist die Antwort nicht zu finden. Das Problem ist bedeutend vielschichtiger. Die heutige Landwirtschaft ist mit Sicherheit zu einem großen Teil für den Rückgang der Population von Singvögel und Insekten verantwortlich. Aber nicht alleine, sondern wir alle tragen mit dazu bei. Grundsätzlich ist beides eng miteinander verbunden; denn viele Vögel sind zwar Körnerfresser, aber vor allem für die Aufzucht ihrer Jungen benötigen sie überwiegend Insekten. Wenn es also weniger Insekten gibt, leidet die Population der Vögel darunter erheblich. Sarkastisch könnte man sagen, dass im Umkehrschluss die Vögel schuld daran seien, dass es so wenig Insekten gibt, weil sie diese an ihre Brut verfüttern. Aber so ist es natürlich nicht. Allerdings wird das Futterangebot für die Jungen besonders dann knapp, wenn wir sehr viele Spatzen in den Gärten haben. Deshalb verziehen sich Meisen und Finken oft in die Wälder, um genug Nahrung für ihre Aufzucht zu finden. Es verbleiben zwar noch einige in unseren Gärten, aber die Masse kehrt erst in der kalten Jahreszeit wieder zu unseren Futterhäuschen zurück.

Die Vögel leiden nicht nur unter dem Rückgang der Insektenpopulation, sondern haben noch viele andere Feinde. Leider wird trotz Verbot immer noch eine große Anzahl von Zugvögel in Südeuropa und Nordafrika traditionell zum Verzehr gefangen. Aber auch bei uns lauern die Gefahren an vielen Stellen. Als Erstes wären da die vielen Nesträuber zu nennen. Noch nie habe ich bei meinen jahrzehntelangen Beobachtungen so viele Elstern wie in den letzten Jahren gesehen. Den Eichelhäher hat es früher in den Dörfern so gut wie gar nicht gegeben, sondern nur in den Wäldern. Leider zählt auch das „niedliche" Eichhörnchen zu dieser Kategorie. Viele Vögel werden auch Opfer von Greifvögeln. Jeder getötete Singvogel bedeutet jedoch, dass auch eine Brut dadurch vernichtet wurde. Als die Welt noch in Ordnung und im Gleichgewicht war, war das alles nicht weiter schlimm. Aber so ist es leider nicht mehr.

Ein nicht außer Acht zu lassendes Problem sind auch die vielen streunenden Katzen. Zwar hat eine Vertreterin einer Naturschutzorganisation dazu in einem Interview einmal gesagt, das sei nicht relevant, aber bei geschätzten dreißig Millionen Katzen in Deutschland ist die Anzahl der durch sie getöteten Vögel schon enorm. Ja, die Katzen fangen auch viele Mäuse, aber trotzdem ist es für mich als Vogelfreund schwer, gleichzeitig auch ein Katzenfreund zu sein.

Jetzt komme ich aber wieder zum Thema Insekten.

Worauf könnte der Rückgang der Population zurückzuführen sein? Wobei ich zunächst einräumen muss, dass der Begriff „Insekten" ein sehr umfassender ist und nicht alle Arten gleich bedroht sind.

Ich möchte hier nur einige allgemeine Aspekte beleuchten.

Da wäre zunächst die „Lichtverschmutzung". In den ersten Jahrzehnten nach dem Krieg war die Nacht noch dunkel. Dann wurde das Land immer mehr „erleuchtet" und die Gewohnheiten der nachtaktiven Insekten stark beeinträchtigt. Eine große Gefahr geht zum Beispiel von den Straßenlampen aus, die mit den herkömmlichen Birnen, die sich stark erhitzen, ausgestattet sind. Da sie jahrzehntelang unzählige Insekten durch ihr Licht anzogen, starben diese durch die starke Hitze oder weil sie darin gefangen wurden. Dramatisch ist dieses auch deshalb, weil zum Beispiel fast 80 Prozent der Falter nachtaktiv sind. So ist die Population der betroffenen Insekten von Jahr zu Jahr heruntergefahren worden. Neuerdings werden zum Glück vielfach LED-Lampen eingesetzt und so die Verbrennungsgefahr gemindert, aber das Licht verwirrt sie trotzdem noch. Zum Beispiel leiden auch die Fledermäuse darunter.

Der zweite Punkt für den Rückgang ist ein struktureller. Es gibt immer weniger Bauern, die Schweine und Kühe halten. Früher hatte die zahlreiche Viehhaltung große Misthaufen zur Folge. Gerade diese waren aber „Nistplatz" für unzählige Insekten. In den heutigen modernen Ställen wird jedoch kaum noch Stroh eingestreut. Das ist zum Beispiel auch der Grund, warum wir jetzt relativ wenige Stubenfliegen haben. Zum Glück der Schwalben gibt es aber noch einige Pferdehalter, die „insektenfördernden" Mist produzieren.

Sollen wir uns freuen, dass die Windschutzscheibe unseres Autos nicht mehr durch Insekten verschmutzt wird? Man ist eher besorgt und gibt wieder den Bauern die Schuld. In erster Linie gibt es hierfür aber einen ganz anderen Grund. Die Wegränder sind ein idealer Aufenthaltsplatz und Nährboden für unzählige Insekten. „Früher" wurden diese Streifen mit der Sense gemäht. Todesrate der Insekten: gleich null. Dann ist man dazu übergegangen, mit Balkenmähern zu mähen. Die „Todesrate" war dabei zwar etwas höher aber immer noch sehr gering. Nun werden seit vielen Jahren diese Seitenränder jedoch gehäckselt; man kann auch sagen „püriert". So wurde Jahr für Jahr der Bestand der Insekten an den Straßenrändern reduziert und fast auf null heruntergefahren. Zwar werden jetzt einige Seitenstreifen wesentlich später gemäht, aber immer noch püriert. Ob es gelingen wird, die Population wieder aufzubauen, ist sehr fraglich.

Auf meinem über 4000 m^2 großen Grundstück habe ich keinen Zierrasen, sondern über die Hälfte kann ich als Wiese mit allerlei Wildwuchs bezeichnen. Auf diesen Flächen halten sich nicht nur unzählige Nachtfalter auf, sondern auch viele andere Insekten wie zum Beispiel Grashüpfer. Aber von Zeit zu Zeit müssen diese Flächen auch gemäht werden. Und das habe ich dann mit einem herkömmlichen Motormäher gemacht und dabei einen Großteil der Bewohner (Insekten) vernichtet. Ich gebe zu, dass ich mir bisher darüber keine Gedanken gemacht habe. Jetzt lasse ich die Flächen mit einen Balkenmäher mähen, um die „Todesrate“ drastisch herunterzufahren.

Auch die Förderung von Blühstreifen und Insektenweiden ist zu begrüßen. Aber wir brauchen nicht nur Futterweiden, sondern vor allem auch Überlebensweiden. Diese Sichtweise hat sich in der Politik zum Glück auch festgesetzt und es werden diese Flächen nicht mehr so früh gemäht, aber trotzdem noch immer „püriert“. Ich bin jetzt dazu übergegangen, größere Flächen meines großen Gartens verwildern zu lassen, was bedeutet, dass diese Flächen im Herbst nicht mehr sauber gemacht werden. Was war für mich der Auslöser? Weil sie ein „Bodendoktor“ ist und auch sehr lange blüht, gibt es in unserem Garten immer ein Beet mit Tagetes. Bislang hatte ich sie im Herbst mit dem hochgestellten Rasenmäher zerkleinert. Das geht hervorragend und das Beet sah für den Winter immer sauber aus. Als ich aber im Herbst dieses Jahres einige Tagetes mit der Heckenschere abgeschnitten hatte, stellte ich fest, dass der Boden mit den unterschiedlichsten Raupen übersät war. Mit dem Rasenmäher wären diese zum größten Teil getötet worden und es könnten folglich daraus später auch keine Schmetterlinge werden. Schlussendlich würde es auch weniger Futter für die Vögel geben. Jetzt lasse ich meine Tagetes herunterfrieren und verbringe sie im Frühjahr auf den Komposthaufen. So gebe ich den Raupen genügend Zeit zur Verpuppung.

Zusammenfassend lautet meine Erkenntnis: Nicht immer über die „bösen" Bauern schimpfen, sondern zunächst im eigenen Bereich im Einklang mit der Natur leben und handeln. Es ist doch äußerst bedenklich und besorgniserregend, wenn es Berechnungen gibt, nach denen in unseren Gärten und Anlagen pro Hektar mehr Chemikalien ausgebracht werden als in der Landwirtschaft! Wir müssen also zunächst auf uns schauen und selber einen Beitrag zu einer intakten Umwelt leisten. Deshalb sage ich: Habt Mut zur Wildnis! Der Garten muss nicht überall „picobello" aussehen. In irgendeiner Ecke oder einem Randstreifen wird sich schon Platz für Wildnis finden lassen. Die Nachbarn werden darüber eventuell nicht begeistert sein, aber vielleicht regt sie das auch zum Nachdenken an. Folgende Pflanzen sollten neben den unterschiedlichsten Obstbäumen beispielsweise in keinem Garten fehlen: Tagetes, Ringelblumen, Lavendel, Phacelia, Weißklee als Bodendecker und die fast ganzjährig blühenden Gänseblümchen im Rasen. Der zahlreiche Anflug von Insekten wird das Herz erfreuen.

17. Woher kommt das Böse

So paradox es auch klingen mag, könnte man provokant sagen, dass das Böse vom Guten kommt. Beides ist eng miteinander verbunden. Wenn es das Gute nicht gäbe, würde es auch nicht das Böse geben; denn es ist grundsätzlich so, dass zu allem etwas Gegensätzliches gehört. Ohne das eine gibt es das andere nicht.

Groß und klein, schnell und langsam, oben und unten, arm und reich, dick und dünn, krank und gesund, flüssig und fest, weich und hart seien hier beispielhaft genannt.

Aber bei der jeweiligen Beurteilung und Festlegung ist es manchmal gar nicht so einfach und man muss das relativieren.

Neben einem großen Baum steht ein kleiner Baum. Neben diesem kleinen Baum steht ein kleinerer Busch. Aus dem vermeintlich kleinen Baum wird im Vergleich zu dem Busch ein großer Baum, ohne dass dieser sich verändert hat.

Oder nehmen wir arm und reich. Der Mensch, der in unseren Breiten als arm angesehen wird, ist in den Augen von vielen Bewohnern der Erde reich. Alleine schon deshalb, weil er nicht hungern und dursten muss oder eine feste Bleibe hat.

So ähnlich verhält es sich mit Glück und Pech. Bei gleicher Sachlage kann das manchmal unterschiedlich ausgelegt werden. Dazu ein Beispiel aus dem Fußballsport: Ein Stürmer schießt den Ball aufs Tor. Der Ball prallt vom Innenpfosten seitlich ins Feld zurück. Dann haben er und seine Mannschaft Pech gehabt. Die Gegner können sich jedoch darüber freuen, dass sie Glück gehabt haben.

Aber auch bei der Bewertung von Gut und Böse gibt es manchmal unterschiedliche Ansichten.

Dafür ist das Handeln vom französischen Präsidenten Macron ein passendes Beispiel gewesen. Dieser wollte die Steuern auf Kraftstoffe drastisch erhöhen. Die Verkehrsteilnehmer sollten dadurch zu Einsparungen animiert werden. In den Augen der Umweltschützer und auch anderer Menschen, die Angst vor der Zerstörung unserer Erde haben, war er deshalb ein Held und ein guter Mensch. Viele Bürger sahen das aber ganz anders und gingen auf die Straße und protestierten heftig. Für sie wären die höheren Steuern und der damit verbundene hohe Preis unerträglich und der Präsident war in ihren Augen deshalb ein böser Mensch.

Ohne darauf näher eingehen zu wollen, verhält es sich bei den beiden aus unserer Sicht Bösen, Erdogan und Putin, so ähnlich. Sie werden von einem Teil ihrer jeweiligen Landsleute ganz anders beurteilt.

Oder noch ein anderes aktuelles Beispiel:

Nicht nur für die Viehalter ist der eingewanderte Wolf der „böse" Wolf. Viele Naturschützer sehen das jedoch völlig gegensätzlich und für sie ist er der „gute" Wolf, weil er für das Gleichgewicht in der Natur sorgen soll. Ob ihm das gelingen wird, ist allerdings sehr zweifelhaft.

Der Mensch neigt dazu, vor allem bei Raubtieren, von bösen Tieren zu sprechen. Wir empfinden es vielleicht auch so. Aber diese Tiere handeln stets nur nach den Naturgesetzen. Sie müssen töten, um zu überleben. In diesem Fall ist das Töten nichts Böses. Vor allem in den Medien wird in diesem Zusammenhang gerne von Bestien berichtet. In Wirklichkeit kann der Mensch viel eher zu einer Bestie werden.

Das Gute ist, wie schon erwähnt, mit dem Bösen eng verbunden. Aber warum kann das Gute nicht ohne das Böse sein? Wäre es nicht schön, wenn es das Gesetz des Gegensätzlichen in diesem Fall nicht gäbe und nur das Gute wäre vorhanden?

Die Verfasser der biblischen Schöpfungsgeschichte (es gibt davon zwei in der Genesis; die ältere von ihnen beginnt bei 1. Moses Kapitel 2, Vers 4 „Das Paradies“) haben in einer bösen von Armut und Entbehrungen geprägten Welt gelebt. Sie hatten eine große Sehnsucht nach einer besseren und heilen Welt. So entstand in ihrer Fantasie die Vorstellung, dass es so etwas einmal gegeben haben muss und sie bezeichneten dieses als das Paradies. Bei der Suche nach dem Ursprung des Bösen hatte in ihrer Fantasie dieses Paradies aber keinen Bestand und „das Böse“ hat Einzug gehalten. Die Schlange musste herhalten, um das Gesetz der Gegensätzlichkeit zu erfüllen. Sie verführte Adam und Eva dazu, von der „verbotenen Frucht“ zu essen und wurde so zum Symbol des Bösen. Danach war für die Menschen das Paradies Vergangenheit und sie mussten sich fortan mit dem Bösen auseinandersetzen.

Aber dieses Böse sollte mit allen Mitteln bekämpft werden. Daher wurden schon früh Regeln und Gesetze (Gebote) aufgestellt, die die Menschen befolgen sollten. Ein Verstoß dagegen wurde mit empfindlichen Strafen geahndet, die bis zur Todesstrafe reichten. Als man dann aber feststellen musste, dass sich die Menschen trotzdem nicht an die Vorgaben hielten, wurde für diese Bösen als Höchststrafe die fürchterliche Hölle auf Ewigkeit angedroht. Und weil es das Gesetz der Gegensätzlichkeit gibt, ist das in diesem Fall dann der Himmel für die Guten. Aber die Androhung der Hölle hat das Böse nicht vertreiben können.

Wie viele andere, so hat sich auch Matthäus im Neuen Testament Gedanken gemacht, wie man das Böse bekämpfen oder verhindern könnte und hat das bei Kapitel 7, Vers 12 folgendermaßen ausgedrückt: „Alles nun, was ihr wollt, dass euch die Leute tun sollen, das tut ihnen auch". Gefußt ist dieser Satz auf die „Goldene Regel", die es als Grundsatz schon vorher gegeben hat: „Was du nicht willst, das man dir tu', das füg auch keinen anderen zu".

Diese Grundideen hat auch Immanuel Kant aufgegriffen und daraus den etwas komplizierten und schwieriger zu definierenden „Kategorischen Imperativ" formuliert: „Handle nur nach derjenigen Maxime, durch die du zugleich wollen kannst, dass sie ein allgemeines Gesetz werde".

Bei der Frage nach der Herkunft des Bösen kommt man unweigerlich auch zu der Frage: Wird der Mensch als ein guter Mensch geboren oder ist er von der „Erbsünde" behaftet und „das Böse" wohnt in ihm?

Das wird in den Religionen unterschiedlich bewertet. Im Islam gibt es den Begriff „Erbsünde" gar nicht und es wird davon ausgegangen, dass der Mensch völlig unbelastet geboren wird. Im Christentum sieht man das etwas anders und der Mensch muss zunächst von den Sünden „erlöst" werden. Das kann unter anderem durch die Taufe geschehen. Deshalb gab es bei neugeborenen Kindern, die kaum lebensfähig waren die „Nottaufe". Sie sollten so von den Sünden „reingewaschen" werden. Allerdings muss an dieser Stelle erwähnt werden, dass dieses „Taufen" auch noch andere religiöse Bedeutungen hat und nicht nur im Christentum praktiziert wird.

Wenn man diesen religiösen Aspekt einmal beiseitelässt, neigt man eher dazu zu sagen, dass alle Menschen von Geburt an nicht böse sind. Aber dem ist leider nicht immer so. Sind in einer Familie viele Kinder vorhanden, stellt man fest, dass diese sehr unterschiedlich sein können; nicht nur im Aussehen, sondern auch im Wesen. Obwohl alle von den gleichen Eltern abstammen und vermeintlich auch gleich erzogen worden sind, gibt es manchmal das sogenannte „schwarze Schaf" in der Familie. Von Anfang an ist dieses Kind anders. Obwohl es an keine körperlichen Gebrechen leidet, bereitet es immer wieder Schwierigkeiten. Es lässt sich kaum erziehen, ist störrisch, aufmüpfig, aufsässig und ungehorsam. Es ist leider ein „böses" Kind.

Hier fällt es nicht schwer, diesen Menschen so zu bezeichnen. Aber es stellt sich die Frage, warum dieser so anders, so böse ist. Bei der Untersuchung des Gehirns dieses Menschen würden sicher keine eindeutigen Hinweise nachgewiesen werden können.

Im religiösen Bereich hat man ebenfalls nach Erklärungen gesucht und kam zum Ergebnis, dass solche bösen Menschen vom Teufel besessen seien. Jahrhundertelang endeten diese sogar auf dem Scheiterhaufen! Hat man sich dabei etwa auf die Bibel berufen? Nach dem Gesetz bei 5. Mose Kapitel 21, Verse 18-21 soll ein widerspenstiger und ungehorsamer Sohn sogar zu Tode gesteinigt werden „..., dass er sterbe, und du sollst so das Böse aus deiner Mitte wegtun...".

Gar nicht so selten gibt es auch „Zwitter"; nicht biologisch gesehen, sondern im Wesen. Bei einem solchen Menschen liegen Gut und Böse dicht beieinander. So wird dieser für manche Mitmenschen als böswillig und unsympathisch wahrgenommen und sie meiden den Kontakt mit ihm. Andere jedoch, die diesem Menschen näherstehen und ihn vielleicht auch besser kennen, kommen mit ihm gut zurecht und schätzen mehr seine guten Seiten und reden vom „guten Kern“, der in ihm stecke. Das lässt den Schluss zu, dass eigentlich alle Menschen, wenn auch unterschiedlich ausgeprägt, diese guten und schlechten (bösen) Seiten haben. Mein Vater hat einmal im weitesten Sinne zu dieser Thematik gesagt: „Jeder Mensch muss so verbraucht werden wie er ist.“

Im Alten Testament wird auch der Gott der Israeliten vom Wesen her sehr unterschiedlich dargestellt. Für sein „auserwähltes“ Volk ist er ein lieber und guter Gott, der sie in das gelobte Land führt. Aber er kann auch ein zürnender, strafender und „böser“ Gott sein, der die Menschheit mit Plagen und Vernichtung (Sodom und Gomorra) abstraft oder ganze andersgläubige Völker „vertilgt“ oder „ausrottet“, wie es zum Beispiel bei 5. Mose, Kapitel 19, Vers 1 geschrieben steht: „Wenn der Herr, dein Gott, die Völker ausgerottet hat, deren Land dir der Herr, dein Gott, geben wird, dass du es einnimmst und in ihren Städten und Häusern wohnst, ...“). Muss man deshalb an ihn zweifeln und denken, dass es diesen Gott vielleicht gar nicht gibt, sondern nur den Teufel? - Dem würde dann allerdings wieder das Gesetz der Gegensätzlichkeit entgegenstehen.

Und wenn wir glauben, dass es den Teufel gar nicht gibt? Woher kommt dann „Das Böse“?

Mit dem Bösen verhält es sich wie mit der Luft. Sie kommt auch nirgendwo her. Sie ist einfach da. Man sieht sie nicht und kann sie nicht greifen, aber man atmet sie täglich ein.

18. Unser Tannenbaum

„Früher war mehr Lametta“ sagt Loriot bei dem Hoppenstedt-Sketch. Und das stimmt auch, wenn ich an die Zeit meiner Kindheit in den 50er Jahren zurückdenke. Meine Erinnerung an unseren Tannenbaum reicht in das Jahr 1950 zurück; denn ich war da fast drei Jahre alt und es ist durchaus möglich, dass ich mich noch an diese Zeit erinnern kann. Ob in dem Jahr der Weihnachtsmann persönlich erschienen ist, kann ich nicht mit Bestimmtheit sagen. Aber wohl eher nicht; denn meine zwei Jahre jüngere Schwester war da gerade ein halbes Jahr alt. Es wird wohl später gewesen sein. Ich nehme an, dass er dann zweimal mit Baum und Geschenken zu uns gekommen ist. Damals war ein roter Mantel, der wohl ursprünglich Teil der Werbung für ein bekanntes amerikanisches Erfrischungsgetränke war, noch unüblich. Eine Maske wurde auch getragen, aber ansonsten war er dunkel gekleidet. Wenn ich mich richtig erinnere, erschien er in einem braunen Pelzmantel. Zu unserer großen Überraschung hatte er einige große und kleine Verfehlungen, die wir uns im abgelaufenen Jahr geleistet hatten, auf einem Zettel notiert und wir hatten große Sorge, dass wir dafür mit einer Rute, die mit einer roten Schleife versehen war, bestraft würden. Wenn man diese Rute als Geschenk erhielt, war das kein gutes Zeichen und man war sehr betrübt. Abgesehen von den üblichen kleinen Zankereien zwischen Geschwistern waren wir eigentlich zwei brave Kinder und hatten deshalb die Rute auch nicht verdient. Aber trotzdem habe ich sie einmal bekommen. Natürlich vollkommen unberechtigt!

In den nächsten zwei oder drei Jahren erklang nur das Bimmeln einer Glocke. Danach standen der Baum und die Geschenke „urplötzlich“ auf unserem großen Flur. Mir ist noch gut in Erinnerung, dass mein Onkel Rudolf, der mit Frau und Kleinkind bei dieser Zeremonie auch anwesend war, immer vorher hinausgegangen war, um angeblich Zigaretten für sich zu holen. Als er dann wieder in die Stube kam, verkündete er, er habe den Weihnachtsmann getroffen. Dieser hätte aber leider keine Zeit gehabt und sei gleich weitergegangen, nachdem er alles abgeliefert hatte. Uns Kindern fiel ein Stein vom Herzen und wir rannten auf den Flur, um nach den Geschenken zu schauen.

Rückblickend glaube ich, dass vom Weihnachtsmann auch eine erzieherische Wirkung ausgehen sollte; denn in der Vorweihnachtszeit waren wir stets bemüht, besonders brav zu sein. Wie der Weihnachtsbaum damals aussah, ist in meinem Gedächtnis noch sehr gut haften geblieben. Vor dem Fest haben wir Kinder den Baum nicht zu Gesicht bekommen. Er wurde in einem Zimmer aufbewahrt, das wir in diesen Tagen nicht betreten durften und das auch verschlossen war. Damals handelte es sich bei dem Tannenbaum in unseren Breiten meistens um eine Fichte, genauer gesagt eine Rotfichte.

In der ersten Zeit hat ihn mein Opa mütterlicherseits oder ein Onkel aus der Forst mitgebracht. Beide haben dort gearbeitet. Ich nehme an, dass er uns daher auch nichts gekostet hat. Später sind wir dann in den Wald gegangen und haben unseren Baum selbst geholt. Zugegeben, es war nicht unser Wald. Wir hatten gar keinen Wald. Damals hat man sich aber darüber wenig Gedanken gemacht, weil es bei uns keine speziellen Weihnachtsbaumplantagen wie heute gab.

Wir haben Bäume genommen, die nach unserer Meinung wegmussten, weil sie zu nah beieinanderstanden. Es wurde ja nur „ausgelichtet“. So hat man dieses Tun jedenfalls sich gegenüber gerechtfertigt.

Ein grundsätzliches Problem gab es aber mit diesen Tannenbäumen. Da sie nicht, wie heute üblich, in einem mit Wasser gefüllten Ständer standen, wurden sie sehr schnell trocken und waren deshalb auch äußerst leicht entflammbar. Ich kann mich noch sehr gut daran erinnern, wie es bei uns zu einem solchen Ernstfall gekommen ist. Am späten Nachmittag waren die Eltern wie üblich mit dem Vieh beschäftigt. Meine Oma hatte für uns Kinder einige Kerzen angezündet und wir haben dann zusammen Weihnachtslieder gesungen. Da der Baum schon einige Tage alt war, hatte er recht trockene Nadeln. Plötzlich fing ein Zweig knisternd Feuer. Da dieses in der Nähe von den Gardinen geschah, war große Gefahr im Verzug. Es musste schnell gehandelt werden. Instinktiv hat meine Oma die Flammen mit den bloßen Händen „ausgedrückt“. Zum Glück für unsere Wohnung und vielleicht auch Haus hatte sie Erfolg. Aber ihre Hände waren übersät mit Brandblasen. Wer sich schon einmal verbrannt hat, kann ermessen, was das bedeutet: unsägliche Schmerzen und ein langwieriger Heilungsprozess.

Einen Tannenbaum zu schmücken hat noch keine lange Tradition. Es wird zwar hin und wieder ein geschmückter Baum in der Literatur erwähnt, aber erst im 19. Jahrhundert setzte sich dieses immer mehr durch. Die Art des Schmucks hat sich im Laufe der Zeit immer wieder gewandelt.

Während meiner Kindheit wurden neben den glänzenden unterschiedlich gestalteten Christbaumkugeln auch kleine bunte Girlanden sowie Ketten, die aus kleinen Glaskügelchen bestanden, in den Baum gehängt. Das schon erwähnte Lametta verlieh dem Ganzen einen zusätzlichen Glanz. Beim Abschmücken des Baumes Anfang Januar wurde dieses feinsäuberlich vom Baum genommen und wieder in die entsprechende Schachtel gelegt in der es dann die Zeit bis zum nächsten Gebrauch verbrachte. Genauso erging es auch dem übrigen Baumschmuck. Eine Besonderheit war die schöne Spitze aus edlem Glas, die den Baum zierte. Diese wurde besonders behütet und mit großer Vorsicht behandelt; denn sie war nicht nur sehr schön, sondern auch verhältnismäßig teuer in der Anschaffung gewesen. Aber das ist heute wohl auch noch so.

Neben den „brandgefährlichen" Wachskerzen waren die Wunderkerzen eine Besonderheit. Es war für uns Kinder immer wieder ein besonderes Erlebnis, wenn diese angezündet wurden und dann, im wahrsten Sinne des Wortes, die Funken sprühten. Aber das Wichtigste für uns Kinder waren andere Dinge, die sich auch im Baum befanden. Neben einigen rotbäckigen Äpfeln konnte man auch selbstgebackene Kekse, Schokoladenkringel mit bunten Streuseln, sonstiges Kleingebäck und vor allem kleine Kringel und andere Figuren aus einer geleeartigen Masse, die leicht überzuckert war, im Baum finden. Besonders spannend war das Abschmücken. Wir Kinder haben dann oft noch die eine oder andere Leckerei gefunden, die unentdeckt im Baum verblieben war.

Unser Baum stand auf einem kleinen quadratischen Tisch, der so groß war, dass meine kleine Eisenbahn mit einer Lokomotive und drei Personenwagen Platz fand. Die Lock musste aufgezogen werden, damit sie dann den Tannenbaum umrunden konnte. Diese Bahn wurde nur zu Weihnachten aufgebaut und verschwand dann wieder. Leider ist sie irgendwann ganz verschwunden. Ich kann mir nicht erklären, wo sie geblieben ist und wüsste auch nicht, dass ich sie „zerlegt“ oder gar verschenkt habe. Jedenfalls ist die Suche immer ergebnislos verlaufen.

In der „Tannenbaum-Ecke“ stand unser Klavier. Meinen Vater, der als einziger dieses Instrument beherrschte, habe ich leider selten am Klavier erlebt, weil er sich auf das Akkordeon spezialisiert hatte. Am Heiligabend hat er jedoch darauf unseren Gesang musikalisch begleitet. Das Singen von Weihnachtsliedern „unter dem Tannenbaum“ war lange Jahre ein fester Bestandteil des Abends. Das war in meiner Kindheit so und später auch mit den eigenen. Als diese zur Schule gingen, haben sie uns, auch meine Eltern waren an diesem Abend stets anwesend, musikalisch auf der Blockflöte unterstützt. Unser Sohn hat manchmal auch eine Melodica (wird mit dem Mund geblasen und hat eine Klaviertastatur) gespielt. Als die Kinder berufstätig wurden, ist das Singen nach und nach weniger geworden und schließlich ganz eingestellt worden.

Auch das Essen hat sich gewandelt. In meiner Kindheit gab es grundsätzlich Wiener Würstchen mit Salzkartoffeln und Sauerkraut. Das war etwas ganz Besonderes, weil es sonst nur Selbstgeschlachtetes zum Essen gab. Obwohl in vielen Familien das entsprechende traditionelle Essen noch beibehalten wird, gibt es bei uns schon lange etwas anderes. Inzwischen ist das Raclette zum Standardessen geworden. Das ist aber auch dem Umstand geschuldet, weil wir in der

Familie einige Vegetarier haben und hierbei jeder zu seinem Recht kommen kann.

Der Tannenbaum ist jedoch unverändert ein fester Bestandteil des Weihnachtsfestes geblieben und wird immer mit viel Freude und Fantasie geschmückt. Im Laufe der Zeit hat sich so viel Schmuck angesammelt, dass wohl mindestens drei Bäume versorgt werden könnten. Die Art des Baumes hat sich allerdings verändert. Nach der früheren Rotfichte folgte eine „Blautanne", die in Wirklichkeit aber auch eine Fichte ist. Sie duftete herrlich, hatte jedoch stark piksende Nadeln und oft einen rustikalen Wuchs. Auch wenn das „Ankleiden" deshalb etwas mühsam war, sah dieser Baum im Endzustand eigentlich sehr schön aus. Und - er wurde jetzt auch käuflich erworben; oft in der Plantage unweit unseres Dorfes selber ausgesucht und abgesägt.

Jetzt hat sich immer mehr die Nordmanntanne durchgesetzt. Sie hat den großen Vorteil, dass sie gleichmäßiger gewachsen ist und ihre Nadeln weicher sind. Allerdings duftet dieser Baum nicht mehr so schön nach Fichtennadeln. Der schon lange übliche mit Wasser gefüllte Weihnachtsbaumständer gewährleistet, dass der Baum bis weit in den Januar hinein seine Nadeln behält. Bei uns wird er stets nach meinem Geburtstag am 9. Januar abgeschmückt.

Unser jetziger Tannenbaum hat sein Aussehen nicht nur wegen der anderen Art verändert, sondern er wird auch etwas anders geschmückt. Das Lametta ist völlig aus der Mode gekommen. Die Leckereien sind leider auch verschwunden. Die Wunderkerzen, die es zwar noch gibt, sind wegen der Geruchsbildung verbannt. Ebenso verbannt sind auch die Wachskerzen mit ihrem „offenen Feuer" und werden durch zwei Lichterketten ersetzt.

Die Aufgaben, die sich rund um den Tannenbaum ergeben, sind ganz klar geregelt. Ausgesucht wird er meistens gemeinsam. Auf die passende Länge gesägt, wenn er vielleicht etwas zu groß ausgefallen ist, wird er unter Aufsicht und Anweisung der Ehefrau vom Hausherrn. Dieser ist auch dafür zuständig, dass der Baum einen Tag vor Heiligabend seinen vorgesehenen Platz in der Stube erhält. Dabei stellt sich oft schon die erste Frage: Wo ist eigentlich der Ständer aufbewahrt? Eigenartigerweise ist er nicht dort, wo er spontan gesucht wird. Eigentlich hatte man doch im letzten Jahr einen absolut sicheren Platz ausgesucht! Ist dieses Problem schließlich nach aufgeregtem Suchen gelöst, muss noch entschieden werden, welche Decke darunter ausgebreitet werden soll. Der alte Schlitten, auf dem der Baum stehen soll, muss schließlich auch noch gesucht und gefunden werden. Beim Aufstellen des Baumes muss geklärt werden, welche Seite nach vorne kommt. Ein Baum hat ja viele Seiten, aber welche ist die schönste? Als weitere Aufgabe für den Hausherrn steht dann das Anbringen der schönen Weihnachtsbaumspitze an. Ist dieses zur Zufriedenheit vollbracht, müssen noch die Lichterketten in den Baum gehängt werden. Die eine besteht aus 12 Glühbirnen (auch Spitzkerzen genannt) und die andere aus 18. Wenn die Ketten dann zur allgemeinen Zufriedenheit im Baum hängen, kommt der Test, ob die Birnen alle gleichmäßig verteilt sind und auch brennen. Dabei geschah im letzten Jahr etwas Unfassbares. Obwohl diese Ketten in einem tadellosen Zustand verstaut worden waren, verweigerte eine Kette ihre Funktion.

Wie kann das angehen? Jetzt stellten sich zwei Fragen: Wo sind die Ersatzbirnen und welche Birnen werden benötigt? Die Zwölferkette hat andere Birnen als die Achtzehner. Und welche Birne ist überhaupt defekt? „Zunächst muss überprüft werden, ob alle Lampen auch festgedreht sind.“ So ist es auf der Verpackung für den Ernstfall beschrieben. Das führte aber nicht zum erhofften Erfolg. Eine Birne musste also defekt sein. Aber welche? Im Baum verlor ich die Übersicht und nahm deshalb die Kette wieder heraus! Warum hatte man das eigentlich nicht vorher überprüft? Aber das Vertrauen in die Technik war eben sehr groß. Als das abermalige Festdrehen der Birnen keinen Erfolg brachte, wurde erwogen, ob ein Kabelbruch die Ursache sein könnte. Die Kette hatte schließlich schon etliche Jahre auf dem Buckel. Ich fragte mich, ob der verschweißte Stecker vielleicht eine Macke hatte. Da ein Ersatzstecker in der Schublade lag, wurde der alte von mir kurzerhand gekappt und durch einen neuen ersetzt. Das Ergebnis war: Fehlanzeige! Es blieb alles beim Alten. Ich fasste folgenden Beschluss: Die Kette kommt in den Müll und es werden neue Kerzen gekauft. Es gibt doch schon einzelne Kerzen, die jeweils mit einer Batterie betrieben werden und obendrein noch moderne LED-Leuchten sind. Die wären doch viel leichter zu installieren. Das sollte die Lösung sein.

Dann gab es aber die große Überraschung. Die Ersatzbirnen wurden in einer Schublade gefunden, in der sie nie und nimmer vermutet waren. Und das Beste war, dass sie auch die richtigen „Werte“ hatten. Neues Spiel, neues Glück. Nach und nach wurde nun jede Birne herausgeschraubt und von einer neuen ersetzt. Und es geschah ein kleines Wunder. Als die vorletzte Birne gewechselt wurde, erleuchtete die Kette plötzlich in hellem Glanz und sie landete wieder an ihrem vorgesehenen Platz im Tannenbaum. Diese Problematik hatte man mit den alten Wachskerzen nicht, stellte ich mit nostalgischem Rückblick fest.

Bevor die Ehefrau beginnt, soll der Hausherr noch folgendes mitentscheiden: In welcher Farbe soll der Baum geschmückt werden? Nur mit den silbernen oder roten Kugeln oder gemischt? Sollen die Strohsterne mit der dazugehörigen Spitze wieder rein? Vielleicht auch die alten Girlanden? Was ist mit Schnee? Styroporkügelchen oder Watteböllchen?

Nachdem diese großen und kleinen Probleme einvernehmlich gelöst sind, das zeitraubende „Anschmücken" erledigt ist und der Baum zur Kontrolle im hellen Licht erstrahlt, stellt man gemeinsam fest: So einen schönen Baum hatten wir noch nie!

Und zu dieser Überzeugung gelangen wir in jedem Jahr.

19. Weihnachten 2020

(Ein Ehepaar, Anfang der Vierziger, führt ein Gespräch, das ruhig beginnt und immer hitziger wird.)

Sie: Schatzi! In drei Wochen ist Weihnachten! Er:

Ja, ja! Ich weiß.

Und weißt Du schon was wir machen?

Wie? Was wir machen? Wir machen das wie immer! Wir fahren am Heiligabend zu meinen Eltern.

Warum müssen wir eigentlich immer zu deinen Eltern fahren?

Weil wir das immer so gemacht haben.

Sind wir denn überhaupt schon eingeladen?

Nein! Das muss auch nicht sein. Das ist doch Tradition! **Wir könnten die doch zu einer anderen Zeit besuchen. Warum muss das immer Weihnachten sein?**

Das habe ich doch schon so oft vorgeschlagen. Aber dann hast du immer eine Ausrede und keine Lust. Deshalb ist es doch nicht zu viel verlangt, wenn wir wenigstens Weihnach- ten dort hinfahren.

Dann ist da bestimmt auch wieder deine blöde Schwester mit ihrer Familie. Wenn ich dabei an ihre zickige Tochter denke!

Die ist jetzt mit ihren zwölf Jahren eben in einem problematischen Alter.

Nein, die war schon immer so. Die Göre hat überhaupt keine richtige Erziehung.

Nun mach mal halblang! Göre? Du warst doch auch Einzelkind. Da wird man eben besonders behütet.

Nee, nee. So aber nicht! Da bin ich ganz anders erzogen worden. - Wann sollen wir denn da sein?

So wie immer! Zum Kaffeetrinken. Und danach geht es in die Kirche. Ich glaube, dass die um fünf Uhr beginnt.

Also ehrlich, da habe ich überhaupt keinen Bock drauf. Wenn ich die vielen Heuchler in der Kirche schon sehe; und dann auch noch die schlechte Luft durch die vielen Kerzen. Nein danke!

Aber das haben wir doch immer gemacht. Das ist eine schöne Tradition und gehört einfach dazu.

Aber wir haben doch noch Corona. Ich glaube, dass das gar nicht geht!

Oh, ja, das muss ich noch abklären; wäre aber schade.

Da fällt mir gerade ein: Wenn wir nicht in die Kirche ge- hen, müsste ich es ja noch länger mit deiner Schwester aushalten. Diese Quasseltante geht mir unheimlich auf den Geist.

Na ja, diese paar Stunden wirst du sie schon ertragen.

Und wahrscheinlich gibt es wieder Kartoffelsalat mit Würstchen.

Das hat es schon immer gegeben. Das ist doch auch eine schöne Tradition.

Ja, weil es nach dem Krieg etwas Besonderes war, aber jetzt könnte deine Mutter sich ja auch mal etwas anderes ausdenken.

Aber bei euch gibt es doch am 1. Weihnachtstag auch immer Gans.

Was hast Du denn gegen Gans? Die schmeckt doch lecker. Ja das stimmt, aber warum muss es dann zum Kaffee auch noch diesen fetten „Frankfurter Kranz“ aus Buttercreme ge- ben. Die Gans ist doch schon fett genug.

Nun hör aber mal auf! Die Gans soll fett sein? Das ist ja mal etwas ganz Neues; - und der „Frankfurter Kranz“ von

meiner Mutter ist der beste Kuchen, den ich je gegessen habe. Aber du kannst ja einfach nur Kekse nehmen.

Nun hör aber mal du auf! Da möchte ich deine Mutter erleben, wenn ich keinen „Frankfurter Kranz" essen würde! Das geht überhaupt nicht. - Die Krönung ist aber dann noch die Feuerzangenbowle!

Was ist denn damit auf einmal? Das ist doch immer schön gemütlich. Vor allem, wenn dann draußen noch Schnee liegt.

Es gibt keinen Schnee mehr. Außerdem! - Wie lange ist Heinz Rühmann schon tot? Und bei euch gibt es immer noch Feuerzangenbowle. Ich bekomme jedenfalls von diesem sü- ßen Zeug immer Sodbrennen.

Du brauchst ja nicht so viel davon trinken.

Da kennst du aber deinen Vater schlecht. Der lässt ja nicht nach und animiert immer wieder zum Trinken.

Ich finde das aber trotzdem schön und gemütlich. Ach übrigens, wie ist denn das mit dem Übernachten bei euch? Übernachten wieder alle bei deinen Eltern?

Ja, natürlich. Aber da denke ich gerade, dass wir eigentlich im Hotel übernachten sollten, weil diese Branche in dieser Zeit besonders unter Corona leidet. Das hat die Regierung so empfohlen und es ist dann ein kleines Weihnachtsge- schenk von uns.

Für eine Nacht gehen wir ins Hotel? Was ist das denn für ein Aufwand!

Aber dann könnten wir uns doch am Abend schon um elf Uhr abmelden und dort am Morgen in Ruhe frühstücken und du hättest Abstand von meiner Familie. Und danach fahren wir dann gleich zu euch. Wäre doch nicht schlecht. **Aber wie kommen wir ins Hotel?**

Wir fahren mit dem Auto.

Und wer fährt?

Was ist denn das für eine Frage! Natürlich fährst du. Du trinkst doch sowieso nicht viel!

Irgendwie nervt mich das alles. Am liebsten wäre es mir, wenn wir einfach verreisen würden. Vielleicht in eine warme Gegend wo die Sonne den ganzen Tag scheint.

Das geht aber überhaupt nicht. Wir haben doch Corona. Wo willst du denn da hin? Außerdem muss ich deine Familie auch ertragen. Da ist auch nicht alles Gold was glänzt. Dann kannst du die paar Stunden auch bei meiner verbringen.

Manchmal denke ich, dass wir einfach nur zuhause bleiben und in Ruhe die Tage verbringen könnten.

Hast du denn die Nachrichten nicht richtig verfolgt? Die Regierung hat ausdrücklich darauf hingewiesen und hat es auch so gestattet, dass wir Weihnachten trotz Corona im Kreis der Familie in einer gemütlichen, fröhlichen Runde verbringen können. Weihnachten ist ein Fest der Freude.

Basta!

20. Freitag der 13.

Eine wahre Geschichte

Nein! Es war nicht Freitag der Dreizehnte, sondern Freitag der 24. Mai 2019. Was schon lange geplant war, sollte nun umgesetzt werden. Wir wollen einen Turn mit einem Motorboot auf dem IJsselmeer und den Kanälen in Holland machen. „Wir" das sind drei Freunde und Bekannte aus Hamburg und ich. Einer der Hamburger will seine Frau mit an Bord nehmen, weil sie anschließend mit ihrem Wohnmobil noch drei Wochen an der Nordseeküste weiterreisen wollen.

Gestartet werden soll aus Hamburg und wie verabredet bin ich auch um 09.00 Uhr bei meinem Freund. Da ich genau neben dessen Auto geparkt habe, wandert mein Gepäck sogleich von meinem in seinen Kofferraum. Dann wird der in der Nähe wohnende „Dritte Mann", ein Bruder meines Schwagers, abgeholt. Weil mein Auto dort besser aufgehoben sein soll, parke ich dieses rückwärts in der Auffahrt und komme über ausgelegtem Kükendraht zum Stehen. Es entwickelt sich ein kurzes Fachgespräch über die Sinnhaftigkeit der damit erreichten Marderabwehr. Mein Freund mahnt nachdrücklich die Abfahrt an und kurz vor 10.00 Uhr geht dann unsere Reise Richtung Holland los.

Ich nehme hinten rechts Platz. Vor mir sitzt unser „dritte Mann". Etwa auf der Höhe von Bremen schaue ich etwas gelangweilt und mehr zufällig auf die neben mir liegende rote Jacke des Beifahrers. „Oh! Das ist aber eine schöne, warme Fleecejacke" denke ich und überlege im gleichen Moment, wo denn meine eigene überhaupt sei. Hier liegt sie nicht und in den Kofferraum habe ich sie auch nicht gelegt. Mir ist schnell klar, dass ich sie in meinem Auto liegen gelassen habe. Wegen der warmen Temperaturen hatte ich sie vor der heimatlichen Abfahrt schwungvoll auf den Rücksitz meines Autos verfrachtet und beim „Marder-Fachgespräch“ in Hamburg gar nicht mehr auf dem Radar gehabt. Das Blöde an der Sache war nicht unbedingt die Jacke, sondern die Tatsache, dass ich meine benötigten Blutdrucktabletten in eine der Taschen gesteckt hatte. Spontan sage ich mir, dass es dann eine Woche auch mal ohne gehen müsse. Mehr im Spaß lasse ich verlauten, dass wir umdrehen sollten, weil ich meine Jacke im Auto vergessen hätte. Genau wie ich nehmen meine Mitfahrer diese Angelegenheit (noch) mit Humor. Aber nach einigen Minuten kommen mir doch Bedenken und ich lasse mich zu der Bemerkung hinreißen, dass es wohl besser wäre, wenn wir in einer nahegelegenen Stadt mal nach einer Apotheke schauen würden. Des Beifahrers Smartphone sagt, dass sich bei der nächsten Ausfahrt in 700 Meter Entfernung eine Apotheke befindet. „Das passt doch“ sage ich mir und bin überzeugt, dass sich mein Problem nun schnell lösen lassen wird.

Dort werde ich von der freundlichen Chefin bedient. Nachdem ich ihr mit einer gewissen Erleichterung meine Problematik geschildert habe, stellt sich schnell heraus, dass ich kein kleines, sondern ein großes Problem habe; denn sie erklärt mir, dass sie dieses Medikament auf gar keinem Fall ohne Rezept herausgeben dürfe. Sie riskiere sonst ihre Zulassung.

Auch mein Einwand, ich könne das Rezept ja postalisch nachreichen, findet keine Zustimmung. Aber mein Hausarzt könne ihr ja ein Rezept faxen, schlägt sie hilfsbereit vor und versucht, diesen telefonisch zu erreichen. Aber an einem Freitag um 13.00 Uhr wird wahrscheinlich in ganz Deutschland kaum eine Arztpraxis geöffnet sein. Also scheitert dieser Versuch wie erwartet. Ab 19.00 Uhr wäre der zuständige Bereitschaftsdienst zu erreichen, gibt sie mir als gutgemeinten Tipp. Da würde mir bestimmt geholfen.

„Das ist zu spät, weil wir um 16.00 Uhr eine Fähre in Holland erreichen müssen!“ flunkere ich ihr vor. Als ich dann auch noch sage, dass es dann auch mal ohne Betablocker gehen müsse, gerät sie fast in Panik und weist aufklärend darauf hin, dass dann der Blutdruck rapide in die Höhe schnellen würde und ich hochgradig Herzinfarkt gefährdet wäre. Auch mein „deshalb müssen sie mir ja auch helfen“ ändert nichts an ihre vorgeschriebene Ablehnung. Aber sie eröffnet mir schließlich noch die Möglichkeit, es doch einmal im Krankenhaus zu versuchen. Mit dieser Info gehe ich zu den wartenden Freunden.

Ein Smartphone gibt die Auskunft, dass das nächste Krankenhaus nur 500 Meter entfernt ist. Aber es tut sich noch eine andere Lösung auf. Natürlich sind die anderen auch „Herzpatienten“ und im Besitz von entsprechenden Tabletten. Vielleicht passt ja eine davon zu mir? Jeder gibt mir eine Packung mit, und ich konsultiere wieder „meine“ Apothekerin. Sie ist immer noch freundlich, sagt aber mit einem ernsten Gesicht, dass ich diese Tabletten auf gar keinen Fall nehmen dürfe. Also, auf geht es zum Krankenhaus.

Im Klinikum Westerstede angekommen, gehe ich schnurstracks den langen Gang zur gut ausgeschilderten „Notaufnahme“. „Hier werden sie geholfen“ denke ich amüsiert in Erinnerung an eine bekannte Werbe-Ikone.

Im Anmelderaum empfangen mich drei freundliche junge Damen, denen ich sichtbar erleichtert mein Anliegen schildere. Obwohl sich an deren Freundlichkeit nichts ändert, versuchen sie einem entgeistert dreinblickenden Hochdruckpatienten zu erklären, dass sie ihm nicht helfen könnten und es entwickelt sich folgender Dialog:

„Rezepte dürfen nur vom Hausarzt oder einem anderen niedergelassenen Arzt ausgestellt werden." „Aber ich bin doch ein Notfallpatient und befinde mich in der Notaufnahme eines Krankenhauses."

„Wie viele Tabletten brauchen sie denn? Eine könnte ich ihnen eventuell geben."

„Ich bin aber acht Tage unterwegs. - Okay, dann geben Sie mir bitte eine und ich schaue dann, wie es weitergeht."
Völlig perplex höre ich dann den Hinweis: „Ja! Aber dazu müsste ich sie stationär aufnehmen."

Es folgt wieder der Verweis auf den Bereitschaftsdienst ab 19.00 Uhr und ich verlasse fassungslos das Klinikum.
Nachdem wir das Funkloch vor dem Klinikum verlassen haben, glühen die „Smarts". Während der Beifahrer verzweifelt nach einer geöffneten Praxis sucht, nimmt mein Freund mit meiner Tochter, die zuhause „einhütet", Verbindung auf. Da ich auf dem Küchentisch noch eine Packung mit den verdammten Tabletten liegen habe, macht er ihr, gegen meinen Willen, den Vorschlag, diese mit dem Auto zu uns zu bringen; es seien ja „nur" etwas mehr als 300 Kilometer. Auch sein Vorschlag, man könne sich doch auf der Hälfte des Weges treffen, fällt verständlicherweise auf keine Gegenliebe meiner Tochter. Sie wolle aber am Computer ebenfalls nach einer geöffneten Praxis suchen.

Mein Freund versucht nun, seinen Sohn in der Schweiz zu erreichen, der dort als Allgemeinmediziner tätig ist. (Wie sich später herausstellen sollte, wäre das sogar eine machbare Lösung gewesen.) Er ist aber auf dem Handy leider nicht zu erreichen. In der Schweiz ist ja auch Freitag.- Uns erreicht auf dem Smartphone aber eine Info von meiner Tochter, dass in der 30 Kilometer entfernten Stadt Leer ab 15.00 Uhr eine Praxis geöffnet hat. Es folgt die genaue Adresse.

Als wir dort um 14.45 Uhr ankommen, sind die Türen schon geöffnet und ich werde von einer freundlichen Arzthelferin hilfsbereit bedient. Auf das ausgestellte Rezept muss ich zwar bis zur Unterschrift der Ärztin noch etwas warten, aber dann erhalte ich bei der schräg gegenüberliegenden Apotheke endlich die so dringend benötigten Tabletten.

Fazit: Eigentlich bin ich ein entschiedener Gegner vom Smartphone und besitze auch keins. Bei dieser Aktion war es aber ein fast unverzichtbarer Helfer; denn mit meiner Absicht, einfach für eine Woche auf die Tabletten zu verzichten, wäre ich wahrscheinlich, wie von der Apothekerin „angedroht“, mit einem Herzinfarkt entweder, im ungünstigsten Fall, von Bord ins IJsselmeer gestürzt oder als Notfallpatient in ein holländisches Krankenhaus eingeliefert worden. Dort hätte ich dann allerdings meine dringend benötigten Blutdrucktabletten auch ohne Rezept regelmäßig bekommen.

21. Mein Garten

Ich sitze auf einem Gartenstuhl unter einem schattenspendenden Rotarhorn, der zu einem natürlichen Sonnenschirm zurechtgestutzt worden ist, genieße die Ruhe und lasse die Umgebung auf mich wirken. Es ist der späte Morgen eines sonnigen, milden Frühlingstages im Jahre 2017.

Die kleine Rasenfläche, die mich umgibt, gleicht eher einer Wiese. Die unterschiedlichen Rasenunkräuter stören nicht. Im Gegenteil! Einige kleine Inseln werden in der Blütezeit sogar vom Rasenmäher verschont. Hinter mir befindet sich das 1908 als Fachwerkbau errichtete alte Schweinehaus. Das gesamte Grundstück ist etwas über 4000 m^2 groß und liegt überwiegend in meinem gen Osten gerichteten Blickfeld.

In halblinker Position schweift mein Blick zum fünf Meter entfernten etwa 25 m^2 großen naturnah angelegten Gartenteich. Bunt blühende Pflanzen haben das Ufer besiedelt. Einige habe ich von anderen Teichbesitzern erhalten, andere in natürlichen Gewässern entdeckt. Aber bei manchen Pflanzen kann ich mir die Herkunft nicht erklären. Der Wind oder Vögel werden die Samen hier hergetragen haben.

Sehr zur Freude der in diesem Jahr zahlreichen Frösche ist die Wasseroberfläche mit allerhand Grünzeug bedeckt. Die Hälfte der Wasserfläche wird von mir jedoch möglichst frei gehalten. Kommt man in die Nähe des Teiches, ist es lustig anzusehen, wie die grünen Teichfrösche mit einem „Plopp“ vom Uferbereich in das Wasser abtauchen. Weitere Bewohner sind unter anderem Gelbrandkäfer, Libellenlarven, Molche, Blutegel und Wasserläufer. Besonders groß ist jetzt aber meine Freude, als ich eine leider sehr selten gewordene Hornisse am Teich entdecke. Jetzt, Ende Mai, wird es wohl eine Königin sein, die dabei ist, einen neuen Staat zu gründen.

Hinter dem Teich sehe ich auf dem durch eine Weißdornhecke begrenzenden Nachbargrundstück zwei Haflinger auf der Pferdewiese friedlich grasen. Idylle pur! In der Ferne auf dem ca. 400 m entfernten „Kesterberg“ steht die alte nun als Wohnraum ausgebaute Windmühle. Seit langer Zeit hat sie keine Flügel mehr. Die Gebäude des dazugehörigen landwirtschaftlichen Betriebes heben sich deutlich am Horizont ab. Vor kurzem hätte das davor liegende Rapsfeld noch einen süßlichen, honigartigen Duft verbreitet.

Begrenzt wird meine kleine Wiese auf der linken Seite durch eine Felsenbirne, deren Früchte zu einer leckeren Marmelade verarbeitet werden können, wenn die Vögel sie vorher nicht alle vernascht haben.

Daneben steht eine schlanke im Frühjahr in herrlichem Rosa blühende Zierkirsche. Dann folgt ein kleiner Birnbaum und in der rechten Ecke ein in die Jahre gekommener Apfelbaum; ein sehr wohlschmeckender „Celler Dickstiel“. In der Nähe stehen noch drei hohe Koniferen.

Der Buchsbaum, von dem diese kleine Wiese umrandet wird, ist in diesem Jahr leider in einem erbärmlichen Zustand. Nicht nur hier, sondern auf dem gesamten Grundstück hat sich der obere Teil braun verfärbt. Ist es ein Winterschaden oder gar die befürchtete Pilzerkrankung? Ich habe ihn heruntergeschnitten und hoffe, dass er wieder austreibt.

Hinter der in der Mitte befindlichen kleinen Wildrosenhecke (Rosa rugosa) schimmern einige Blütenstände des Rhabarbers hindurch, die ich aus Dekorationsgründen stehen gelassen habe.

Auf der halbrechten Seite befindet sich am Ende des Grundstücks eine alte Holzscheune, die jetzt als Unterstellraum genutzt wird. Die hintere linke Grenze bildet, genau wie zum Nachbarn hin, eine Weißdornhecke, an der beidseitig im zeitigen Frühjahr sehr üppig wachsende Schneeglöckchen immer wieder bewundert werden. Sie gedeihen auf unserem Boden hervorragend und sind auch an anderen Stellen des Gartens zahlreich anzufinden.

Die rechte Grenze unseres großen Grundstücks besteht aus einem etwa fünfzehn Meter breiten Waldstreifen, den ich in den 70er Jahren mit heimischen Bäumen und Sträuchern angelegt habe. Er soll den Vögeln Schutz und Nahrung spenden.

Auf der großen Wiese, die davor liegt, steht in der Mitte eine imposante Linde. Unsere „Einheitslinde“. Am Tag vor der Wiedervereinigung ist sie 1990 von mir gepflanzt worden. Leider ist der ursprüngliche Baum nach wenigen Jahren durch mein Verschulden abgestorben. Er verkraftete das als Mulchschicht gedachte Gras nicht und ist im Winter schlichtweg abgefault. Man hätte dieses auch als ein böses Omen für die Wiedervereinigung deuten können, aber zum Glück war es nur ein vorübergehendes Problem und die Linde hat aus dem Stumpf heraus wieder neue Triebe gebildet. Wie hieß es doch so schön in der DDR-Nationalhymne? Auferstanden aus Ruinen ...

In Anlehnung an unsere drei Kinder habe ich drei Triebe stehen lassen. Nun ist in den stattlichen Stämmen jeweils der Name eines Kindes eingeritzt.

Die einmalige Ruhe und beruhigende Atmosphäre, die von diesem Garten ausgeht, lasse ich auf mich wirken und lausche in die Natur hinein.

Ein Vogelkonzert liegt in der Luft. Der Buchfink singt mit dem Rotschwänzchen um die Wette. Nach meinen Beobachtungen rufen beide schon seit einiger Zeit vergeblich nach einem Weibchen. Ich hoffe, dass sie bald Erfolg haben werden.

Etwas weiter entfernt ist eine Amsel zu vernehmen, die ihre schönen abwechslungsreichen Melodien zelebriert. Auch die monotonen Laute des Grünfinks dringen zu mir.

Interessanter ist da schon das Gurren „unserer" Ringeltaube, die in der nahen Tanne mit ihren Artgenossen kommuniziert. So kann man das schon nennen; denn wenn man aufmerksam zuhört, vernimmt man aus der Ferne von einer anderen Taube jeweils eine Antwort. Manchmal beteiligen sich auch mehrere Tauben an dieser Unterhaltung.

Die Spatzen im benachbarten Hühnerhof vervollständigen das Morgenkonzert mit ihrem lustigen Gezwitscher. Auch der dort beheimatete Hahn beteiligt sich gelegentlich. Das Krächzen der von mir nicht besonders geliebten Elster stört ein wenig. Genau wie die Laute des Raben, der auch hin und wieder Gast des Hühnerhofes ist.

Aber dann vernehme ich noch eine Stimme, die ich nicht einordnen kann. Als ich den Verursacher jedoch erblicke, weiß ich, dass es sich um einen Grünspecht handelt, der nur selten unseren Garten besucht.

Das Piepen der beiden Kohlmeisen, die in den Wildrosen herumturnen und nach Läusen und anderen Insekten suchen, ist nur sehr leise zu hören. Die auch noch gesichtete Bachstelze bleibt stumm und das Zwitschern der Schwalben, die in der Luft nach Insekten jagen, vernehme ich nur schwach.

Gerne würde ich noch andere und mehrere Stimmen hören, aber die Population der Singvögel ist in den letzten Jahren kontinuierlich sehr stark zurückgegangen. Vor nicht allzu langer Zeit haben im Spätsommer auf der benachbarten Pferdewiese weit über dreißig Bach- und Schafstelzen emsig nach Nahrung gesucht. Jetzt bin ich schon froh, wenn ich dort drei Bachstelzen erblicke. Das beängstigt mich.

Jetzt genieße ich aber das wunderbare Konzert des Vogelorchesters. Um diese Zeit würde der Ruf eines Kuckucks auch gut passen. Aber der hat Schwierigkeiten, Nester für sein „Kuckucksei“ zu finden und wird in nicht ferner Zukunft bei uns wohl verstummt sein.

Den vorderen Teil des Gartens kann man getrost als „Bauerngarten“ bezeichnen. Hier sind die unterschiedlichsten Blumen, Sträucher und eine große Anzahl von Buchsbaum zu sehen. Dieser Teil liegt im Aufgabenbereich meiner Ehefrau, die dafür ein glückliches Händchen hat.

Hinter der kleinen Wiese auf der ich sitze, befindet sich ein großer Nutzgarten, dessen Bewirtschaftung schon sehr aufwändig und manchmal auch ermüdend ist. Aber die gewonnen Nahrungsmittel kann man getrost als Bioprodukte bezeichnen. Deshalb lohnt sich auch der hohe Aufwand. Die Ernte zieht sich fast über das ganze Jahr hin.

In dem kleinen Foliengewächshaus baue ich nach vielen Experimenten nun nur noch Petersilie, Radieschen, Tomaten, Paprika und Salatgurken an. Wie im „Garten Eden" wachsen uns praktisch die unterschiedlichsten Nahrungsmittel in den Mund; bildlich gesprochen.

Neben verschiedenen Kräutern ernte ich noch Brennnessel, Minze, Melisse, Löwenzahn, Ringelblume, Himbeer- und Brombeerblätter, um verschiedene Tees herzustellen. Dazu zählen auch noch Holunderblüten und der Lavendel, den ich wegen des betörenden Duftes besonders liebe; aber auch, weil die Blüten von Hummeln, Bienen und Schmetterlingen gerne angeflogen werden.

Eine Aufzählung von allem Essbaren kann leicht unvollständig sein. Ich versuche es trotzdem und beginne mit den Beeren, wie da wären: Erdbeeren, Himbeeren, Brombeeren, Stachelbeeren, Johannisbeeren (rote und gelbe), Kulturheidelbeeren und Holunderbeeren. Hinzu kommen noch die Früchte der Schlehen.

Dazu gesellen sich noch verschiedene Gemüsesorten: Kartoffeln, Spinat, Möhren, Zwiebeln, Lauch, Sellerie, Pastinaken, Rote Beete, Bohnen, Kürbis und Zucchini.

Ein Beet ist stets als „Bodendoktor" mit selbstgezüchteten Tagetes bepflanzt. Ein anderes bietet als einjährige bunte Blumenwiese vielen Insekten reichlich Nahrung.

Der Wallnussbaum und die Haselnuss bringen nicht in jedem Jahr Erträge. Problematisch ist auch der Pfirsichbaum, der sehr viel mit Krankheiten zu kämpfen hat. Ungünstige Spätfröste setzen nicht nur ihm zu, sondern manchmal auch den Obstsorten, die auf der Streuobstwiese im hinteren Teil des Gartens stehen. Wenn alles optimal abläuft, können Birnen, Zwetschgen, andere Pflaumen, Sauerkirschen und unterschiedliche Apfelsorten geerntet werden.

Von den nur vier Apfelbäumen ernte ich dreizehn verschiedene Sorten. Ich habe diese Bäume mit vielen alten Apfelsorten veredelt, wie zum Beispiel Gravensteiner, Zitronenapfel, Freiherr von Berlepsch, Kaiserapfel, Ingrid Marie sowie die schon über 500 Jahre alte Sorte Goldparmäne. Diese alten Sorten schmecken hervorragend, werden jedoch auf Märkten oder in Geschäften so gut wie gar nicht mehr angeboten. So ist es auch mit dem „Celler Dickstiel" und „Ontario" die an einem andern Ort des Gartens stehen. Nicht vergessen möchte ich noch die reichlich tragende Weinrebe am Giebel des alten Schweinehauses, die das Angebot vervollständigt.

Die linke und rechte Hälfte des Gartens wird durch einen Feldweg getrennt, der von der Straße zu unserem Wohnhaus führt. An der einen Seite ist der Randstreifen mit schönen Stauden und Büschen bepflanzt. Die besonders gut gedeihenden bald blühenden Pfingstrosen werden von Betrachtern immer wieder bewundert.

Dieser Garten strahlt Ruhe und Behaglichkeit aus. Erzeugt aber auch Demut vor der Natur.

Für mich ist er das wahre Paradies. Auch deshalb, weil es nicht verboten ist, von einer bestimmten Frucht zu essen.
In diesem Garten sitze ich und denke bei mir:

Hier bin ich nun. Hier will ich sein.

22. Kriegstagebuch – Arnold Burmester

In Erinnerung an meinen Vater

Vorwort

Mein Vater Arnold Burmester, geboren am 07.01.1917, hat zunächst die Volksschule in seinem Wohnort Eddelstorf (Niedersachsen) besucht und dann im zehn Kilometer entfernten Bevensen 1933 die Mittlere Reife abgelegt.

Anschließend trat er dort eine Lehre als kaufmännischer Angestellter im Landhandel an. In diesem Betrieb verblieb er bis zum 15.09.1936. Danach siedelte er nach Lübz in Mecklenburg über und arbeitete dort zunächst als Buchhalter ebenfalls im Landhandel; wechselte aber schon am 01.07.1937 zur Sparkasse der Stadt Lübz, bei der er auch als Buchhalter tätig war.

Von Anfang April bis Ende Oktober 1938 wurde er zum Reichsarbeitsdienst in Waren/Müritz eingezogen. Danach ist er nicht wieder in seinen Beruf zurückgekehrt, sondern absolvierte ab November 1938 seine Grundausbildung bei der Wehrmacht in Wismar. Am 03.12.1938 fand dort seine Vereidigung statt.

Nach seiner Grundausbildung ist er in Wismar verblieben und an der 8,8-cm-Flak ausgebildet worden. Dafür waren auch entsprechende Lehrgänge nötig. An dem „Polenfeldzug" vom 01.09. bis 06.10.1939 war er an Kampfhandlungen nicht direkt beteiligt und hat sich mit seiner Einheit überwiegend im Rückraum als Ersatzreserve aufgehalten. Über diese Zeit gibt es keine Aufzeichnungen. Einen Tag nach Beendigung dieses Krieges gegen Polen hat er dann jedoch begonnen, alle Geschehnisse in einem kleinen dünnen Taschenbuch mit Stenographie festzuhalten. Er hat dieses

Buch sehr penibel und detailliert geführt. Nach dem Krieg hat er diese Aufzeichnungen dann mit der Schreibmaschine für alle lesbar gemacht. In späteren Unterhaltungen mit meinem Vater hat er zwar über einige Ereignisse aus dem Krieg berichtet, aber die gesamten Aufzeichnungen habe ich bis zu seinem Tod am 28.03.2001 eigenartigerweise nicht gelesen. Erst viel später im Jahre 2022 sind mir die Unterlagen wieder „in die Hände gefallen" und ich habe sie dann mit großem Interesse gelesen. Dabei ist mir wieder eingefallen, dass mein Vater des Öfteren betont hatte, dass seine Aufzeichnungen unbedingt einmal als Buch erscheinen müssten, weil diese ein „einmaliges" Zeitdokument seien. Zwar gibt es unzählige solcher Tagebücher, aber beim Studieren seiner Aufzeichnungen ist mir klar geworden, dass er nicht ganz unrecht gehabt hat.

Nun erfülle ich ihm seinen Wunsch und nehme die Gelegenheit wahr, sein Tagebuch als einen Teil meines neuen Buches zu veröffentlichen.

Da er sich bei seiner „Übersetzung" vollkommen an das Original gehalten hat, war eine moderate Bearbeitung notwendig, weil manche Passagen nur in Kurzform oder in unvollständigen Sätzen verfasst worden sind. Um die für ihn typischen Redewendungen zu erhalten, bin ich dabei aber sehr sparsam vorgegangen. Auch habe ich an den damals üblichen Redewendungen nichts geändert.

Soweit ich seine militärischen Abkürzungen nachvollziehen konnte, habe ich sie beim ersten Mal in Klammern gesetzt ausgeschrieben, im weiteren Verlauf aber davon abgesehen.

Darauf, dass manche Ortsnamen vielleicht nicht ganz korrekt geschrieben worden sind, hat mein Vater in seinen Aufzeichnungen hingewiesen und ich habe deshalb keine Änderungen vorgenommen.

„Du weißt ja gar nicht, was Krieg ist!“ Das hat sein Bruder Rudolf zu meinem Vater gesagt, als bei einer Familienfeier einmal über den Krieg gesprochen worden ist. Solche Unterhaltungen waren aber äußerst selten. Wenn man sein Tagebuch liest, könnte man geneigt sein, seinem Bruder Recht zu geben; vor allem deswegen, weil dieser als Pionier stets in vorderster Front eingesetzt war und dreimal verwundet worden ist. Zum Glück aber nur leicht. Trotzdem hätte es aber auch meinen Vater „erwischen“ können. Beide haben mit viel Glück den Krieg überlebt. Die bemerkenswerte Parallele bei den Brüdern ist, dass beide von der Ostfront zurückbeordert wurden, um an einem Lehrgang teilzunehmen, während ihre Einheiten bei den folgenden Kämpfen nahezu vernichtet wurden. Rudolf ist nicht in Gefangenschaft geraten, weil er in den letzten Kriegswochen schwer an Ruhr erkrankt war und sich in Österreich in einem Lazarett befand. Wie es dem älteren Bruder Heinrich in Russland nach seiner Vermisstenanzeige ergangen ist, ist nicht bekannt. Darunter haben insbesondere meine Großeltern sehr gelitten. Meine Großmutter hat bis zu ihrem Tod im Dezember 1966 immer wieder erzählt, dass sie wieder von Heinrich geträumt habe. Zum Glück sind meinen Großeltern zwei Söhne geblieben. Leider gibt es in unserem Dorf viele Familien, die alle Söhne verloren haben.

Auch wenn die Gefangenschaft für meinen Vater zeitweise sehr belastend war, ist es für mich erstaunlich, wie viele Privilegien den Offizieren im Gegensatz zu den einfachen Soldaten eingeräumt worden sind. Als Beispiel sei hier einmal an die in den Rheinwiesen „zusammengepferchten“ deutschen Kriegsgefangenen erinnert, die dort versucht haben, in selbstgegrabenen Erdlöchern zu überleben, aber zu Tausenden an Hunger und Erschöpfung verstorben sind. Erwähnen muss man auch, dass vor allem die russischen Soldaten in deutscher Gefangenschaft noch grauenhafter behandelt worden sind.

Es grenzt schon an ein kleines Wunder, und es war für ihn auch unbegreiflich, dass ihm seine Aufzeichnungen trotz der vielen Kontrollen in der Gefangenschaft nicht abgenommen worden sind. Er hatte sein Tagebuch in einer kleinen Jackentasche der Uniform versteckt und weil es sehr klein und dünn war, ist es zum Glück nicht entdeckt worden.

Kriegstagebuch von Arnold Burmester
Oktober 1939 bis Oktober 1945

Nach dem Feldzug gegen Polen werden wir am 07.10.1939 in Bäslack, Ostpreußen, verladen. Es soll zur Auffrischung unserer Waffen und Geräte wieder zurück nach Wismar gehen. Mit Begeisterung werden wir von der Bevölkerung empfangen. Niemand ahnt, was der Krieg, der erst begonnen hat, noch für Folgen haben könnte.

Bis zum 31.10.1939 bleiben wir in Wismar; dann werden wir verladen in Richtung Westwall. Die Fahrt geht über Bavendorf; irgendwie komisch! Aus der Ferne sehe ich wehmütig meine nur fünf Kilometer entfernte Heimat, und dem mir bekannten Bahnbeamten winke ich herzlich.

Bis nach Menden/Westfalen geht die Fahrt. Hier haben wir zwei Tage Aufenthalt und dann geht es wieder weiter per Achse nach Dorsel in der Eifel. Hier ist es schon bitter kalt. Wo finden wir alle Unterkunft, da es keine Kasernen gibt? Am ersten Tag werden wir privat untergebracht und dann in einer Schule. Schnellstens bauen wir uns eigene Baracken, was bei der Kälte nicht so einfach ist. Nach kurzer Zeit können diese aber schon bezogen werden. Die Stabsbatterie, zu der ich gehöre, hat engen Kontakt zur Abteilung. Da hier viele Schreibarbeiten nachzuholen sind, bekomme ich eine Beschäftigung bei Inspektor Nölle. Es macht mir viel Spaß. Die weitere Ausbildung soll jetzt im Winter durchgeführt werden. Es findet ein ROA-Kursus statt, an dem auch ich teilnehme. Anschließend folgen ein Unteroffizier-Lehrgang und eine Ausbildung als Funker und Fernsprecher. Uffz. (*Unteroffizier*) Ristow und Uffz. Moll sind meine Ausbilder. Es sind Lehrgänge in nur kleinem Rahmen mit nur geringer Teilnehmerzahl. Leider wird es immer kälter.

Nur die Lehrgangsteilnehmer sind noch in Dorsel (Konrad Zabel, Heini Harder und ich von unserer Batterie). Die übrigen sind zum Scharfschießen in Iserlohn; wir wurden von dort zurückgerufen.

Nach den Lehrgängen werde ich zum Rgt. (*Regiment*) 202 Köln kommandiert (13.03. bis 05.09.1940). Was das alles bedeuten soll, weiß ich nicht, aber ich bin damit zufrieden und auf meine dortige Arbeit gespannt.

So hat der Westfeldzug am 10.05.1940 also ohne mich begonnen. Was wohl meine Kameraden machen? Hier ist es ein „Hin und Her" und ein Ein- und Ausladen. Wir kommen nicht zur Ruhe. Ich nehme mir aber die Zeit, kurz die Marschwege aufzuschreiben.

09.05.: Abmarsch in Köln

12.05.: Esch - Jünkerath - Stadtkyll - Manderfeld - Heppenbach - Amel

14.05: Amel - Vieljuch - Erezee - Hotton - Marchee - Waillet (Gut)

19.05.: Waillet - Dinant - Omhaye - Marville - Rosee - Philppville - Froide - Chapelle – Renlies - Solve - St. Aubine

21.05.: St. Aubin - Avesness - Le Chateau - Beauvais - Cambrai

22.05.: Bapaume - Arras (10 km südlich)

23.05.: Arras - Adinfer - Bausart - Beaumetz - Habareg - Mingoval

24.05.: Mingoval - Aveness - Bapaume - Gambles - Tertry - St.Quentin

27.05.: Le Verguil - Leronne - Bapaume - Arras - Aubiagny - Angres

km nördlich von Arras)

28.05.: Angres – Cambrai - La Bassee - St. Pol - Le Meillart

06.06.: Le Meillard – Bernaville - Belloy (12 km. westlich-nordwestlich Amiens)
07.06.: Belloy zur Somme - La Chaussee (Somme- Übergang) bei Picquiniy - Wald bei Cavillon - Fluy Poix-Croixnault
09.06.: Croixnault - Gernavillers - la Chapelle – Gerberey - Porpieres - (20 km westlich Beauvais) – Gournayenenen – Bray – Martagn 20 km nordwestlichLes Andelys-Seine)
12.06.: Martagn – Gisors - Ecos (Schloss, 5 km von der Seine/Vernon) -
14.06.: Ecos - Turny - Courcelles (Übergang über die Seine) Gaillon - La Buisson - Boulaye
15.06.: Boulaye – Evreux - St. Andree
17.06.: Osmoy (6 km südlich Andree)
17.06.: Französischer Friedensantrag von General Petain an Deutschland
18.06.: Paris
Da ich als Kurier beim Rgt. tätig bin und somit täglich viele Kilometer mit meinem guten Fahrer zurücklegen muss, nehme ich die Gelegenheit wahr, mir einmal gründlich Paris anzusehen.
21.06.: Überreichung der deutschen Bedingungen im Wald von Compiegne im gleichen Wagen und an gleicher Stelle wie im ersten Weltkrieg
22.06.: 18.50 Uhr: Unterzeichnung des Friedensvertrags von Compiegne
24.06.: 19:35 Uhr: Unterzeichnung der Waffenruhe von Frankreich und Italien

Nun heißt es, so schnell wie möglich weiter. Wohin?

25.06.: Osmoy - Evreux - Bonies (Seine-Übergang) Gisors - Beauvais Amiens – Doullens - Mezerolles
25.06.: Endgültige Waffenruhe mit Frankreich um 01.55 Uhr, 6 Stunden nach Unterzeichnung mit Italien
30.06.: Mezerolles - Auxide de Chateau – Hesdin – Huquelliers - Desores – Rety – Rinxent.

Von zuhause hatte ich erfahren, dass mein bester Freund Heinrich Schwenke am 23.06.1940 bei der Somme-Offensive gefallen ist und in Schorisse bei Audenarde beigesetzt wurde. Ich versuche nun bei irgendeiner Fahrt dort hinzukommen. Das ist zwar ein großes Risiko, aber ich muss es einfach wagen! Mein Fahrer macht mit und so kann ich am 06.07. das Grab meines Freundes aufsuchen. Ich habe mir einen Kranz und Blumen gekauft, erkundige mich nun in dem kleinen Ort nach deutschen Gräbern und finde dann auch das betreffende Grab auf dem Friedhof. Da mein Fahrer einen Fotoapparat mitgenommen hat, fotografiere ich das geschmückte Grab und schicke dieses Foto mit einem Beileidsschreiben an die Eltern nach Eddelstorf.

Etwas später erfahre ich von zuhause, dass auch mein Freund Heinrich Schmidt gefallen ist und in der Nähe von Brüssel beigesetzt wurde. Wie komme ich bei der großen Entfernung und ohne das Wissen des Regiments nun nach Brüssel? Eine Erlaubnis hätte ich nicht erhalten. Am 06.08. ergibt sich aber eine Möglichkeit. Ich muss in dieser groben Richtung viele Kilometer zurücklegen und mein Fahrer unterstützt mich wieder. Wir müssen aber nach Belgien hinein und schaffen das auch durch unsere Regimentsaufträge.

Wir finden nach langem Befragen in Brüssel-Evere die deutschen Gräber und auch das Grab meines Freundes Heinrich Schmidt, der am 03.07.1940 gefallen war.

Der Krieg mit Frankreich war beendet und komischerweise nun auch meine Mission beim Rgt. 202.

Am 05.09. werde ich wieder zu meiner Stabsbatterie versetzt und lande an der Atlantikküste bei Wissant. Es ist eine Invasion gegen England geplant und Einschiffungs- und Landemanöver werden geprobt. Enorme Truppeneinheiten sind hier stationiert.

Am 08.09. treffe ich, es war wie ein Wunder, zwei Eddelstorfer Freunde, Willi und Jacob. In froher Runde sitzen wir gemütlich beisammen und gedenken der lieben Heimat.

Unterschrift: Jacobs Uffz. Salewski Obergefreiter Burmester Gefr.

An verschiedenen Lehrgängen hatte ich schon teilgenommen, nun ist ein Messlehrgang dran. Vom 12.09.-31.10.1940 nehme ich in der Nähe von St. Omer an diesem Lehrgang teil.

Am 01.10.1940. werde ich zum Obergefreiten befördert, da ich schon zwei Jahre gedient habe. Weil ich wegen des Vormarsches noch nicht an einem offiziellen Unteroffizier-Lehrgang teilgenommen habe, fehlen die Voraussetzungen für die Beförderung zum Uffz. Wegen des Messlehrgangs und der vorherigen Lehrgänge soll ich mich am 29.10. bei meinem Kdr. (*Kommandeur*) Mj. (Major) Jevens vorstellen und ich bin gespannt, was das wohl wieder für Folgen haben wird. Das Ergebnis ist, dass ich ab dem 01.11. zur 3./61 versetzt werde. Meine Stammbatterie war stets die Stabs/Batt. (*Batterie*) gewesen.

Vom 20.bis 28.11. folgt ein Scharfschießen in Kurkke. Anschließend findet bis zum 17.12.1940 eine weitere Übung auf der Mü-Stelle St. Omer statt. Nach dieser Weiterbildung muss ich mich bei einem Essen beim Kdr. Mj. Fuchs (*Kommandeur Major Fuchs*) vorstellen.

Völlig überraschend wird wenig später eine Urlaubssperre angeordnet und wir fragen uns, was das zu bedeuten hat? Aber wir sind ja Überraschungen gewöhnt und machen uns keine großen Gedanken.

Das Weihnachtsfest geht vorüber und auch das neue Jahr beginnt ohne besondere Ereignisse Sollte etwa die Invasion bevorstehen? Geübt hatten wir ja genug.

Nein; denn am 21.01.1941 um 03.30 Uhr werden wir per Bahn zu einer Fahrt in die Ungewissheit verladen. Die Invasion findet also wohl doch nicht statt.

Von unserem Standort Dünkirchen fahren wir in Richtung Valenciennes und erreichen am 22.01. bei Elferingen die Grenze; dann geht es weiter nach Saarburg – Saarbuckenheim – Saaralbern – Zweibrücken – Pirmasens – Nordalbern – Landau – Germesheim. Am 23.01. erreichen wir Ulm. Es geht also in Richtung Süden. Aber was soll das bedeuten? Es ist zwar nur vom Zug aus, aber wir bekommen unterwegs eine Menge zu sehen. So auch bei den folgenden Städten Augsburg, München, Rosenheim, Traunstein und Salzburg. Am 24.01. fahren wir schließlich von Graz nach Geisdorf und erreichen um 13.30 Uhr die Grenze Ungarns. Ungarn gehört zu unseren Verbündeten. Es folgen die Städte Szentgotthard und Körmend. Wir sind über die jubelnde Bevölkerung, die an den Bahngleisen steht, angenehm überrascht. Eine ungarische Militärkapelle spielt dazu für uns sogar ein Ständchen.

Über Györ erreichen wir am 25.01. die Hauptstadt Budapest und fahren um 09.30 Uhr über die berühmte Donaubrücke. Es ist ein einmaliger Anblick. Aber leider geht alles viel zu schnell und wir können all diese einmaligen Erlebnisse nicht richtig in uns aufnehmen.

Weiter geht es über Monor – Pilis – Albert nach Irsa. Erstmals sehen wir unterwegs wie die Lasten auf dem Kopf getragen werden. Auch die komischen Filzkaputzen als Kopfbedeckung sind ungewöhnlich. Hier gibt es viele Maisfelder und es wird Wein angebaut. Das Gelände ist leicht hügelig und der Boden anscheinend sehr nass.

Bald folgt die Puszta mit den berühmten Ziehbrunnen und deren großem Schwengel.

Immer weiter geht die Fahrt: Cegled - Szolnok - Karcag - Debrecen - Marghita. Das werden schon die Siebenbürgen sein, wo wir uns jetzt befinden. Fahren wir nach Rumänien? Aber es geht weiter und am 26.01. folgen die Städte Zalau und Szibow. Leider wird es immer kälter und es herrscht ein raues und feuchtes Klima mit viel Schnee bei Temperaturen von minus dreißig Grad. Auch hier werden wir entlang der Strecke herzlich begrüßt; viele Bürger sprechen sogar deutsch. Die Mädchen haben überwiegend Trachtenkleider an. Weiter geht es über Galgo - Kackow - Bethlen und am 27.01. kommen wir in die Nähe der Karpaten. Es ist eisig kalt und die Menschen tragen komische „Schneeballschuhe“. Wollene Lappen um Beine und Leib sollen vor Kälte schützen. Die Straßenverhältnisse müssen sehr schlecht sein. Der Verkehr ist anscheinend nur mit Schlitten möglich, die von kleinen Pferden oder weißen Stieren gezogen werden. Für schwere Lasten sind starke Zugochsen vorhanden. Viele Tunnel und Brücken sind die Folge des Gebirges. Es ist eine romantische Gegend, aber die Kälte macht uns sehr zu schaffen.

Weiter geht es über Nagytva und Felje und am 27.01. um 15.00 Uhr erreichen wir die rumänische Grenze. Dann folgen: Floreni – Vabra – Dornei – Takobini – Campulung – Frasin und Suceava.

Am 28.01.: Pascani – Mirvesti – Roman – Bacau – Sascut – Adjut – Marescsti – Foscani und Buzau.

Am 29.01. erreichen wir um 07.00 Uhr Ploesti. Endlich wird ausgeladen! Auch hier gibt es viele Deutsche. Wir werden im Hotel „Deutsches Haus" untergebracht. Hier halte ich nach langer Bahnfahrt meine erste Wache im enormen Schneetreiben. Es ist eine schöne Stadt mit freundlichen Menschen. Von einer Verdunkelung keine Spur. Hier gibt es und gab es noch keinen Krieg. Die Folgen eines Erdbebens sind allerdings noch zu sehen. Viele Häuser sind abgestützt, einige auch schon ausgebessert.

Am 30.01. ist Abmarsch nach Kronstadt über Campina - Sinaia - Breaial und Pass. Hier in der Nähe ist ein Heldenfriedhof aus dem Ersten Weltkrieg. Noch am gleichen Tag erreichen wir Kronstadt. Es ist eine hübsche Stadt mit 90.000 Einwohnern; 70 Prozent davon sind Deutsche. Die Messstaffel, zu der ich gehöre, findet in der Holzhandlung Johann Hubbes Unterkunft. Wir werden gut aufgenommen und es sind sehr nette Leute (Langgasse 153). Zunächst hatten wir noch eine Temperatur von minus 20 Grad, jetzt folgt aber endlich Tauwetter. Der Verdienst der Bewohner ist hier schlecht, ein Soldat verdient zum Beispiel nur zwei Lei am Tag. Die Preise sind aber genau wie bei uns. Die Verpflegung ist leider nicht so gut.

Zum Abschied gibt es noch einen gemütlichen Abend bei der Familie Schneider. Der kleine zwölfjährige Haro ist ein Prachtkerl. Danach geht es weiter.

Am 11.02. um 12.00 Uhr kommen wir in Tartlau an. Dort findet ein großer Empfang durch die Bevölkerung statt; die Mädchen wieder in ihren Trachten. Auf dem Marktplatz erfolgt die offizielle Begrüßung durch Ansprache des Bürgermeisters, des Rektors und unseres Chefs. Die Stadt hat ungefähr 5.000 Einwohner; die Hälfte davon sind Deutsche. Ich finde eine gute Unterkunft bei der Familie Ch. Gues, Langgasse 467. Die Bewohner bringen den durchfahrenden Soldaten Lebensmittel (Milch, Eier und Brot) an den Zug. Wir Soldaten werden oft zu gemütlichen Abenden bei Rosi Batschi eingeladen. Sie ist eine Freundin von Hertha, der Tochter meiner Gastfamilie. Nähere Beziehung zu den Mädels gibt es aber wegen des vielen Dienstes nicht.

Es werden oft Krapfen (Berliner) gebacken, die uns prima schmecken. Überhaupt ist die Verpflegung ganz anders als bei uns. Und es wird auch noch eigenes Brot gebacken, vermischt mit Kartoffeln und Weizenmehl. Das hält lange frisch und wiegt ungefähr vier Kilogramm. Hier wird fast nur Brot gegessen und wenig Kartoffeln. Ein Maisbrei oder Palkus ist ein besonders gut schmeckendes rumänisches Gericht. Auch röstet man Kartoffeln mit Schale. Der scharfe Kaffee wird mit Sahne in kleinen Tassen gereicht und ist sehr süß. Es gibt wenig Pumpen, fast nur Ziehbrunnen. Die Gegend heißt: Das Burzenland. 13 Gemeinden gehören dazu. Im Ort gibt es eine alte Burg mit Kirche; 1213 erbaut. Die ersten Siedler waren die Goten, dann kamen andere aus Flandern und Luxemburg.

Unsere Anschrift: Ch. Gues (Tartlau) Prejmer 467 jud Brasow.

Am 12.02. bekomme ich von zuhause die erste Post; es sind acht Briefe auf einmal.

Am 16.02. findet ein großes Fest auf dem Marktplatz statt bei dem unsere Scheinwerfer die Kirchturmspitze beleuchten. Das ist ein wunderbarer Anblick.

Eine weitere gutschmeckende Kost ist das kaltgegessene Sauerkraut; Kappes genannt. Wir ahnen, dass dieser Aufenthalt nur von kurzer Dauer sein wird, deshalb verbringen wir die Abende, von der Einheit, aber auch privat organisiert, im kleinen gemütlichen Kreis.

Am 24.02. findet eine große Abschiedsfeier bei Rosi Batschi statt. Wenig später ergeht am 27.02. der Befehl: „Sofortige Abfahrt zur großen Übung“. Die Trennung fällt uns allen sehr schwer, denn wir fühlten uns wie zuhause und so manche Träne wird vergossen.

Am 28.02. um 02.00 Uhr ergeht der Befehl zur Abfahrt per Achse in die Ungewissheit. Fahrtstrecke: Kronstadt – Ploesti – Bukarest (16.00 Uhr). Noch einmal kann ich kurz die herrliche Stadt bewundern. An der Strecke stehen wieder begeisterte und jubelnde Menschen. Auch Erdbebenschäden sind immer wieder zu beobachten.

Die Tage sind wärmer geworden, aber nachts frieren wir sehr, denn wir müssen auf den Fahrzeugen übernachten. Die Marschkolonne wird immer größer. Gemeinsam mit der 9. Panz. Div. (*Panzerdivision*) vom Heer haben wir eine Abteilungsstärke.

01.03.: Ankunft in Ghimpate und eine kleine Rast.

02.03.: Abmarsch. Um 09.30 Uhr sind wir an dem Grenz- und Donauübergang auf einer Brücke, die von den Pionieren gebaut worden ist (Länge 1045 m). Wir sind nun in Bulgarien. Auch hier sehen wir wieder jubelnde Menschen, die uns zu essen und trinken geben und uns Blumen zuwerfen. Sie sind sichtlich froh und stehen mit Laternen an den Straßen.

Pyce Ruse ist die erste bulgarische Stadt. Dann geht es weiter nach Tarnovo – Ledenik – Nezambol und Balvan.

Am 03.03. um 09.30 Uhr sind wir in Kajanlik und machen mit der Abteilung Rast auf dem Kasernenhof. Während der zwei Reisetage hatten wir zwar ein herrliches Wetter, aber die Nächte waren einfach noch zu kalt. Das erste Mal gehen wir nun in der Nähe eines Flugplatzes in Stellung. Was hat das zu bedeuten? Wir bauen Zelte auf und die Bevölkerung ist wieder mit Verpflegung da. Es wird alles Mögliche mitgebracht, sogar Pflaumenmus und Nüsse. Wie ist so etwas möglich? Sie freuen sich, uns als Freunde zu haben. Bulgarien ist ja dem Pakt beigetreten. Die Frauen müssen aber hart arbeiten. Beim Pflügen ziehen sie den Pflug vor den Ochsen; angeblich nur zur Führung. Nach 14 Tagen setzt am 18.03. ein entsetzliches Schneetreiben ein. Der Schipka-Pass macht sich mit seinem rauen Klima bemerkbar. In unseren Zelten ist es bitter kalt und sie beschlagen sogar nachts von innen.

Einige Preise: 1 Ei = 2 Lewa, Bier = 10 L (gibt es aber nur wenig, 1 Ltr. Wein (sehr stark) = 10 L, Kuchen = 3 L, Kaffee = 4 L; das ist ein sehr starker türkischer Kaffee in kleinen Tassen und soll ein Nationalgetränk sein. Die Hälfte ist allerdings Satz. Ein weiteres „Nationalgetränk“ hat eine milchige

Farbe mit 2 Prozent Alkohol. Er ist aus Roggen gebraut und sehr sauer!

Am 22.03. ist morgens um 05.00 Uhr Stellungswechsel und Abmarsch Richtung Karlovo - Sopot.

19.00 Uhr: Ankunft in Novoselei und Unterbringung in der Schule. Vom Kdr. werden wir wegen der guten Marschdisziplin gelobt.

Am 23.03.: Abmarsch durch ein wild zerklüftetes Gelände. Die Erde ist rot und sehr staubig. An den Straßen reiten Einwohner auf Eseln. Es sollte noch ein langer Marsch werden! 200 Kilometer haben wir zurückgelegt und hatten dabei keine Ausfälle.

Wir erreichen Novihan. Die Straßen werden besser und das Gelände wird flacher. Die Gegend wirkt grüner und scheint moderner und fortschrittlicher zu sein. Es folgen Doroblijan – Panca und Pancarevo. Wir fahren durch ein tief eingeschnittenes Flussbett. Es besteht Felsrutschgefahr! An den Hängen sehen wir viele Kästen mit Bienenvölkern; auch Wein wird hier angebaut.

Weiter geht es über Kalkovo nach Samokov. Hier machen wir eine kurze Rast und es erfolgt ein großer Vorbeimarsch am Rgt.-Kdr.; sogar mit einer Militärkapelle. Dann geht es wieder weiter nach Dupnica.

17.00 Uhr: Ankunft und Rast auf einer Wiese. Nach zwei Stunden ist wieder Abmarsch.

Wir fragen uns immer wieder, wohin es gehen soll. Wir stehen kurz vor der griechischen Grenze, und das Land gehört nicht zu uns! Es ist von den Engländern besetzt. Auch Jugoslawien gehört nicht zum Pakt.

Wir erreichen Djumaja und gehen in der Nähe des Presner-Passes in Stellung.

27.03. , 05.00 Uhr: Stellungswechsel auf die andere Seite des Passes. Wir warten auf die Munitionswagen. Wo mögen sie bleiben? Wir haben alle das Gefühl, dass bald losgeschlagen wird! Aber gegen wen?

In Simitei gibt es heiße Schwefelbäder von 40 Grad. Wir dürfen sogar kurz baden! Es war einfach herrlich. Hier gibt es viele heiße Quellen.

Es wird wärmer und der erste Regen fällt. Die Pflaumenbäume blühen schon. Dieser gewaltige Temperaturunterschied macht uns zunächst zu schaffen, aber es ist wunderschön und wir fühlen uns wie im Schlaraffenland.

Am 29.03. geht es weiter nach Beliza und wir gehen dort in Stellung.

30.03.: Probealarm der Luftwaffe. Es werden Scheinangriffe auf griechische Stellungen durch Stukas geübt.

Jugoslawien tritt dem Pakt bei. Die Folge ist eine Revolution im Lande, weil ein Teil

der Bevölkerung dagegen ist. Was nun? Alles ist voller Spannung. Wir warten ab.

Irgendetwas stimmt mit dem Nachschub nicht. Die Verpflegung wird schlechter und wir essen oft nur trockenes Brot.

02.04., 23.00 Uhr: Abmarsch aus Beliza. Die gleiche Strecke zurück wie im Anmarsch: Presner-Pass - Simitei - Dschumaia.

03.04., 07.00 Uhr: Marschunterbrechung in Bobocevo auf einer Wiese. Große Truppenverschiebungen sind im Gange. Ist der Angriffsplan gegen Griechenland durch die Revolution in Jugoslawien durcheinandergeraten? Es scheint ein Aufmarsch gegen Jugoslawien zu werden. Unser neuer Chef

Oberleutnant Müller macht viel Palaver. Es ist wohl sein erster Einsatz.

Am 05.04. ist es soweit: Stellungswechsel. Der Kampf soll beginnen!

15.00 Uhr: Es geht weiter über Dupnica nach Kjüstendil. Dort ist Rast auf einem Acker. Wir gehen in Stellung.

Am 06.04.: Morgens um 06.00 Uhr beginnen die Kampfhandlungen. Wir rücken weiter vor. Unsere Kolonnen werden von DO 17 bombardiert. (Deutsche Flugzeuge, an Jugoslawien verkauft!) Wir haben Glück, die Bomben fallen fast alle neben die Straße. Bei Kjüstendil schießen wir sogar eine Maschine ab. Immer neue Angriffe folgen. Um 17.00 Uhr überschreiten wir die jugoslawische Grenze. Die Grenzbunker sind in Direktbeschuss unserer Flak sturmreif geschossen worden. Unser Kdr. Major Janzer hatte die Bunker vorher erkundet; diese waren als Zollhäuser getarnt. Nachrichten von zuhause erhalten wir nicht, die gesamte Heimatpost soll in Belgrad verbrannt sein.

Am 07.04., 01.00 Uhr: Stellung jenseits der Grenze bezogen. Gleich danach beginnt ein Bandenkrieg auf unsere Stellung. Sie wird umlagert – es sind Partisanen. Durch konzentriertes Feuer ziehen sie sich zurück.

Wir müssen schnell weiter, haben auf den Straßen wegen gesprengter Brücken und Straßensperren sowie Panzersperren große Probleme. Das Umgehen ist sehr schwierig. Die Dörfer sind schwer beschädigt. Die Partisanen leisten erbitterten Widerstand. Wir erfahren, dass wir so schnell wie möglich Griechenland erreichen sollen. Es fällt ein erquickender leichter Regen, der uns erfrischt. Für unsere schweren Fahrzeuge sind die schmalen unwegsamen Passstraßen und die tiefen Schluchten neben der Straße sehr gefährlich.

Das schnelle Weiterkommen wird immer schwieriger. Da es weiter regnet, rutscht so manches Fahrzeug ab.

Es ist der 08.04. Die Wege werden durch den anhaltenden Regen immer unpassierbarer. Zuerst haben wir ihn uns so gewünscht, jetzt aber verdammt. Auch der Aufenthalt in den nassen Zelten, wenn auch nachts nur kurzfristig, wird eine weitere Last. Durch laufende Angriffe der Partisanen konzentrieren wir uns auf Erdziele. Mehr Panzer werden angefordert zur Unterstützung der leichten Kräfte in der vorderen Front.

09.04.: Immer noch Regen und auch Hagel. Es ist sehr kühl und außerdem gibt es ein saumäßiges Essen. Aber wie sollen bei den Wegverhältnissen die Verpflegung und der Nachschub nach vorne kommen? Wir müssen hungern. Eine neue Stellung wird bezogen; zwei Kilometer westlich von Piva-Palanca.

10.04., 05.00 Uhr: Abmarsch. Es ist immer noch kalt und sehr stürmisch. An den Wegrändern tritt der Krieg mit seinen Schrecken in Erscheinung. Wir sehen viele tote Zugtiere sowie primitive Waffen und Geräte. Warum kämpfen diese Menschen mit einem solchen Material?

Wir müssen weiter über Kumanovound und Usküp (Skolpie). Wir fahren durch das einmalig schöne Wardatal. Eine weite Ebene; alles grünt. Kurzfristig vergisst man den schrecklichen Krieg. Wir haben keine Zeit, uns auf das wunderbare Tal, das seitlich von hohen Bergen abgeschirmt ist, zu konzentrieren. Ja, so ist der Krieg leider.

Weiter nach Veles - wieder Stellung beziehen. Aber schon nach einer halben Stunde geht es weiter.

Jetzt ist es klar: Es geht Richtung Griechenland!

Nachts wird durchgefahren (Gründonnerstag) und wir erreichen Prilep.

Am 11.04. sind wir in Monastir (Bitolj).

Einen Kilometer nördlich von Bitolj gehen wir in Stellung, um die Marschstraße abzusichern. Der bisherige Marschweg beträgt 300 km.

In der Nähe der griechischen Grenze haben wir es nun auch mit den Engländern zu tun, denn sie sind in Griechenland und haben es besetzt. Die Engländer versuchen, unseren Vormarsch durch einen Panzerangriff aufzuhalten. Aber wir sind auf Direktbeschuss vorbereitet. Das ist der große Vorteil unserer 8,8-cm-Flak. Die griechische Grenze ist zehn Kilometer entfernt. Das saumäßige Wetter hält weiter an. Für die schweren Fahrzeuge und Geschütze ist das bei den Wegverhältnissen nicht so einfach. Wir fahren uns immer wieder fest. Die Klamotten sind durchnässt. Ab und zu finden wir einen Strohschober in der Nähe, dann suchen wir Schutz darin. Nachts oder bei einer Rast versuchen wir zu schlafen, aber das wird nichts, weil es immer weiter geht. Am 12.04. überschreiten wir die griechische Grenze. Auf der Aufmarschstraße ist viel los. Oft müssen wir halten, dann steigen wir aus, um unsere Füße warm zu laufen. Aber das gelingt nicht, da es noch immer bitterkalt ist und unsere Klamotten durchnässt sind. In Jugoslawien haben wir Flakgeschütze aus dem 19. Jahrhundert gesehen. Der Teilkreis war auf der Erde befestigt. Ja, so veraltet sah auf fast allen bisherigen Gebieten die Ausrüstung aus.

12.00 Uhr: Gefechtsaufstellung zum Erdbeschuss. Ein Artilleriekampf aller Kaliber beginnt rund um unsere Stellung. In einem Hohlweg richten wir uns auf den Direktbeschuss ein. Es ist 17.00 Uhr und wir haben schon dreimal unsere

Stellung gewechselt. Jedes Mal müssen wir uns eingraben, um nicht erkannt und vernichtet zu werden. Tarnen und verschanzen sind für jede Stellung das Wichtigste. Manchmal bis spät in die Nacht hinein müssen wir das machen. Erst dann haben wir Ruhe.

Die frischen Spuren des Kampfes entlang der Straße sind noch zu sehen. Die Toten sind noch nicht beerdigt. SS-Einheiten waren hier im Einsatz. Als Vorausabteilung sind wir oft mit der SS im Einsatz. Der Kampf ist hart. Der Feind wehrt sich erbittert.

13.04.1941: Ostern in Griechenland.

05.00 Uhr: Stellungswechsel und entlang der Bahnlinie gemeinsam mit der SS dem Feinde nach! Wir sind wieder Vorausabteilung und gehen gemischt mit Panzern und Infanterie vor. Wir kommen schnell voran. Der Feind scheint in Auflösung zu sein. Der Tommy läuft davon. Der Grieche versucht, ihm den Rücken zu stärken und es macht sich vorübergehend eine Panzerüberlegenheit des Gegners bemerkbar. Ein hartes Nachtgefecht mit Leuchtspurmunition ist im Gange. Wäre es kein bitterer Krieg, würde man sagen: Ein herrlicher Anblick und ein eindrucksvolles Bild. Wir kommen trotz der guten Tarnung in einen Granathagel der feindlichen Artillerie. Wir müssen unsere Stellung räumen; denn es sind schon schwere Schäden an Waffen und Gerät entstanden. Gott sei Dank keine weiteren Verluste; doch unsere Einsatzbereitschaft hat stark gelitten.

14.04. Ostermontag.

Weiter ran an den Feind! Wir bleiben ihm auf den Fersen. Gott sei Dank beruhigt sich das Wetter. Die Sonne scheint und es wird etwas wärmer. Plötzlich erscheinen sieben britische Bristol-Bomber und werfen die volle Ladung auf den

Transport ab. Wir haben wieder Glück! Fast alle Bomben fallen daneben. Danach gehen wir sofort in Stellung. Wie zu erwarten, kommt nun kein Flugzeug mehr. Immer das Gleiche! Das Pech verfolgt uns von der 8,8-cm auf Schritt und Tritt; kein Abschuss. Unsere 2-cm Geschütze haben dagegen eine Maschine abgeschossen. Wir können einfach unsere Geschütze nicht so schnell in Stellung bringen wie die 2-cm.
10:00 Uhr: Stellungswechsel und weiter dem Feind nach.
15.04., 02.00 Uhr: Wir gehen wieder in Stellung und zwar nur drei Kilometer vom Feind entfernt - und das als Flakartillerie. Die Folge ist starkes Ari-Feuer (*Artillerie*) auf unsere Stellung. Wir können uns nicht wehren! In der Nähe von Serbia beschießen wir eine Passstraße im direkten und indirekten Beschuss.

16.04.: Stellungswechsel! Und das wieder bei einem Sauwetter. Der Pass ist nicht zu nehmen und wir umgehen ihn. Auch ein Brückenschlag von den Pionieren ist wegen des starken Ari- Feuers nicht möglich. Wir marschieren mit der 5. Panzerdivision Richtung Kozani. Unsere Stukas versuchen, die in der Nähe liegenden Feindstellungen zu zerbomben. Man kann schon sagen, dass das ein ergreifendes Bild ist. Aber so ist der Pass nicht zu nehmen. Der Fluss Instruitza bildet ein natürliches Hindernis.

17.04.: Wir wollen den Pass von hinten angreifen. Da uns die Nachricht erreicht, dass die griechische Regierung kapituliert hat, können wir nun den Fluss überqueren. Anscheinend haben sich die Engländer wegen der Kapitulation fluchtartig zurückgezogen. Teile der Truppe sollen sich schon einschiffen. Die Griechen wollen aber den Deutschen die Minensperren nicht verraten. Das wäre bitter.

Da die Griechen anscheinend kriegsmüde sind, wollen sie mit uns Frieden machen und die Engländer sollen so schnell wie möglich das Land verlassen.

Nachdem wir den ganzen Tag marschiert sind, gehen wir bei Grevena in Stellung.

Am 18.04. geht es weiter voran. Wir erleben immer wieder das hohe Lied auf unsere Pioniere, denn alle Brücken waren zerstört. Sie schaffen es aber in kurzer Zeit, Neukonstruktion zu erstellen.

19.04.: Über unwegsames Gelände geht es Richtung Süden. Wir haben saumäßige, unbeschreiblich schlechte Wegverhältnisse durch die vielen Fahrzeug- und Geschützruinen der Griechen. Sie hatten hier noch versucht, den Rückmarsch der Engländer zu decken. Wir werden außerdem wieder von Bombern angegriffen und können uns nicht wehren. Zum Glück zielen sie aber wieder schlecht. Gott sei Dank.

Da wir Richtung Süden kommen, wird das Wetter immer besser. Es ist sogar sehr heiß geworden. Durch das schnelle Vorrücken konnte der Tross allerdings nicht folgen und wir haben dadurch fast keine Verpflegung. Unseren Durst stillen wir aus den Gebirgsbächen. Es ist ein herrliches Wasser und in großen Mengen vorhanden. Brot fehlt allerdings. Auch unser requiriertes Cornedbeef geht zur Neige.

Es ist hier eine herrliche Gegend. Urwaldartige Wälder umrahmen die Straßen. Es gibt aber nur spärliches Grün. Herumstrolchende Schweine sind auch zu sehen. Die Rückzugsstraßen der Griechen sehen wüst aus. Sie sind von unseren Stukas zerstört worden. Unsere Bomber haben also besser getroffen.

Zehn Kilometer südlich von Grvena machen wir Rast in einem parkartigen Wald. Hier grünt schon alles und fast nur Laubwälder sind zu sehen. Es ist eine herrliche Gegend. Wir nehmen nach langer Zeit erstmals ein süßes Bad im Gebirgsfluss. Es ist eine Wohltat!

20.04.: Es folgt nun der große Marsch Richtung Süden. Um 05:00 Uhr ist Abmarsch. Über Kalambaka - Tikkala und Karaitsa. Wir durchfahren das Paradies von Griechenland. Alles grünt und blüht und die Natur atmet frei. Vorläufig ist vom Krieg keine Spur zu sehen. Es ist ein welliges und hügeliges Gelände. An den Berghängen gibt es viele große Weingärten. Auch Feigenbäume sehen wir und viel Laubwald. Es muss ein guter Boden sein. Vielleicht war hier schon ein großer Kurbetrieb. Auch die ersten guten und großen Straßen formen die herrliche Landschaft.

Dann wird die Gegend etwas flacher und nur noch leicht hügelig. Dattelpalmen und Olivenhaine umrahmen die Straße. Alles sieht nach einem sehr fruchtbaren Land aus. Auch Eichen- und Ahornbäume gibt es hier. Urwaldartige Parks sind vorhanden; mit der üblichen Treibhausluft. Dies alles ist wohl ideal für viele Urlauber.

Um 19.00 Uhr machen wir eine Rast für die Nacht.

Der große Wettlauf auf Lamia beginnt zwischen der 5., 2. und 9. Panzerdivision. Der Sieger darf in Athen einmarschieren. Unsere Division hat schlechte Wegverhältnisse und dazu im Augenblick ein saumäßiges Wetter. Es ist kein schnelles Durchkommen möglich.

Wir fahren was das Zeug hält, wie man so schön sagt. Wir lassen uns überraschen. Nun können wir uns etwas gemütlicher die Gegend ansehen und diese bewundern. Es gibt viele Wiesen; daher auch eine große Schaf- und Rinderzucht. Die Herden grasen auf den Wiesen und an den Berghängen. Die Hirten rufen und führen sie und blasen auf selbstgefertigten Blockflöten. Es ist ein dumpfer wohlklingender Ton.

22.04.: Es geht weiter Richtung Lamia. Die paradiesische Landschaft ist noch vorhanden, aber eine fast unerträgliche Hitze umgibt uns nun. Wir werden von den Griechen umjubelt; die Kampfeslust ist wohl vorüber. Ich glaube, sie merken, dass sie von den Engländern betrogen worden sind. Diese haben fluchtartig das Land verlassen und die Griechen mussten den Kopf hinhalten.

Wir haben viel Ärger mit den morastigen Wegen und der Kampf dagegen beginnt. Wir müssen uns zum Teil eigene Wege bauen oder diese bestmöglich befahrbar machen. Wir machen Rast vor dem Pass vor Lamia.

22.04.: Um 07.00 Uhr starten wir nach Lamia. Die Anmarschstraße wird besser. Die Spuren des letzten verzweifelten Widerstandes sind noch sehr frisch. Es folgt ein erquickender Regen. Aber was passiert nun? Wir haben vor dem Pass eine Panne und fahren rechts heran, schlagen Zelte auf und lassen uns häuslich nieder. Aber was soll werden? Wir sind auf uns selbst angewiesen. Kein Essen und auch kein Trinken. Wir finden eine Felsquelle und stillen unseren Durst. Nebenbei erfahren wir, dass die Griechen nun endgültig kapituliert haben und dass die Engländer noch an einigen Stellen erbittert Widerstand leisten.

24.04.: Wir liegen immer noch an der Straße. Die Verpflegung geht nun endgültig aus. Wir haben aber noch unsere Notration: Knäckebrot und dazu fließendes Wasser. Endlich nimmt uns ein Fahrzeug mit. Unser Gerät hängen wir an eine Pak-Kanone und es geht auf nach Lamia. Um 18.00 Uhr erreichen wir die Stadt. Es ist eine alte an den Berghängen gelegene schöne Stadt. Aber durch starkes Ari-Feuer fast völlig zerstört.

25.04.: Wir gehen bei Lamia in Stellung, da die Engländer sich noch tüchtig wehren, um das Einschiffen abzusichern. Man hat unsere Stellung erkannt und deshalb erfolgt ein starker Ari-Überfall auf unsere Batterie. Wir müssen das Feld räumen und sind wegen der Ausfälle vorläufig nicht mehr einsatzbereit. Können wir nun den Marsch auf Athen nicht mehr mitmachen? Wir sind enttäuscht, aber es ist nicht zu ändern. Die Hoffnung auf eine Lösung geben wir aber nicht auf.

26.04.: Der Angriff auf den Peloponnes beginnt. Über 100 JU 52 mit Fallschirmjägern fliegen den Angriff. Um 18.00 Uhr können wir trotz allem in Richtung Athen aufbrechen.

27.04. : Um 06.00 Uhr geht es weiter am Golf entlang und die erste Seeluft umweht uns. Wir erreichen Atalante. Das südliche Klima macht sich immer mehr bemerkbar. An den Berghängen liegen die Städte und Dörfer. Ein wunderbares Bild; aber es ist Krieg!

In Levadia erfahren wir, dass die Griechen nun endgültig kapituliert haben. Anscheinend kämpfen trotz der vereinbarten Kapitulation immer noch Truppenteile. Nachts machen wir eine kurze Rast.

28.04.: Um 08.00 Uhr ist Abmarsch und kurz vor Theben gehen wir in Stellung.

29.04.: Stellungswechsel und wir erreichen Theben um 16.00 Uhr. Es geht weiter Richtung Athen. Fast auf allen Kirchen befinden sich Storchennester. Die Kampfhandlungen auf dem Peloponnes sind immer noch in vollem Gange. Es soll sich dabei aber nur um „Säuberungsaktionen“ handeln. 30.04.: Um 05.00 Uhr ist Abmarsch. Nach den Städten Elevsis und Petove ist es endlich soweit und wir können in Athen einmarschieren.

Vor dem Einmarsch genießen wir aber noch von einer Anhöhe aus den einmaligen und wunderbaren Anblick auf die vor uns liegende Stadt im Tal. Die Akropolis überragt Athen. Die Sicht ist einmalig und der Eindruck auf uns ist nicht zu beschreiben. An den Straßen befinden sich Kakteen und Apfelsinenbäume. Die im Tal und an den Berghängen gelegene Stadt befindet sich auch gleichzeitig am Meer. In der Ferne gibt es die vielen geschichtsträchtigen Inseln.

Die erste Rast machen wir in einer Flakkaserne in Menidi. Obwohl es eine neue Kaserne ist, sind saumäßige Aborte vorhanden; sie ähneln denen in Frankreich. Im Umland ist ein primitives Hausleben vorhanden. Nur ein Zimmer für die ganze Familie. Es gibt hier nur Reiche und Arme, der Mittelstand fehlt. Wie wir erfahren, wird hier schon früh geheiratet. Die Mädchen kommen mit zwölf Jahren aus der Schule und heiraten dann oft schon zwei Jahre später. Meistens folgen dann viele Kinder. Ob Jung oder Alt, fast alle tragen auf Taille gearbeitete sehr kurze Kleider. Das sieht wirklich sehr schick aus. Für Brot und eine kleine Gabe ist alles zu haben... 01.05.: Ein Teil der Griechen ist mit den Engländern geflüchtet. Wir beziehen in 500 m Entfernung von der Stadt Stellung auf einer Anhöhe. Es ist ein unvergesslicher Anblick; denn Athen mit der Akropolis liegt uns zu Füßen. Auch auf die herrliche Stadt Piräus können wir blicken. Und im Meer sichten wir die Inseln Salamis und Ägina.

Wir sind in der Hauptsache gegen Luftziele in Stellung gegangen.

Am 04.05. findet in Athen eine große Parade statt.

Es ist der 10.05.1941.

Vor einem Jahr begann der Feldzug im Westen. Was ist in der Zwischenzeit alles passiert und wo sind wir überall gewesen? Da wir ein bisschen Freizeit haben, nutzen wir diese, um Athen, die Akropolis und andere geschichtliche Bauten zu besichtigen. Es ist hier sehr heiß.

Viele von uns kommen mit diesen Bedingungen nicht klar und erkranken. Es ist tagsüber so heiß, dass wir auf den Schutzblechen unserer Fahrzeuge Eier braten können. Nachts haben wir jedoch fast null Grad; daher tragen wir auch stets starke, wollene Leibbinden und erhalten laufend Tropfen. Der Magen macht aber nicht mit. Wir haben fast alle Fieber und schlucken jeden Abend Chinin. 70 Grad messen wir auf den Felsen unserer Stellung; es ist furchtbar! Ja, das sind leider die schlimmen Nachteile dieser doch so schönen Gegend. Auch Opium nehmen wir laufend ein. Eine eigenartige Verpflegung haben die Griechen. Kartoffeln gibt es überhaupt nicht und die fehlen uns.

Endlich erhalten wir Post und darunter auch zwei Päckchen für mich.

Im Hafen von Piräus liegen viele versenkte Schiffe. Die Stadt ist sehr stark mitgenommen. In der Nähe des Hafens ist fast alles zerstört. Komisch ist aber, dass die Verpflegung immer schlechter wird. Alle Zeichen deuten auf eine große Vorbereitung zu einem neuen Angriff hin.

14.05.: Der Feind hat immer noch nicht richtig aufgegeben und es folgen starke Luftangriffe auf die in der Nähe liegenden Flugplätze. Wir sind laufend im Einsatz und schießen was die Rohre herhalten. Aus diesem Grund erfolgt ein sofortiger Stellungswechsel in die Nähe des Flugplatzes 40 km südöstlich von Athen.

15.05.: Wieder starke feindliche Bomberangriffe in der Nähe. Auch nachts müssen wir laufend schießen. Fast die ganze Nacht erfolgen die Angriffe; daher schlafen und ruhen wir neben dem Gerät.

18.05.: Der Hafen ist in Gefahr! Daher erfolgt der sofortige Stellungswechsel in die Nähe des Hafens von Piräus inmitten einer Siedlung dicht am Ägäischen Meer auf einer Steinwüste. Wir hatten wieder Glück beim Wechsel unserer Stellung; denn in derselben Nacht wurde die alte verlassene Stellung restlos zerstört. So ist es nun mal im Krieg. Wir atmen erleichtert auf. Die starken nächtlichen Angriffe dauern unverändert an. Wir finden keine Ruhe.

19.05.: Das verführerische blaue Wasser, wenn auch verschmutzt, veranlasst uns immer wieder, wenn es die Zeit erlaubt, ein Bad zu nehmen. Das sind trotz des Krieges herrliche Momente! Es ist auch unvergesslich, wenn wir von den Felsen unserer Stellung hinab in die wunderbare blaue See schauen können.

Die Sonne brennt immer heißer. Da sich unsere Stellung in der Nähe einer Siedlung befindet, haben wir laufend Besuch von der Bevölkerung. Die Menschen bringen uns alles Mögliche. Aber Trinkbares dürfen wir nicht annehmen. Das ist streng verboten, da das Wasser nichts taugt und befürchtet wird, dass es eventuell vergiftet sein könnte. Limonade kostet 5 Drachmen. Ein Drachmen = 3 1/3 Pfennig. Es gibt gute und billige Rauchwaren. Wir essen viele Zitronen, denn wir können uns vor dem Durst nicht helfen. An Alkohol gibt es gute Liköre, aber sie sind für uns zu süß. Der Wein dagegen ist sehr gut; auch der Kognak. Alles ist sehr preisgünstig und man bietet uns das in der Stellung an. Nachts kommen sogar die süßen Mädels zu uns. Wir müssen auf der Hut sein; denn schon für ein Stückchen Brot kann man alles haben. Aber ein Techtelmechtel ist verboten und beim Ertappen würde eine strenge Strafe folgen.

Wenn man sich nur fünf Minuten in der starken Sonne aufhält, kann man schon umfallen. Wir bauen uns Schutzdächer und zusätzliche Zelte. In unseren altgewohnten Zelten ist ein Aushalten unmöglich.

Wahrscheinlich sind wir durch die große Hitze von Läusen und Wanzen befallen. Es ist schrecklich. Als Gegenmittel verwenden wir stets ein weißes Pulver.

Endlich bekommen wir die längst versprochenen Tropenanzüge und dazu Helme. Da die Engländer bei vielen Griechen beliebt waren, denken diese jetzt, wir seien Engländer, da diese auch eine so ähnliche Tropenuniform hatten. Sie jubeln uns zu und reden uns mit Tommy an. Wir müssen uns auch erst daran gewöhnen; denn wir sehen damit schon irgendwie komisch aus.

Morgens ganz früh, wenn viele von uns noch schlafen, sind schon die Jungen und Mädchen da, die unsere Stiefel putzen wollen. Sie rufen: „Extra prima putz Lack-Lack." Auch zum Haareschneiden kommen sie. Bald hat fast jeder seinen eigenen Friseur. In dieser Hinsicht ist es einfach wunderbar, wäre es bloß nicht im Krieg.

Die Einschiffung unserer Truppen beginnt. Irgendetwas muss in der Luft liegen.

22.05.: Die Insel Kreta soll eingenommen werden!

Über 100 JU 52 und viele andere Flugzeuge starten bei uns den ganzen Tag. Die verspätete Landung der Italiener scheint alles zu verpfuschen. Die Flotte hat versagt. Große Verluste sind die Folge. Unsere Fallschirmjäger kommen nicht weiter, da der Nachschub nicht die erforderliche Munition herangeschafft hat. Gott sei Dank scheint der Gegner das nicht zu merken. Der Kommandeur der Einsatztruppen ist leider abgestürzt.

Dann bekommen wir die Meldung, dass alles wieder gut läuft.

26.05.: Stellungswechsel vorbereiten.

Die Freude ist groß, denn wir sollen abgelöst werden und es soll in die Heimat zurückgehen.

27.05. : Plötzlich ist die Heimat wieder infrage gestellt. Es wäre auch zu schön gewesen. Aber wohin soll es denn gehen? Alle Länder sind besiegt und fest in unserer Hand. Die Kreta-Offensive verläuft endlich zu unseren Gunsten.

Uns erreicht die traurige Meldung, dass die „Bismarck“ durch die „Hood“ versenkt worden ist.

Seit fünf Tagen haben wir nachts Ruhe.

30.05.: Den ganzen Tag über gibt es gewaltige Explosionen im Hafen. Munitions-Schiffe fliegen in die Luft. Die Druckwellen machen sich auch bei uns noch sehr stark bemerkbar.

31.05.: Immer noch Brände! Die Ölbrände werden aber im Keim erstickt. Es sind alles Sabotageakte.

01.06., 16.00 Uhr: Stellungswechsel und Aufmarsch an der Hauptstraße in Richtung Norden. Soll es wirklich in die Heimat gehen?

02.06., 06.00 Uhr: Abmarsch in Abt.-Verband. Es geht auf die alte Aufmarschstrecke: Piräus – Aleusis – Theben – Levadia – Lamia. Dort ist um 01.00 Uhr Ankunft und wir machen Rast vor dem Thermopylen-Pass.

03.06., 06.00 Uhr: Abmarsch über Thomokos und Ptarsala nach Larissa. Diese Stadt ist durch Beschuss stark mitgenommen, aber auch zum Teil durch frühere Erdbeben. Wir machen kurz Rast. In der Stadt befand sich das englische Hauptquartier. Weiter geht es in Richtung Tyrnavos und Elason; dann durch den Pass und Servia. Hier machen wir in der Nähe unserer alten Stellung Rast. Wir haben Gelegenheit, uns die Stadt näher anzusehen. Es ist ein Völkergemisch; aber eine herrliche Stadt.

04.06., 17.00 Uhr: Abmarsch der Kettenfahrzeuge in Richtung Saloniki.

05.06.: Für uns ist um 03.00 Uhr Abmarsch. Eine weite Marschstrecke von ca. 400 km liegt vor uns. Es soll nach Skopje gehen. Folgende Strecke legen wir im großen Verband zurück: Kozani - Ptolemais - Meliti (Grenze Jugoslawiens) - Krousovo - Veles - Skopje. Es kann durchaus sein, dass ich während meiner Fahrten bei der Eile einige Ortsbezeichnungen nicht richtig notiert habe.

Um 19.00 Uhr kommen wir dort an und machen Rast auf einem Friedhof außerhalb der Stadt. Wir haben Ausgang und stellen immer wieder ein unbeschreibliches Völkergemisch fest. Es herrscht Hochbetrieb in der Stadt. Die Stimmung ist vergleichbar mit St. Pauli. Erstmals nach langer Zeit kann man sich so richtig satt essen. Vom Krieg keine Spur. Ich lasse mich mit einer Pferdekutsche zur vier Kilometer entfernten Raststätte fahren. War dieser schöne Aufenthalt die Ruhe vor dem Sturm? Die Hoffnung auf eine Heimreise bleibt in uns aber wach.

Am 07.06. werden wir am frühen Morgen verladen. Es ist ein saumäßiges Verladen. Aber, Gott sei Dank, jetzt ist endlich mit der Fahrt per Achse Schluss. Aber was nun? Um

17.00 Uhr ist es endlich soweit und es geht Richtung Belgrad über Kacanik - Liplian - Kosovo - Polje (Pristina).

08.06.: Weiter geht es: Korjevo - Kragujeval - Batogina - Lapovo - Markoval - Velicaplana - Osipaunica - Malakosna - Kolari - Belipotop - Topcider.

Um 19.00 Uhr erreichen wir Belgrad. Die große eiserne Brücke wurde von uns vom 23.04. bis 29.05.1941 erbaut.

Hier muss es stark geregnet haben; denn es gibt überall große Überschwemmungen.

In Zemun werden wir um 20.00 Uhr plötzlich entladen. Was soll das nun wieder? In Jugoslawien und dann entladen? Es folgt eine 20 km lange Fahrt. Nachts schlafen wir in unseren Fahrzeugen. Der erste starke Regen setzt ein. Es wird kühler; was für uns eine enorme Umstellung erfordert. 09.06.: Es herrscht ein ungewöhnliches Treiben in der Bevölkerung. Deutsche sind augenscheinlich auch dabei. Wildschweinähnliches Vieh wird durch den Ort getrieben und dazu auf Instrumenten geblasen. Aber es ist ein sauberer und anständiger Ort. Wir beobachten alles, was in so kurzer Zeit nur möglich ist.

Einen Tag bleiben wir hier und bekommen Unterkunft bei einer einheimischen Familie (Stara Pazova). Die Familie ist deutschfreundlich und bewirtet uns sehr gut. Der nette Junge Franz Schmidt wird an diesem Tag mein ständiger Begleiter und Dolmetscher.

Leider geht es am 10.06. schon wieder weiter. Das ist schade; denn wir hatten hier nette Stunden.

Um 16.00 Uhr erfolgt die Verladung. Franz und sein Freund Rudi bringen mich zur Bahn und haben mir Kuchen mitgegeben. Der Abschied fällt schwer und sie weinen bitterlich. - Der starke Regen will nicht aufhören.

11.06., 04.00 Uhr: Abmarsch entlang der Save, ein Nebenfluss der Donau, Richtung Nordwest. Über Sid Vinkoviki - Slavonski - Brod - Nord Aiska und Sissak erreichen wir um 19.00 Uhr Zagreb (Agram) im Norden von Jugoslawien. Es geht gleich weiter. Die Bahn macht einen Bogen, es geht nordostwärts nach Ungarn.

Was sollen wir denn dort? Die Hoffnung auf eine Heimfahrt schwindet immer mehr. Es folgen die Ortschaften Dugoselo - Krizevci - Bjelovar.

12.06., 07.00 Uhr: Fahrt über Berzence – Gola und Cyekenyes. Das Gelände ist flach. Große Weideflächen gibt es mit einer Menge weidender Rinder und Pferde. Es folgt die erste größere Stadt – Nagikanizsa. Dann folgt um 21.00 Uhr Szombathely als Grenzstation.

13.06.: Györ – Moson – Rajka – Oroszvar; an der Grenze entlang Richtung Pressburg (Bratislawa). Es geht wohl doch in Richtung Heimat. Um 10.00 Uhr erreichen wir Engerau an unserer Reichsgrenze. Auf der anderen Seite liegt die slowakische Stadt Pressburg. Wir sind am sogenannten Dreiländereck. Der Fluss bildet die Grenze. Dann sind wir wieder im Reich (Österreich). Aber über St. Mesto - Otrokovitz - Aullein - Prerau und Oderberg geht es nicht wie erhofft in Richtung Berlin, sondern nach Krakau, wo wir am 14.06. um 09.00 Uhr ankommen; eine wunderschöne Stadt. Aber wir sind tief erschüttert, weil wir in Polen gelandet sind. Und es geht weiter Richtung Osten. Russland wird unser Ziel sein.

Es folgen die Städte Bochnia und Tarnow. Da es wieder regnet und sehr kühl ist, macht uns diese gewaltige Witterungsumstellung sehr zu schaffen.

Es geht tatsächlich weiter in Richtung Russland!

An einen wahnsinnigen Krieg gegen Russland denke ich aber nicht.

Es folgen die Städte Debica und Reschow. Hier erfolgt die Ausladung und es geht per Achse weiter. Aber wohin? Nach 40 km Fahrt kommen wir um 17.00 Uhr in Przeworsk an. Die Juden sind hier durch Armbinden gekennzeichnet. Wir machen Rast vor dem Ort auf einer Wiese. Da viele Gebäude leer stehen, schlafen wir nachts im Ort. Auf einem Kornfeld gehen wir in Stellung. Weil das Getreide prächtig steht, nehme ich an, dass hier ein guter Boden ist. Zum Glück bessert sich das Wetter. Aber die Lage wird immer spannender. Wir denken aber immer noch nicht an einen Krieg mit Russland.

Das Unmögliche wird leider bald zur Tatsache. Es ist nicht zu fassen! Soll uns das Gleiche wie Napoleon passieren?

Am 22.06.1941 morgens um 03.15 Uhr beginnt der Angriff auf Russland.

Wir sind abwehrbereit. Es gibt vereinzelt gegnerische Flugzeuge, aber sonst sehen und hören wir in dieser Gegend nichts und schießen auch nicht.

Wegen des Krieges mit Russland soll der Ersatz für die ausfallenden Einheiten gewährleistet sein. Wir gehören zur Ersatzabteilung Breslau. Dort sollen Soldaten ausgebildet werden. Vier Ausbilder soll unsere Einheit stellen. Bin auch ich dabei? Die entsprechenden Lehrgänge und Kurse, die ja für einen Ausbilder Voraussetzung wären, hatte ich schon gemacht.

Ich bin dabei!

Ich weiß zwar nicht, was mir bevorsteht, aber das bedeutet für mich vor allem: weg vom Russlandfeldzug. Die Unteroffiziere Ohde, Tröster und Voigt sind die anderen glücklichen Menschen und ich als Obergefreiter. Meine Einheit machte Stellungswechsel in die Ungewissheit Richtung Osten und wir fahren am 24.06. Richtung Breslau. (Nachtrag: Später erfahre ich durch verwundete Kameraden, dass von meiner Einheit nicht viele überlebt haben. Ja, so ist es im Krieg. Ich mag gar nicht daran denken, was geschehen wäre, wenn ich die vielen Lehrgänge mit den guten Ergebnissen nicht gemacht hätte.)

Unser Weg führt uns auch nach Krakau; eine hübsche Stadt mit wunderbar eingerichteten Bordellen, die von den Soldaten ausgiebig genutzt werden. Die einzige Abwechslung, wenn es die wenige Freizeit erlaubt, die es in diesem bitteren Krieg gibt.

Ende Juni kommen wir in Breslau an. Die Kasernen liegen im Vorort, Breslau-Hartlieb. Wir von der Ostfront kommen zur 2. Batt. FEA 37. Da ich die entsprechenden Voraussetzungen habe, komme ich zur Messstaffel. Offizielle Lehrgänge hatte ich dafür allerdings noch nicht gemacht und werde daher als Hilfsausbilder beim Kdo. Hi 35 beim Gefreiten Groß eingesetzt. Die laufend ankommenden Rekruten müssen innerhalb von acht Wochen ausgebildet sein, da die Ausfälle im Osten sehr groß sind.

Aber auch für den Westen sind Einheiten vorgesehen. Bei den nächsten Rekruten werde ich von Wm. (Wachtmeister) Trischler als Geschützführer eingesetzt. Für mich ein vollkommen neues Gebiet. Nach anfänglichen Rückschlägen schaffe ich auch dieses und sogar mit einem guten Ergebnis. Mein Zugführer Oberwachtmeister Kindermann ist ein prima Kerl.

Bei der dann wieder folgenden Ausbildung geht es zurück zu einer Messstaffel. Und zwar zur 3. Besetzung des Kdo. 36 (*Kommando*) mit Zugführer Wm. Ohde. Immer wieder wechseln unsere Aufgabengebiete. Es ist schon ein Unterschied etwas zu kennen oder andere in der Sache auszubilden.

Die 4. Bedienung führe ich dann schon selber und nicht mehr als Hilfsausbilder. Die neuen Rekruten bilde ich am gleichen Gerät aus. Alle Besichtigungen fallen für mich sehr gut aus.

Ja, so vergeht die Zeit und wir kommen gar nicht zur Besinnung. Manchmal, wenn wir vier von der Ostfront uns treffen, fragen wir uns, was wohl unsere Kameraden machen. Im Osten geht es schnell voran; der Russe ist überrascht worden. Enorme Verluste an Menschen und Material muss er hinnehmen.

Am 05.08. habe ich zufällig vier Sondermeldungen gehört und notiert:

Es hat 895.000 Gefangene gegeben.

Zerstört wurden: 13.145 Panzer, 10.388 Geschütze und 9.082 Flugzeuge

Diese enormen Verluste auf russischer Seite sind kaum zu fassen.

Das Jahr geht zu Ende. An Urlaub ist nicht zu denken. Wir sind nur froh, in der Heimat zu sein. Bisher ging es von Land zu Land, vom Norden zum Süden, vom Westen nach Osten; ohne Rast und Ruh.

Zu Beginn des Jahres 1942 kommen nicht mehr so viele Rekruten. Deshalb werden einige Ausbilder herausgezogen, um die vorschriftsmäßigen Lehrgänge zu absolvieren. Ich muss den U-Lehrgang noch machen, um Unteroffizier werden zu können.

Vom 08.01. bis 17.02.1942 nehme ich an einem solchen Lehrgang in Breslau teil. Das ist zwar grundsätzlich eine gute Sache, aber leider wird es für mich ein schrecklicher Lehrgang, weil ich mit meinem Ausbilder Uffz. Jockisch Pech habe. Er ist ziemlich Rücksichtslos. Es ist Winter und es liegt hoher Schnee. Da ich meistens der Größe nach erster Mann in der Gruppe bin, muss ich oft nach dem Kommando „Gruppe vor" voran durch hohe Schneeberge kriechen. Das ist dann nicht ganz ungefährlich, aber darüber habe ich gar nicht nachgedacht. Wir werden zwar hart herangenommen, sind aber eine gute Gruppe, die zusammenhält. Dabei lernen wir aber auch, wie man Menschen nicht behandeln sollte.

Die Besichtigung am Ende des Lehrganges ist für uns gut ausgefallen.

Endlich bekomme ich Urlaub! Es ist eine lange Strecke. Aber was macht das schon aus, wenn man nach so langer Zeit einmal zuhause sein kann. Ich setzte mich in den Zug und bin sofort eingeschlafen. Nach Zuhause konnte ich noch rechtzeitig schreiben, dass ich kommen würde. Unser Eddelstorfer Milchwagen fährt täglich Milch zur Molkerei nach Bevensen; und der hatte von zuhause ein Fahrrad mitgenommen und bei der Familie Hinrichs, die Eltern von dem Eddelstorfer Willi Hinrichs, in der Nähe meiner alten Firma Paul Reimer abgestellt. So kann ich also per Rad nach Hause fahren. Das war eine gute Idee. Auf der späteren Rückreise hat der Fahrer dieses Rad dann wieder abgeholt.

Ich freue mich, endlich wieder zuhause sein zu können. Wir haben den Monat April. Von der Schreibstube in Breslau hatte ich noch erfahren, dass ich während meines Urlaubs zum Unteroffizier befördert werden soll. Die Schreibstube hatte eine wunderbare Idee. Ich musste natürlich noch als Obergefreiter in den Urlaub fahren, sollte mir aber schon die Schulterklappen für den Unteroffizier besorgen. Durch ein Telegramm sollte mir dann die Beförderung mitgeteilt werden. Und so ist es dann auch gekommen.

Die Unteroffizier-Ausgehjacke hatte ich natürlich im Gepäck.

Wie so oft sitzen wir an einem Abend in gemütlicher Runde in unserer Gaststätte Schwenke, als ich herausgeru- fen werde. Mir wird im Flur das abgesprochene Telegramm meiner Beförderung ausgehändigt und ich schlüpfe schnell in meine mitgebrachte Ausgehjacke. Als Obergefreiter ging ich hinaus und als Unteroffizier bin ich unter großem Jubel wieder hereingekommen. Dass wir an diesem Abend noch ausgiebig gefeiert haben, kann man sich gut vorstellen!

Mit Wirkung vom 01.04.1942 bin ich zum Unteroffizier befördert worden.

Aber die schönen Stunden und Tage eines Urlaubs gehen leider viel zu schnell vorüber und die lange Fahrt nach Breslau liegt vor mir. Nach einem bitteren Abschied geht es wieder in die Ungewissheit des Krieges.

In Breslau angekommen, erfahre ich, dass ich den U.-Lehrgang mit guten Ergebnissen abgeschlossen hatte. Da ich bereits viele andere Vorlehrgänge mit guten Ergebnissen hinter mir habe, will man mich nun für die Offizierslaufbahn ausbilden. Dafür ist zunächst ein K.O.A (*Kriegs-Offizier-Anwärter*)-Lehrgang erforderlich.

Vom 11.05 bis 04.07.1942 nehme ich zusammen mit meinem Kameraden Walter Steinhoff in Chartres (Frankreich) an einem solchen Lehrgang teil. Die Unterkunft ist gut. Es ist eine Offizierskaserne. Wir liegen mit vier Personen auf einem Zimmer. Leutnant Schmitts ist unser Aufsichtsoffizier. Er mag wohl ein guter Psychologe sein, aber die Menschen objektiv zu beurteilen, das ist nicht seine Stärke. Ich hatte zunächst viel Ärger mit dem Herrn, aber so leicht kann mich nichts erschüttern. Leider habe ich auch noch Pech mit dem Ausbilder. Dieser Korporal hat einfach keinen guten Charakter und will wohl schnellstens Wachtmeister werden. Die Folgen sind Strafen über Strafen für absolute Kleinigkeiten. Seine Vorgesetzten erkennen das und er wird deshalb auch bald versetzt.

Durch viel Schliff und Druck kann man leicht dickfellig werden. Und so habe ich die schwierige Zeit auch mit Geduld ertragen. Drill muss zwar sein, aber nicht nur!

Nach Beendigung des Lehrganges kommen W. Steinhoff und ich wieder mit vollem Kopf und erleichtertem Herzen in Breslau an. Voller Freude wird mir wieder ein Urlaub gewährt.

Vom 09.07. bis 24.07. kann ich eine schöne Zeit zuhause verbringen. Aber leider vergehen diese Tage viel zu schnell. Mein neuer Chef ist Oberleutnant Engelhardt. Er ist ein Großbauer mit guten Kenntnissen und Humor und hat Lust zur Rauferei. Ein Prachtkerl! Vielleicht hat er schon geahnt, was noch kommen wird; denn er ermöglicht es, dass ich vom 22.08. bis 07.09. Ernteurlaub bekomme. Die Freude darüber ist unsagbar groß; denn schon wieder Urlaub zu bekommen war etwas ungewöhnlich und ich hatte so etwas noch nicht erlebt Über diese Urlaubszeiten kann ich aber nicht viel berichten; denn das sind Erlebnisse im Krieg, die man nur zur Kenntnis nimmt und in sich aufnimmt. Die Ungewissheit überwiegt, ob man jemals die Heimat wiedersieht.

Bald nach dem Urlaub erfolgt eine Art Auflösungserscheinung. Was hat das zu bedeuten? Es kommen keine neuen Rekruten mehr und die Arbeit ist damit beendet.

Neue Einheiten für den Osten werden aufgestellt. Dabei sind auch mein Chef OLt. (*Oberleutlant)* Engelhardt sowie meine Kumpel Willi Ohde und Albert Tröster. Ich habe nichts wieder von ihnen gehört. Wieder einmal habe ich Glück und muss nicht mit in den Osten. Dieses Glück, in der Heimat bleiben zu dürfen, ist nur wenigen hold. Vielleicht sind auch die guten Noten als Ausbilder in meiner Personalakte der Grund dafür.

Zusammen mit der Restabteilung komme ich nach Wien, um dort 8,8-Personal an

Beutewaffen umzuschulen. Die neue Anschrift lautet: Groß Enzersdorf (L49621 Lg. P.a. Breslau). Diese Umschulung macht mir viel Spaß. Aber vor allen Dingen kann ich nun die schöne Stadt Wien mit ihrem herrlichen Prater kennenlernen. Weil wir fast jeden Nachmittag frei haben, sind wir oft in der Stadt unterwegs.

Dann soll unsere Einheit mit der in der Lobau bei Wien ausgetauscht werden. Ich bin sehr gespannt, denn von der Lobau habe ich Wunderbares gehört. Ich kenne das Lied von der Lobau. Es soll dort wohl wie im Paradies sein.

Und das bestätigt sich auch. Wir sind alle angenehm überrascht. Allerdings ist die Barackenunterkunft nur mäßig. Weil der Dienst aber überraschend gering ist, haben wir viel Zeit, um die Gegend zu erkunden. Allerdings müssen wir stets eine Stunde durch die Lobau zur nächsten Straßenbahnhaltestelle in Aspern wandern, um nach Wien zu kommen.

Das Klima in der Lobau ist feucht und schwül und es gibt leider viele Mücken. Inmitten eines toten Donau-Arms liegt dieses Wunderland mit seinem großen „WiFo“ (*Wirtschafts-Forschungsinstitut*). Das ist ein wichtiges Unternehmen und soll von uns zusätzlich beschützt werden.

In dieser abgelegenen „geheimen“ Gegend pflegt man noch die uns bisher unbekannte Nacktkultur. Als dort stationierte Soldaten haben wir überall Zugang und gewöhnen uns auch schnell daran. Zuerst ist das recht sonderbar und aufputschend, aber das legt sich bald. Wir befinden uns an einem geschichtlich herausragenden Ort in Stellung; denn genau hier hatte Napoleon bei der „Schlacht von Aspern“ 1809 sein Hauptquartier. Ein Gedenkstein weist darauf hin, dass Napoleon hier erstmalig eine Niederlage erlitten hat. Wir wissen nicht, wie lang wir hier bleiben; daher nutzen wir jede Minute, um die Gegend zu erkunden. Oft bade ich in dem herrlich warmen Wasser. Im Winter muss es hier allerdings trostlos sein. Wir treiben viel Sport. Unser Sportlehrer Urban macht das sehr gut.

Der Weg zur Stadt Wien ist zwar umständlich, aber trotzdem nutzen wir immer wieder die Zeit, um alle Sehenswürdigkeiten Wien zu sehen. Der „Wiener Steffl“ ist eine bleibende Erinnerung. Eine Wanderung zum Kalenberg und zurück durch herrlich gelegene Weinberge zum „Grinzing“, um dort einen „Heurigen“ zu trinken, wird unvergessen bleiben. Ein Abend bei den „Wiener Schrammeln“, Kaffee „Fenstergucker“, die Staatsoper, Besichtigung von Schloss Schönbrunn, entlang der berühmten Maria-Hilf-Straße gehen, das

Praterleben mit seinem Riesenrad, die Berg- und Talbahn, die Achterbahn sowie die Gespensterbahn verschönern die Stunden, die ich hier verbringen darf. Aber bald wird das alles wieder vorbei sein!

Im Oktober 1942 sagen wir Wien Adieu. Es geht zurück nach Breslau. Dort ist aber nicht mehr viel los. Von den alten Kameraden ist keiner mehr dort. Es sollte auch für uns nur ein kurzfristiger Aufenthalt sein.

Wieder werden Ausbilder gesucht. Es heißt, unter anderem hätte auch Hannover Ausbilder angefordert. Nach einigem Zögern melde ich mich dafür. War das vielleicht eine Finte? Ich habe meine Zweifel.

Fast ein Monat vergeht, bis diejenigen, die sich gemeldet hatten dorthin kommen. Ich darf nach Hannover und bin so erstmalig in der Nähe meiner Heimat. Nun werde ich bestimmt Gelegenheit haben, am Wochenende nach Hause zu fahren.

Anfang November komme ich mit weiteren 16 Kameraden aus Breslau in Hannover-Bohstedt an. Zunächst kommen wir in die 1. Ausbildungsbatterie FEA 9 Hannover. Dann nach kurzer Zeit in die 3. Batt. unter Hptm. (*Hauptmann*) Kaiser; wohl der zackigste Batt.-Chef aller Zeiten. Bei allen Besichtigungen steht unsere Batt. weit an erster Stelle. Für die Rekruten ist er oft zu hart. Ein Beispiel zeigt, dass er auch gegenüber sich selbst hart ist: Bei einem Ausmarsch war ein zwar flacher aber breiter Wassergraben zu überqueren. Er benutzte nicht die Brücke, sondern marschierte auch durch das Wasser. Das Bild hätte ein Unbeteiligter mal sehen müssen! Ja, so ist er eben. Da der Chef alles mitmacht, werden die Auszubildenden auch zu harten und guten Soldaten erzogen. Trotz der großen Anstrengungen macht es uns allen viel Spaß.

Weihnachten 1942 bekomme ich Urlaub. Das erste Weihnachtsfest zuhause, was ich sehr genieße.

Als ich wieder in der Kaserne zurück bin, liegt dort ein Kommandierungsbefehl aus Breslau für einen Offizierslehrgang in Berlin-Bernau vor. Mit gemischten Gefühlen fahren Gothard Erichsen und ich los. Er ist ein alter Kamerad, den ich schon von Breslau her kenne.

In Berlin angekommen stellen wir voller Freude fest, dass weitere Ausbilder aus Breslau an dem Lehrgang teilnehmen (Herbert Gross, Günther Seidel und Seifert). Wir können zusammen ein Zimmer beziehen.

Der Lehrgang dauert vom 31.01. bis 20.03.1943. Die Stadt Bernau ist als eine alte Festung vor Berlin bekannt. Die Kasernen sind neu und sehr gut angelegt. Gott sei Dank ist es in diesem Winter nicht so kalt; denn wir haben auch in diesem Offizierslehrgang viel Außendienst. Der Lehrgang selber ist für alle eine Nervenprobe. Niemand kann das verdauen, was in der kurzen Zeit geboten wird. Man will die Teilnehmer anscheinend testen. Wir bilden auf unserer Stube eine Arbeitsgemeinschaft, beschaffen uns eine Schreibmaschine und lösen uns bei der Ausarbeitung der Themen ab. Das klappt wunderbar. Unsere Aufsicht führt Hptm. Schmitz. Er ist ein alter Artillerist und wir lernen bei ihm auch das berühmte „Barbara- Lied“. Es wird uns empfohlen, abends zur Aufmunterung eine Tanzschule zu besuchen. Es ist in der Tat eine sehr gute Abwechslung und nebenbei erlernen wir das Tanzen. Jeden Mittwochabend findet der Unterricht statt; ebenso einmal in der Woche auch der sogenannte Aufsichtsabend, der auch immer interessant ist. Ab Sonnabendmittag haben wir frei.

Der Lehrgang, oder besser gesagt die „Kriegsschule“, verläuft für mich gut; obwohl es auch manchmal Ärger gibt. Trotzdem bekomme ich eine Reihe von wichtigen Lebenserfahrungen mit. Nach dem Abschlussball, bei dem alle Schüler vorgelesen werden, die nicht bestanden haben, werden wir entlassen. Da mein Name nicht dabei ist, kann ich erleichtert feststellen, dass ich glatt bestanden habe. Etwas abgespannt, aber beruhigt fahren mein Kamerad Erichsen und ich nach Hannover zurück; die anderen nach Breslau. Zu unserer Freude erhalten wir beide vom 21.03. bis 05.04.1943 Erholungsurlaub. War das eine wunderbare Erholung, die ich aber auch nötig hatte!

Erholt geht es nach Hannover zurück. Leider gibt es dort bald für uns die ersten Enttäuschungen; unerwartete Probleme, die wir zusammen meistern müssen. Erichsen schlägt eine falsche Taktik ein und die Folge ist seine Versetzung; was ich sehr bedauere. Da ich meinem Dienst zu 100 Prozent nachkomme, kann mir niemand etwas anhaben.

Ich werde nun als Zugführer eingesetzt und stehe immer tadellos da. Das ist wiederum manchen Kameraden ein Dorn im Auge. Der Neid einiger Offiziere ist groß. Das Intrigenspiel geht weiter und sogar der Kdr. OTL. (*Oberstleutnant*) Rieder wird mit einbezogen und beschwatzt. Ich kann bei der erforderlichen Unterhaltung mit ihm aber alle Vorwürfe entkräften und mich rechtfertigen.

Die Parole von einer Verlegung unserer Abteilung geht um. Es soll in die Slowakei gehen. Anfang Juni werde ich zur 9/ FEA 6 versetzt.

Am 25.06.1943 erfolgen die Vorbereitungen für die Verladungen auf dem Bahnhof, der sich in der Nähe des Contiwerkes befindet. Mein Batt.-Chef ist Hauptmann Müller. Er ist ein unaufrichtiger Mann, der sich gerne reden hört. Ich werde als Verladeoffizier eingesetzt und bin mittags mit meinen mir zugeteilten Männern auf dem Bahnhof, als ein Luftangriff auf uns beginnt. Das ist der erste Angriff auf Hannover. Die Bomben prasseln auf uns nieder. Das Werk bekommt einen Volltreffer. Es entsteht ein großes Durcheinander und wir haben leider auch Verluste. Die Bevölkerung und wir versuchen, den in der Nähe liegenden Luftschutzbunker zu erreichen. Aber wir müssen auch die Verwundeten bergen und mit „Erster Hilfe" versorgen. Die Marktkirche brennt, der Turm steht in Flammen. Das Wahrzeichen und der Treffpunkt „Kröpke" vor dem Bahnhof brennen nieder. Auch die in der Nähe liegende Oper erhält einen Volltreffer. Der Hauptbahnhof selbst wird nur leicht beschädigt, aber der Verladebahnhof sieht

schlimm aus. Einige Volltreffer haben auch wir abbekommen; haben aber nur relativ wenige Ausfälle. Das war schon eine gefährliche Situation, die ich, auch mit etwas Glück, unbeschadet überlebt habe.

Die Verladung muss einige Tage aufgeschoben werden, aber dann ist es soweit und die Fahrt beginnt. Es geht quer durch Deutschland über Wien nach Pressburg in der Slowakei. Bei Vorbeifahrten habe ich die Stadt schon früher bestaunen können. Jetzt haben wir direkt in der Stadt auf dem Bahnhof einen kurzen Aufenthalt. Die Stadt macht einen guten Eindruck auf mich. Für einige Zeit halten wir auf der berühmten großen Donaubrücke. Nach langem Fahren und

Verschieben kommen wir auf dem deutschen Truppenübungsplatz Podrhadi an. Die Slowakei gehört zum deutschen Schutzgebiet. Wir kommen uns vor wie im Schlaraffenland. Von Krieg ist hier keine Spur. Wie im Frieden kann man in der Kantine alles kaufen; wie zum Beispiel ein zwölfprozentiges Bier. Wir können unser Glück kaum fassen. Das Geld ist allerdings knapp. Ich komme zur 11. Batterie. Meine Vorgesetzten sind Oberleutnant Jensch und Leutnant Hess. Sie sind Pfundskerle. Ich bin schon seit dem 01.11.1942 Wachtmeister und fungiere wieder als Zugführer.

Wir bilden mit Hilfe von Dolmetschern Slowaken aus. Das ist sehr schwer, aber macht mir Freude.

Es ist hier unten sehr warm. Leider ist Wasser zum Baden knapp und wir nehmen deshalb mit dem recht kalten Wasser aus dem Ziehbrunnen vorlieb. In der Freizeit treiben wir viel Sport. Vor allem wird Handball gespielt. Unser 11. Batt. schlägt alles; sogar die so ruhmreiche 3. Batt., die von dem Hauptmann Kaiser geleitet wird; einem alten Chef von mir. Da es hier viele gute Liköre und Schnäpse gibt, lässt es sich nicht vermeiden, dass wir oft einen über den Durst trinken. Solche Möglichkeiten gibt es anderswo nicht mehr in diesem Krieg. – Vor allem der Sliwowitz ist ein prachtvoller Zwetschgenschnaps, aber auch sehr stark und gefährlich. Es ist jetzt gerade Pflaumenzeit auf den riesigen Plantagen. Wir gehen oft umher, um reichlich von den süßen und großen Pflaumen zu naschen. Bis ins Grenzgebiet sind wir sogar gewandert. Wir erleben eine herrliche Gegend. Da die Ausbildung gerade beendet ist, beantrage ich einen Ernteurlaub, der zu meiner Freude genehmigt wird. Es ist ein waghalsiges Unternehmen, von der Slowakei nach Eddelstorf auf Urlaub zu fahren.

Da ich eine baldige Beförderung zum Leutnant erwarte, muss ich vorher aus dem Zeughaus in Berlin noch die erforderlichen Bekleidungs- und Ausrüstungsstücke abholen und bezahlen. Da das für Offiziere nur in Berlin möglich ist, geht meine Heimreise über diese Stadt.

Der Urlaub dauert vom 08. bis 19.08.1943. Meinen Eltern hatte ich davon vorher geschrieben.

Zufällig hat auch mein Bruder Rudolf Urlaub und holt mich mit meiner schweren Last von der Bahn ab. Ich habe natürlich auch einige „nette" und einmalige Getränke im Gepäck, die es in Deutschland schon lange nicht mehr gibt. Abends feiern wir in Omas Stube ausgiebig und sind dabei vor Freude schön blau geworden. Aber auch dieser Urlaub ist viel zu schnell vorüber.

Meine erforderlichen Sachen hatte ich ja schon in Berlin gekauft und komme voll bepackt wieder in Podrhadi an. Wir ahnen, dass diese schöne Zeit bald zu Ende sein wird und nutzen jede freie Stunde zum Wandern in der herrlichen hügeligen Landschaft. Auch nehmen wir gelegentlich einige „geistige Getränke" zu uns.

Die Ausbildungszeit geht vorüber und wir verabschieden uns von dieser schönen Gegend. Es heißt, dass die Slowakei dringend ihre Soldaten braucht. Wir sind somit brotlos und die Slowaken die Deutschen los. Wir sollten eigentlich wieder nach Hannover zurück, aber durch verschiedene Luftangriffe sind dort unsere Kasernen stark zerstört. Wir haben also wieder Glück, dass wir bei der Zerstörung nicht anwesend waren.

Ja, aber wohin sollte es nun gehen? Als es heißt, dass es nach Wien gehen solle, war das natürlich eine erfreuliche

Überraschung. Wieder Wien! Diese wunderschöne und einmalig herrliche Stadt hatte ich in mein Herz geschlossen.

Mitte Oktober 1943 geht die Reise los. Ich soll das Vorkommando leiten; eine schwierige und nicht ganz einfache Tätigkeit. Dass ich diesen Auftrag erhalte, erfüllt mich mit Stolz und ich habe auch viel Spaß daran.

Wir ziehen nach Kagran. Ich kann es so organisieren, dass meine Batt. in den Steinbau einziehen kann, während die anderen Einheiten die Baracken besetzen. Meine Kameraden sind hocherfreut. Ein Kompliment für den Wachtmeister Burmester ist mir sicher!

Hier können wir alle noch einmal das Großstadtleben genießen. Das Essen findet für Offz.- Anwärter und Offiziere wieder im Kasino statt. Ich nutzte jede Gelegenheit aus, um noch einmal die Lobau mit ihren Reizen zu durchwandern. Auch andere kleine Ausflüge sorgen für eine Zeit der Freude und Entspannung.

Anfang November erfahre ich von meiner Beförderung. Mit Wirkung vom 01.08.1943 werde ich zum Leutnant befördert. Ich muss gestehen, dass ich sehr stolz darauf bin, es mit viel Fleiß, vielleicht auch mit etwas Glück, soweit gebracht zu haben. Und die Uniform steht mir auch ganz gut; das kann man schon sagen. Ich sehe damit richtig schneidig aus.

Mir ist klar, dass jetzt wahrscheinlich eine Versetzung folgen wird. Zu meiner großen Freude erfahre ich, dass ich zusammen mit meinem Kameraden Neumann im Gebiet unserer Heimat bleiben solle; wegen unserer guten Erfahrung in der Ausbildung. Es geht in den Schwarzwald und wir sind begeistert, auch diese Gegend einmal kennenzulernen.

Am 03.11.43 reisen wir beide mit Sack und Pack ab nach Rottweil zur 6. FEA 45. Die Stadt wurde uns vorher in den übelsten Farben geschildert. Wir sind aber begeistert und angenehm überrascht als wir die Umgebung und die Stadt mit eigenen Augen sehen - einfach herrlich!

Unsere Kasernen liegen einige Kilometer von Rottweil entfernt, in Zimmern. Es ist zwar nur ein Barackenbau, aber gut ausgebaut und neu erstellt. Wir bekommen schnell Kontakt zum Offizierskorps. Der erste Eindruck ist sehr gut. Der Kdr. Major Vierregge ist Jurist und ein Prachtkerl mit Humor und Witz. Da ich mich zuhause unbedingt als Leutnant vorstellen will, wird mir mein erster Urlaub als Offizier genehmigt. Es ist zwar nur ein kurzer Wochenendurlaub vom 06. bis 08.11., da ich aber wieder schöne Getränke von Podrhadi mitgebracht habe, die dann auch ihre Wirkung taten, können wir zuhause in gemütlicher Runde einige schöne Stunden verleben. Leider muss ich dann wieder die lange Reise in den Schwarzwald antreten.

Etwas ungewöhnlich ist es, dass ich auch in der nächsten Zeit regelmäßig vom Schwarzwald nach Eddelstorf zum Wochenendurlaub fahren kann; und das auch noch immer für vier Tage! Ich brauche einfach mein Zuhause; wenn auch nur für kurze Zeit.

(Anmerkung des Bearbeiters: War es nicht nur die Liebe zur Heimat, sondern auch die zu einer Frau; vielleicht schon zu meiner späteren Mutter? ...)

Es ist zwar ein kalter Winter und der Dienst ist hart, aber es macht mir Spaß. Zunächst haben wir ältere Soldaten ausgebildet, dann folgen Italiener. Ihre Offiziere essen auch bei uns im Kasino. Es sind gute Kameraden. Wir feiern oft zusammen und haben viel Spaß miteinander, wobei der Alkohol natürlich auch eine Rolle spielt. Meistens ist unser Kdr. der Anstifter und sorgt so für eine prima Kameradschaft und Stimmung. Mein Chef allerdings, Oberleutlant Bärenstecher, tanzt ein wenig aus der Reihe. Er ist leider ein Sonderling, der seine Untergebenen unkameradschaftlich behandelt, obwohl er sonst eigentlich höflich und taktvoll ist.

Bei der Besichtigung nach der Ausbildung der Italiener schneidet mein Zug, Stärke 140 Mann, am besten ab, was ein besonderes Lob meines Kommandeurs zur Folge hat. - Es ist so seine Art, dass er mir dabei einen „Ehrenplatz" zusichert, was immer das auch zu bedeuten hat. Er ist schon ein guter Mensch und Führer.

Nach Rottweil sind es fast fünf Kilometer. Wir fahren oft mit dem Bus in die Stadt.

Viele Kameraden haben sich Ski besorgt und legen damit die dafür gut geeignete Strecke zurück. Ich hatte mir zwar auch welche gekauft, nehme aber doch lieber den Bus. Ich habe sie später mit nach Hause genommen, bin aber auch dort nicht mit ihnen gelaufen.

Der letzte Bus fährt erst um 22 Uhr zurück und so kann ich viele Wanderungen in der herrlichen hügeligen Umgebung machen. Rottweil ist eine alte, geschichtlich

interessante Stadt mit einem herrlichen Stadttor und verschiedenen wunderschönen Springbrunnen.

Im militärischen Bereich habe ich ab und zu einen Trauerzug mit Kranzniederlegung und dem entsprechenden Ehrensalut zu führen. Das muss natürlich vorher mit den Soldaten alles genau eingeübt werden. Da mir das gut liegt, bekomme ich immer wieder solche Aufträge. Uns überfliegen immer wieder viele Feindflugzeuge. Weil wir nicht entsprechend eingerichtet sind, dürfen wir darauf nicht schießen. Dafür sind unsere Abfangjäger zuständig. Allerdings sind dabei hin und wieder auch deutsche Flugzeuge abgeschossen worden, was dann diese militärischen Beisetzungen zur Folge hatte.

Das Weihnachtsfest 1943 verläuft einsam. Die wenigen Kameraden, die ebenfalls hiergeblieben sind, sind wie ich mit ihren Gedanken bei ihren Lieben zuhause. Wir gehen alle früh schlafen. Über Neujahr kann ich dann in Urlaub fahren. Was wird uns wohl das Jahr 1944 bringen?

Die Zeit vergeht und es wird nun schon allmählich Frühling. Leider wird die Verpflegung in der Kaserne etwas knapper, aber wir holen das in der Stadt nach. Im Schweizerhof „Lamm" gibt es unter anderem ganz exklusive Sachen: Weinbergschnecken, Froschschenkel, italienische Salate, Rehrücken und Tauben. Da wir großen Hunger haben, essen wir auch diese ungewöhnlichen Speisen. In unserem sogenannten „Absteigequartier" ist für uns Offiziere wirklich viel los. Mannschaften kommen hier so gut wie gar nicht hin.

Wir treiben viel Sport; Handball ist unsere Spezialität. Auch hier schlägt unsere Batt. alle Gegner. Sogar gegen die in der Nähe liegende Gruppe des Arbeitsdienstes gewinnen wir haushoch mit 17:0. Als Halbrechter werfe ich dabei al- leine sieben Tore. Wir sind schon die Wucht. Zu der Mann- schaft gehören nur Ausbilder.

In der Nähe des großen Stadttores gibt es das kleine aber sehr gemütliche „Kaffee Lehre". Auch hier halten wir uns oft auf. Mutter und Tochter sowie deren Freundin Margreth Glückher bedienen uns. Es sind fast immer die gleichen Offiziere, die hier an ihrem Stammtisch gemütliche Stunden verbringen. Einen näheren Kontakt zu den Mädels haben wir aber nicht.

Der Frühlingsanfang wird ganz besonders nett und gemütlich gefeiert; denn wir

ahnen, dass diese einmaligen unvergesslichen Erlebnisse nicht mehr lange von Dauer sein würden.

Vom 17.05. bis 05.06. fahren wir zum Scharfschießen nach Stolpmünde. Ich habe Glück und kann anschließend noch einmal kurz vom 06.06. bis 10.06. auf Urlaub in die Heimat fahren. Dabei erfahre ich, dass mein älterer Bruder Heinrich leider in Russland als vermisst gemeldet worden ist. Hoffentlich ist er noch am Leben!

Als ich wieder in Zimmern ankomme, traue ich meinen Augen nicht; denn alles ist in Auflösung begriffen. Nur wenige Offiziere sind noch dort. Die Ausbilder sind in alle Winde zerstreut. Ich soll nach Regensburg kommen. Ich war beruhigt und zufrieden; denn Regensburg ist eine alte und berühmte Stadt mit dem bekannten alten Dom. Luftangriffe auf die Stadt hat es noch nicht gegeben.

Am 18.06.1944 reise ich nach Regensburg ab. Vorher nehme ich noch mit einer kurzen Feier von allen Bekannten Abschied. Es war für mich als Norddeutscher nicht so einfach, in dieser herrlichen Gegend mit dem komischen Dialekt der Menschen klarzukommen. Aber es waren alles prima Leute.

Während meiner Zeit in Zimmern war ich wegen meiner dauernd verstopften Nase auch einige Tage in Freiburg im Breisgau. Bei einem früheren Lehrgang bin ich beim Sprung über das Sportgerät „Tisch“ mit einem Federsprungbrett nicht in den Armen des „Auffängers“, sondern mit einer

Kopfseite auf dem Boden gelandet. Die Folge war eine kurzfristige Bewusstlosigkeit und dass die Nase seitdem etwas schief und dauernd verstopft ist. In Freiburg konnten die Ärzte aber nichts Besonderes feststellen. Ich solle dagegen Tropfen nehmen. Wenn die nicht helfen würden, müsse die Nase operiert werden. Das werde ich wohl nicht machen. Aber bei dieser Gelegenheit konnte ich auch Freiburg kurz kennenlernen. Es ist eine alte herrliche Stadt mit ihrem berühmten Münster, welches ich auch besichtigt habe. Eine Stadt der Brunnen und des fließendem Wassers, so ähnlich wie in Rottweil. Auch diese Gegend ist herrlich und romantisch.

In Regensburg/Rheinhausen, ein Vorort der Stadt, liegt unsere Stellung. In der Nähe sind die berühmten Messerschmidt-Werke, die wir beschützen sollen. Luftangriffe gab es hier bisher selten. Zunächst komme ich zur 7. FEA 3; dann nach kurzer Zeit zur 3. Batt. Mein Chef ist OLt. (*Oberleutlant*) Danzel (ein feiner Mensch); den Kdr. Hauptmann Kaiser kenne ich schon aus Hannover. Der Chef wird aber leider bald versetzt und der neue Chef war früher Lehrer und ist gerade das Gegenstück vom Vorherigen. Als Batterie-Offizier bin ich aber selbstständig und somit den Tücken dieses Mannes wenig ausgesetzt.

Durch die gute Bekanntschaft mit einer Gärtnerfamilie bleiben diese zwei Monate unvergesslich. Ich bin in der 3. Batterie-Offizier und wohne in dieser Zeit in der „Villa Sorgenfrei“ inmitten von wogenden Kornfeldern. Dort habe es sehr gut. Neben meiner Villa, eine gut ausgebaute Holzbaracke, befindet sich die Gärtnerei „Utze“, auf deren großflächige Anlage unsere Stellung liegt. Die Familie arbeitet sehr oft auf dieser Anlage und so kommt es bald zu einer freundschaftlichen Bekanntschaft. Die Tochter Fanny ist eine stark mitgenommene Wirtsfrau. Der gute Kontakt zu dieser Familie bringt mir viele Vorteile. Herrliche Mahlzeiten und viele nette Stunden im engsten Familienkreis verschönern mir das Leben wunderbar. Ich lerne die Mutter schätzen und achten. Vor allen Dingen lerne ich die bayrische Kost kennen. Klöße und Gänsebraten sind eine Delikatesse und meine Lieblingsspeise. Ende August ist es sehr heiß und ich liege oft im Badeanzug auf einer Liege vor meiner Villa. Bei gutem Wetter haben wir in der Geschützstellung tagsüber sogar einen Turnanzug an. Der Dienst ist aber hart, denn wir müssen auch nachts oft raus. Die Alarme häufen sich. Die Messerschmidt-Werke sind in Gefahr. Mein neuer Kommandeur ist Hauptmann Kaiser, den ich auch aus Hannover kenne und dort mein Chef war.

Durch einen von fremder Hand geschriebenen Brief meines Bruders Rudolf erfahre ich, dass dieser am Ellenbogen verwundet ist und in Ulm in einem Lazarett liegt. Nach der gut ausgefallenen Besichtigung bekomme ich nach dorthin Urlaub. Mein Entschluss steht fest, dass ich ihn von dort sofort mitbringe, um dann den Sommer gemeinsam in Regensburg/Rheinhausen richtig schön verbringen zu können. Aber wird das klappen? Niemand glaubt mir, dass ich es schaffen werde; auch der Chef nicht. - Und es klappte doch! Man hat in Ulm Vertrauen zu mir, da ich vorher Rücksprache mit dem Stationsarzt von Regensburg wegen der Übernahme meines Bruders genommen habe und dieser seine Zustimmung erteilt hatte.

Am 29.08.1944 kommen wir beide voller Freude aus Ulm zurück und ich bringe meinen Bruder zum Lazarett. Erst um

Mitternacht treffe ich in meiner Baracke ein. Für den Einsatz an der Westfront finde ich auf meinem Schreibtisch die Nachricht von meiner Versetzung nach Augsburg.

Ich bin erschüttert! Alles war umsonst und unser schöner Traum ist zerstört.

Diese Abberufung kommt mir viel zu plötzlich und alles scheint zusammenzubrechen. Die schönen Tage, die ich erwartet habe, fallen alle ins Wasser. Die Freude war also umsonst.

Nachdem ich am 30.08. meine Sachen gepackt habe, verbringe ich zusammen mit Rudolf im Kreise der Familie Utze die letzten unvergesslichen Stunden, die leider viel zu schnell vergehen. Ein großes Essenspaket wird mir mitgegeben. Ich fühle mich sehr dankbar und glücklich. Ich werde von allen zur Bahn gebracht und liebevoll verabschiedet. Die Welt liegt vor mir, jedoch die Freude hinter mir.

In Augsburg angekommen, erwartet man mich schon. Meinen neuen Chef lerne ich gleich am Abend kennen. Es ist OLt. Bülo. Man hatte mich im Voraus schon vor ihm gewarnt. Ich tröste mich damit, dass es vielleicht nicht so schlimm sein wird; bin aber trotzdem etwas niedergeschlagen.

Nach einigen Tagen ist unsere Aufstellung fertig. Es soll in den Westen gehen. Durch die Invasion sollen sich unsere Truppen in Auflösung befinden. Der Feind drückt stark Richtung Rhein. Unsere Ausrüstung mit Material und Fahrzeugen ist zwar gut, jedoch haben wir keine Zugmittel. Mit einem kleinen Drink nehmen wir Abschied von Augsburg.

Am 03.09. hält der Kommandeur mit kurzen Worten die Abschiedsansprache. Wir sind die zweite Aufstellung von der Flak-Ersatzdivision. Die erste Aufstellung ist zusammengeschossen worden. Unser Transport geht Richtung Schwarzwald. In Straßburg werden wir ausgeladen. Bei einem Fliegeralarm auf dem Bahnhof erlebe ich den ersten Zwischenfall mit meinem Batteriechef. Das Benehmen ist eines Offiziers unwürdig. Angst und Schrecken schon bei einem Alarm stecken in ihm. Was soll noch werden? Mir gefällt das überhaupt nicht, bin aber vorläufig machtlos. Gleich am Anfang schon dieser Zwiespalt. Er ist ein Feigling und dreht schnell durch. Alle leiden darunter.

Sofort nach der Verladung in Straßburg erhalten wir den Befehl, vor dem Donon-Pass gegen Panzer und Flieger in Stellung zu gehen. Es entsteht ein großes Durcheinander. Der Chef dreht durch, gibt unklare Befehle und braust mit einer 8,8-cm und einer 2-cm-Kanone los, zur Erkundigung der Stellung. Das Geschütz findet sich aber gegen morgen wieder ein.

Am gleichen Tage gehen wir bei Schirmeck in der Nähe des Passes in Stellung. Es ist ein starkes Jabo-Gebiet (*Jagdbomber*). Wir buddeln unsere Geschütze ein. Jetzt beginnt meine Zeit als Geschützstaffelführer. Die erste Kolonnennachführung habe ich gut überstanden. Dabei merke ich, dass mir so etwas gut liegt und ich die Nerven behalte. Die Soldaten haben Vertrauen in mich. Nun stelle ich auch fest, dass ich gut im Tarnen bin. Kein Flugzeug kann deshalb von oben die Geschützstellung erkennen. Am zweiten Tag schießen wir durch Volltreffer mit wenigen Gruppen eine „Liberator" ab – wir jubeln. Das nächste Feuer geben wir auf plötzlich auftretende Jabos ab. Zunächst glaubte ich, es seien eigene Jäger. Sie brausen im Tiefflug über uns hinweg.

Dann greifen sie uns aber an und ich versuche durch Nahfeuer eine Verteidigung. Meine Leute versagen aber und sind nicht beschusssicher, obwohl die Wälle uns schützen. Auch wenn wir ohne Verluste bleiben, ist es doch ein kleiner Reinfall. Mit der 8,8-cm gegen Jäger zu kämpfen, ist eigentlich auch unmöglich. Wir fordern immer wieder mehr 2-cm Geschütze an. Von morgens bis abends umkreisen uns die Jabos. Die Bahn und die Passstraßen werden immer wieder angegriffen. Wir schießen, was die Rohre hergeben. Endlich erzielen wir am dritten Tag durch plötzliches Nahfeuer einen Abschuss. Wir sind begeistert. Die ersten Auszeichnungen werden fällig, aber zunächst ist nur der Chef dran. Der hält sich aber nur selten in der Stellung auf. Auch am folgenden Tag schießen wir eine niedrigfliegende „Fortress“ ab. Für ein besseres Schussfeld werden fast sämtliche großen Bäume von KZ-Häftlingen unter der Aufsicht der SS beseitigt. Ein weiterer Jäger (Mustang) wird uns gutgeschrieben, obwohl die Aufschlagstelle unklar bleibt. Wir sind von unseren Erfolgen begeistert. Durch die laufende Abwesenheit des Chefs heißt er: der Feigling. Nachts schlafen wir im nahegelegenen Kinderheim. Das sind angenehme Stunden und mein kleines Stabszelt leistet mir sehr gute Dienste. Die Verpflegung ist ausgezeichnet und es geht uns dort recht gut. Ich schreibe oft nach Hause, bekomme allerdings erst nach vier Wochen die erste Post; dann aber gleich zehn Briefe mit einem Mal. Da die Feindangriffe nachlassen, schickt man mich für fünf Tage nach Straßburg zu einem Ari-Lehrgang, um das Scharfschießen mit Übungsgerät zu studieren. Anschließend macht meine Batterie einen Stellungswechsel nach Badonviller. Wir liegen an der Straße St. Pol. Es ist eine Panzerabwehrstellung. Ein Panzerdurchbruch wird vermutet. Unsere Geschützstellung liegt drei Kilometer westlich von der Stadt. Meine Feldpostnummer bis zum 03.11. lautet: L55739 E Lg Pa Breslau und ab 14.11: L 52428 Es ist ein Jammer mit dem Chef. Auch der neu zugeteilte Oberfähnrich der Messstaffel klagt bitter darüber.

Wir sollen weiter in den Norden verlegt werden, verbleiben aber noch drei Tage in der Stadt. Die Verpflegung ist gut und es gibt auch noch einen guten Tropfen. Ich kaufe Wein, Sekt und Likör. Ich lagere alles gut verpackt beim Tross, um es vielleicht später mit nach Hause nehmen zu können. In einer Fabrik kaufe ich ein Essservice, das ich im Paket bei Gelegenheit einem Postfahrzeug mitgebe. Anmerkung: Wie ich später erfahren habe, ist es tatsächlich zuhause angekommen. Das ist schon ein kleines Wunder. Ob die Enttäuschung darüber, dass es sich „nur“ um ein Service handelte groß gewesen ist, hoffe ich nicht.

Die Stadt ist uns allen bekannt durch den Badenweiler-Marsch. Die wenigen Tage schlafe ich in einer Villa. Der Spieß ist ein guter Organisator, deshalb ist auch die Verpflegung entsprechend gut. Da der Feind sich vorläufig anscheinend zurückgezogen hat, sind wir nur selten im Einsatz. Eine „Mustang“ wird allerdings trotzdem abgeschossen. Auch unser Schirrmeister versteht sein Werk. Er beschafft uns eine 18 Tonnen Zugmaschine. Sie ist die einzige, die wir nun haben. Da wir dadurch beweglicher geworden sind, müssen wir Badonviller verlassen. Jetzt hat die Freude ein Ende und ich muss die schöne Unterkunft im Hause Fenal aufgeben. Es geht nach Norden, wo der Feind verstärkt angreift. Auf einer Anhöhe bei Blamant, des Nachts bei starkem Regen, gehen wir in Stellung. Ich habe enorme Schwierigkeiten mit dem tiefgründigen Boden. Gleich danach wieder zweimal Stellungswechsel mit konzentriertem Erdzielschießen. Wir liegen in einem großen Obstgarten und ich unter einem herrlichen Apfelbaum. Dann aber leider wieder Stellungswechsel. Da wir nur teilmotorisiert sind, gibt es stets große Schwierigkeiten in der Beweglichkeit.

Es geht wieder in Richtung Badonviller. Der Feind scheint näher gerückt zu sein. Ein Erdzielschießen folgt mit 80 Schuss. Nun hat uns der Feind trotz eines Stellungswechsels wohl geortet; denn es folgt ein starker Ari-Beschuss auf unsere Stellung. Da ich aber grundsätzlich bei jeder neuen Stellung Eingraben und Tarnen anordne, haben wir Glück. Die starken Erdwälle verhindern Ausfälle. Leider war zur Zeit des Beschusses der Chef OLt. Bülo in der Stellung. Wie ein Irrer befiehlt er: „Fliehen! Fliehen in den Wald.“ Einwände sind nutzlos. Befehl ist Befehl! Irrsinnig flieht die Batterie in den nahegelegenen Wald. Unsere erste starke Taufe ist nicht gut verlaufen. Ich lerne aber eine Menge daraus. Meine Männer versuche ich zu beruhigen. Das Vertrauen zum Chef ist aber dahin. Wie soll das weitergehen? Bei Gefahr flüchtet er in den Graben und gibt dort die unmöglichsten Befehle.

Wieder Stellungswechsel Richtung Norden! Unsere Taktik zu den Jabos ändere ich. Unsere Stellung liegt in einem Wald und ist daher von oben nicht zu erkennen. Beim ersten Einsatz gleich ein Abschuss durch Volltreffe; eine “Maurader“. Wir sind stolz auf unsere Erfolge. Der Feind versucht, uns zu umgehen. Durch die großen Erfolge sind Auszeichnungen fällig und werden auch eingereicht. Der neue Kdr. Hptm.

Schneider hat „Halsschmerzen“, deshalb braucht er unbedingt Abzeichen und Ehrungen.

(Anmerkung: Hiermit sind in der damaligen Soldatensprache Vorgesetzte gemeint, die scharf auf Auszeichnungen waren.)

Immer wieder muss die Stellung gewechselt werden. Im Norden greift der Feind an. Wir fahren Richtung Saarburg. Bei Duss (Dieuz) geht es in Stellung; zunächst westlich davon. Der Untergrund ist schwierig und ein Eingraben wegen der Nässe fast nicht möglich. In der Nähe ist ein großer Kanal.

Der erste Besuch unseres neuen Rgt.-Kdrs. Oberst Maifath steht an. Er ist wohl ein alter Kämpfer, aber als Stellungsoffizier ein Theoretiker und hat leider auch große Halsschmerzen. Dadurch erschwert sich unser Leben in der Stellung. Tagsüber haben wir laufend Einsätze gegen Erd- und Luftziele. Eigenartig ist, dass wir nicht unter Beschuss genommen werden. Uns überkommt Unruhe. Was ist der Grund dafür?

Die Verpflegung ist gut. Ein tüchtiger Spieß macht sich immer bezahlt. Ich habe mir ein gutes Stabszelt eingerichtet. Kanonier Klingenbiel ist mein tüchtiger Putzer; er sorgt für alles. Als Geschützstaffelführer gefällt es mir immer besser. Da der Chef selten da ist, bin ich selbstständig und kann tun und lassen, was ich für richtig halte. An einem Morgen gegen vier Uhr erfolgt ein Großangriff des Gegners. Es beginnt mit einem Trommelfeuer, wie ich es noch nicht erlebt habe. Es erzittern die Mauern und Häuser. Von den Einschlägen sind wir zunächst noch nicht bedroht. Der Feind bricht nördlich und südlich von uns durch. Die 361. Divison bricht völlig zusammen und die HKL (Hauptkampflinie) muss zurückgenommen werden. Für uns wird es nun bedrohlich. Duss wird durch starke Fliegerverbände angegriffen. Dadurch ist die Durchgangsstraße unterbrochen. Wir müssen so schnell wie möglich unsere Stellung räumen, um dann auf Umwegen nördlich der Stadt wieder in Stellung zu gehen; in Richtung Saarburg.

Der Abteilungs-Kdr. weist uns zunächst eine sehr schlechte Vorderhangstellung zu. Da wir uns dort besser einbuddeln können, wechseln wir von St. Maurice nach Biedersdorf und errichten dort unsere Stellung. Eine starke Feuertätigkeit und dauernde Jabo-Flüge sind tagsüber zu verzeichnen. Wir werden im Ort untergebracht; ich persönlich bei einer netten Familie. Es ist nass und kalt. Als sich die Lage beruhigt, feiern die Unteroffiziere den ersten und auch letzten Kameradschaftsabend, zu dem auch die Offiziere eingeladen sind. Hier besucht uns Hauptmann Schmidt, der mir von Breslau bekannt ist. Er erkennt mich auch wieder. Die Freude ist aber nur von kurzer Dauer, denn wir verlegen wieder nach Duss.

Die HKL rückt immer näher und die Lage wird zunehmend bedrohlicher. Alles geht zurück. Wir sollen in der so gefährlichen Stellung bleiben. Warum? Der erste starke Jabo-Beschuss erfolgt. Die angeforderte und in Stellung gegangene leichte 2-cm-Flak kann dagegen nicht viel ausrichten. Mir werden vier leichte Züge zugeteilt. In der Nähe befindet sich eine Farm, wo wir nachts im Stall schlafen. Der Farmer hat selbst Schnaps gebrannt. Wir kaufen ihm welchen ab. Er schmeckt bei der immer kälteren Witterung sehr gut und muntert uns auf. Gott sei Dank, dass der Amerikaner sehr schlecht zielt. Die Ari-Einschläge kommen aber immer näher und häufen sich. Vor uns am Kanal und auch auf der Anhöhe liegen Hunderte von Schüssen.

Die HKL nähert sich Duss. Endlich erfolgt der Befehl zum Stellungswechsel! Ist es dafür nicht schon zu spät? Zunächst geht alles reibungslos. Dann kommt es jedoch zum Fiasko. Da der Wiesenboden so tiefgründig ist, versacken unsere schweren Fahrzeuge. Unsere Spilseile sind alle zerrissen. Mit menschlicher Kraft können wir nichts machen. Es ist Anfang November und nachts fällt schon der erste Schnee. Bis auf eine Kanone wird die Stellung geräumt. Durch die Flucherei des Chefs wird alles noch viel schlimmer. Und dann passiert es! Gegen Mitternacht erfolgt ein starker Ari-Überfall; der Feind hat sich leider eingeschossen. Wir haben schwere Ausfälle, wenn auch der nasse Boden viele Splitter aufnimmt. Es nützt auch kein Mitmachen meinerseits und kein gutes Zureden. Meine Leute können nicht mehr. Bis zu den Knien stecken wir im Sumpf und ziehen uns gegenseitig aus den Schlamm. Bis morgens um vier Uhr versuchen wir loszukommen. Dann legen wir uns in den Viehstall schlafen, um uns ein bisschen zu erholen. Der Chef ist mit der Restbatterie verschwunden. Morgens erhalten wir durch einen Meldefahrer vom Chef den Befehl, dort zu bleiben und uns mit unseren Waffen auf eine Nahverteidigung einzurichten. Ist das ein Witz? Nein, das ist ein wahnsinniger und feiger Befehl. Aber wir müssen selbstverständlich bleiben. Die Mannschaft und ich bereiten uns mit dem Geschütz „Bertha“ so gut es geht vor. Da ich ahne, dass das unser Ende sein kann, schicke ich alle Verheirateten zurück, die mir dafür sehr dankbar sind. Die Zerstörungsmittel für die Fahrzeuge und die 8,8-cm legen wir bereit. Der Sprechtrupp unterrichtet mich laufend über die Lage. Der Beschuss wird immer bedrohlicher. Da Duss noch nicht besetzt ist, bekommen wir noch von dort unsere Verpflegung. Zufällig habe ich einen Kochexperten dabei, der in der Farm das Essen bestens zubereitet. Ich stelle verstärkt Wachen auf, um auch nachts bei einem plötzlichen Überfall einsatzbereit zu sein. Nachts schlafen wir wieder im Viehstall. Es ist beschämend und bedauerlich, von oben einfach im Stich gelassen zu werden. Ein Abschlepppanzer würde kurzfristig genügen und wir wären frei. Alle sind getürmt. „Wehrt Euch, solange ihr könnt und sprengt dann alles in die Luft", das waren die letzten Worte. Der Abt. Kdr. gibt uns sogar auf und unternimmt nichts, um uns zu befreien. Kurz vor Tagesanbruch wollen wir noch einmal alles versuchen, um herauszukommen. Und es geschieht ein Wunder. Nachts setzt ein leichter Frost ein und das hilft uns, die Stellung räumen zu können. Wir haben es geschafft und wir sind darüber sehr glücklich.

Der 17.11.1944 ist also ein Freudentag für uns. Unsere ehemalige Stellung tarnen wir tüchtig, stellen sogar Baumstämme so auf, dass der Feind diese als Kanonen erkennen soll; denn uns ist klar, dass ihm unsere Stellung bekannt ist. Für kurze Zeit ruhen wir uns in der nahegelegenen Farm aus. Was wir dann allerdings mit unserer ehemaligen Stellung erleben, lässt uns den Atem stocken. Unsere Stellung ist von den feindlichen Jabos völlig zerbombt und zerschossen worden. Wenn wir uns nur eine Stunde später hätten befreien können, wären wir alle verloren gewesen; ohne Frost sowieso. Es werden für uns zwar Ehrenkreuze eingereicht, aber sonst erhalten wir insbesondere vom Oberleutnant wenig Anerkennung. Neidvoll sah er auf uns herab.

Nach Zusammenfassung der Batterie beziehen wir erneut Stellung, 6 km rückwärts. Die Batterie wurde des Einsatzes wegen getrennt. Zwei Geschütze bekomme ich. Das Ari-Feuer verstärkt sich und die Ausfälle werden immer größer. Die Jabos machen uns am meisten zu schaffen, denn mit unserer 8,8-cm-Flack sind diese Maschinen nicht zu bekämpfen. Gleich nach dem geglückten Stellungswechsel fällt auch Duss. Wir beschießen die Passstraßen und haben dabei gute Erfolge, aber auch meine Geschütze werden beschädigt. Durch eine gute Wallbildung bleiben wir unverletzt. Es regnet in Strömen und es wird immer komplizierter, das Feld zu befahren. Zum Tarnen habe ich immer einen guten Riecher. Diesmal ist eine große Strohmiete dran. Sie liegt in der Nähe einer großen Straßenkreuzung, die stark beschossen wird. Das ist recht gefährlich für uns. Endlich kommt ein Befehl durch Kradmelder zum Absetzen in Richtung Findingen. Am 19.11. errichten wir eine Stellung bei Albermingen. Es regnet in Strömen! Rund um uns herum herrscht starkes Ari-Feuer.

Der Kreis scheint sich zu schließen. Der Ring wird immer enger. Von überall werden Panzer gemeldet!

Was soll nur aus uns werden?

Wir sehen sie in der Ferne in Massen fahren, aber für uns sind sie nicht zu erreichen. Auch Saarburg ist gefallen. Regen über Regen und immer noch kein Befehl zum Rückzug. Wir sind die halbe Nacht auf den Beinen. Um Mitternacht kommt endlich der Befehl zum Stellungswechsel.

Wir versammeln uns alle noch beim Kdr. in der Schule und trinken zusammen einen guten Tropfen. Ein Mutmachen zum Durchhalten?

Gegen Morgen am 21.11.1944 erfolgt der Abmarsch nach rückwärts!

Wir beziehen eine Vogesen-Stellung bei Zabern. Die Front wankt; alles geht zurück. Wird es für uns zu spät sein, da auch die Infanterie an uns vorbeizieht?

Feindpanzer umgehen uns und bilden einen Kessel.

Wir marschieren: Findingen – Saarbuckenheim – Pfalzburg. Dort ist unser vorläufiges Marschziel. Die angrenzenden Ortschaften sind bereits von Panzern besetzt.

Ich bekomme den Auftrag, einen günstigen rückwärtigen Rastraum zu erkunden und fahre mit einem 2-cm-Geschütz los. Das ist aber vor Pfalzburg nicht möglich. Durch einen Kradmelder erhalte ich einen neuen Befehl vom Kdr. Ich soll zurück zur Batterie und an der Straßengabel Seeweiler warten. Ich weiß, dass das unmöglich ist. Von uniformierten Einwohnern, die sich mit Panzerfäusten bewaffnet in den Schützengräben entlang der Straße aufhalten, bekomme ich Auskunft, wo schon überall die Panzer durchgebrochen sind. Was soll ich machen? Ich versuche, die Kreuzung zu erreichen und fahre los.

Bildergalerie

Arnold Burmester

Bruder Heinrich

Bruder Rudolf

Seine Vereidigung im Dezember 1938 in Wismar und unten als junger Rekrut

Eddelstorf, den 10. Juli 1940.

Am 8. Juli erhielten wir die erschütternde Nachricht, daß unser innigstgeliebter einziger Sohn

Heinrich Schmidt

Gefreiter in einem Artillerie-Regiment

im blühenden Alter von 23 Jahren nach seiner schweren Verwundung vor Paris im Kriegslazarett verstorben ist.

In tiefem Schmerz:

Heinrich Schmidt und Frau
Anna geb. Meyer.

Die beiden Freunde sind schon früh in Belgien gestorben.

Eddelstorf, den 30. Mai 1940.

Wir erhielten die tieftraurige Nachricht, daß unser lieber, einziger, unvergeßlicher Sohn, guter Bruder, Großsohn und Neffe, der

Leutnant und Kompanieführer

Heinrich Schwenke

Inhaber des Eisernen Kreuzes

im blühenden Alter von 26 Jahren auf dem Felde der Ehre für Führer und Vaterland sein junges Leben ließ.

In tiefem Schmerz

Heinrich Schwenke und Frau Marie,
geb. Meyer
Margarethe Schwenke
Elisabeth Schwenke
Witwe Schwenke
Familie H. Meyer
Familie A. Meyer
Familie Strobel

Die Familie Schwenke hat in der Nachbarschaft eine Gaststätte und einen Kolonialwarengeschäft betrieben. Außerdem befand sich die Poststelle in ihren Räumen. Nach der Nachricht vom Tod ihres einzigen Sohnes wurde umgehend die Poststelle aufgegeben und verlagert. Sie konnten es nicht ertragen, anderen Familien eine solche traurige Nachricht überbringen zu müssen.

Seine 8,8 cm-Flak mit Transportfahrzeug

Die getarnte Flak

Die kleinere 2-cm-Flak im Einsatz

Auf Posten im Balkan

Seine Aufenthalte in Athen und Paris

Ein griechisches Dorf

Schönau im Schwarzwald

In fröhlicher Runde und unten rechts in Verkleidung

Ernteurlaub 1943 bei seinen Eltern

Überführung seines verletzten Bruders Rudolf von Ulm nach Regensburg

Sein angetretener Lehrgang und unten mit Vorgesetztem

Auf Heimaturlaub mit seinem Bruder Heinrich bei den Eltern

War das der Grund für die vielen Heimfahrten? 1943 auf dem Bild zusammen mit seiner späteren Ehefrau.

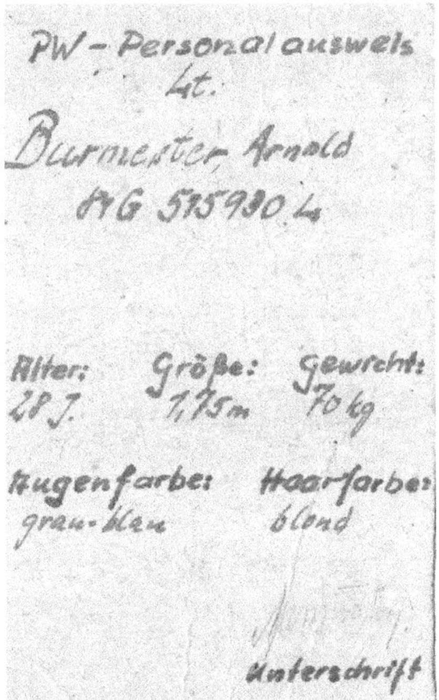

PW - Personalausweis
Lt.
Burmester, Arnold
81G 575930 L

Alter: 28 J.
Größe: 1,75 m
Gewicht: 70 kg

Augenfarbe: grau-blau
Haarfarbe: blond

Unterschrift

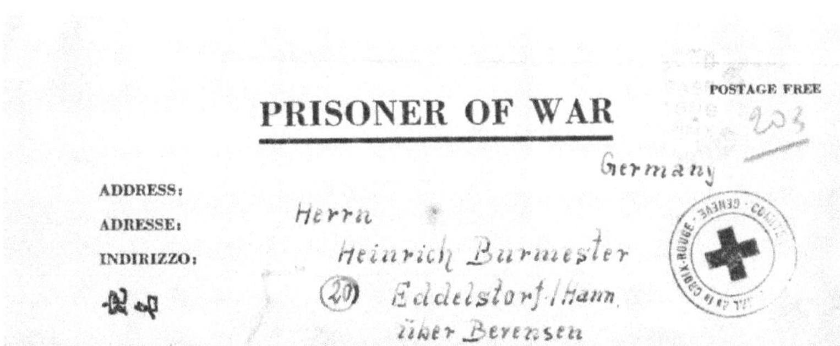

POSTAGE FREE
203

PRISONER OF WAR

Germany

ADDRESS:
ADRESSE:
INDIRIZZO:

Herrn
Heinrich Burmester
(20) Eddelstorf / Hann.
über Bevensen

Brief aus der amerikanischen Gefangenschaft

8.3.45

DO NOT WRITE HERE! NICHT HIER SCHREIBEN! NON SCRIVETE QUI!

MY ADDRESS IS

MEINE ADRESSE IST WIE FOLGT:

IL MIO INDIRIZZO È

P. D., P. M. G. Form No. 4
June 11, 1943

U. S. GOVERNMENT PRINTING OFFICE: 1943

III

PARTICULARS OF DISCHARGE

Entlassungsvermerk

THE PERSON TO WHOM THE ABOVE PARTICULARS REFER
Die Person auf die sich obige Angaben beziehen
WAS DISCHARGED ON (Date) 1 SEPT 45 FROM THE* AIR CORPS
wurde am (Datum der Entlassung) vom/von der * entlassen

RIGHT THUMBPRINT
Abdruck des rechten Daumen

CERTIFIED BY
Beglaubigt durch

NAME, RANK AND APPOINTMENT OF ALLIED DISCHARGING OFFICER IN BLOCK CAPITALS: G.E HECK 1st LT INF PRIS PERS OFF

OFFICIAL EMBOSSED SEAL
Amtlicher Einprägestempel

No. 44 D.C.M.

Discharged at P W Camp
WEEZE Germany 1 SEPT 45

Sein Entlassungsschein aus der amerikanischen Kriegsgefangenschaft

21.11.1944, 12.00 Uhr: Meine Gefangennahme!

In einer Entfernung von ca. 600 Metern auf der Anhöhe sehe ich Panzer mit roten Tüchern behangen und darauf vermeintlich deutsche Soldaten. Panzer mit roten Tüchern hatte ich vorher noch nicht gesehen. Aber das sollte kein Grund zur Aufregung sein; denn es konnten ja eigentlich nur deutsche Panzer sein. Sonst hätten mir die Bewohner doch gesagt, dass der Feind dort schon durchgebrochen ist.

Ich lasse anhalten, um das Durcheinander auf der Anhöhe näher zu beobachten. Durch mein Fernglas sehe ich, dass sich ein Geschützturm in meine Richtung dreht.

Ich sehe ein Aufblitzen des Rohres. Gleich danach fliegt der Kühler meines Fahrzeuges in die Luft.

Ich kann nur noch schreien: „Raus und volle Deckung, alles in den Graben!" Aber was würde uns das nützen?

Ein mörderisches Feuer beginnt.

Einige Panzer kommen feuernd herangebraust.

Die Verletzten schreien.

Wir haben keine Deckung.

Die Schützengräben sind voller Wasser. Wir haben nur die Möglichkeit, dort hineinzuspringen, um ein bisschen Schutz zu haben.

Ein Soldat springt etwas später hinterher und das haben die Angreifer gesehen. Bis an den Hals sitzen wir im Wasser. Die Feuerkugeln fliegen uns um die Köpfe.

Dann stehen die Feinde mit vorgehaltenen Maschinenpistolen vor dem Loch und wir werden in französischer Sprache angeschrien. Es sind Gaullisten von der 7. Armee.

Wir klettern aus „unseren" Wasserlöchern und ergeben uns in französische Gefangenschaft. Die Verwundeten werden notdürftig versorgt und dann geht es rauf auf die Feindpanzer. Ich stelle fest, dass unser Rgt. Kdr. Oberst Maifaht auch unter den Gefangenen ist.

Wie mag es wohl um unsere Einheit stehen? Es muss ein gewaltiges Durcheinander gegeben haben.

Wir werden im deutschen Seeweiler in einer Schule untergebracht. In einem kleinen Ofen ist Feuer gemacht worden. Ich ziehe mich völlig nackt aus, um meine durchnässte Uniform zu trocknen. Es ist bitterkalt. Die Franzosen lassen es zu, dass wir von der deutschen Bevölkerung mit guter und reichlicher Kost versorgt werden. Wir verbringen die Nacht in dem Raum und schlafen auf Tischen.

Am 22.11. werden wir mit LKWs nach Saarburg gebracht. Wir sind in einem großen Saal untergebracht und übernachten auch dort sitzend oder liegend; soweit der Platz reicht. Verpflegung erhalten wir nicht. Dann geht es mit zwei LKWs zum Bahnhof.

Wir fahren über Luneville nach Epinal und werden dort in einer Kaserne untergebracht. Wir erhalten erstmals eine dünne Suppe. Offiziere und Mannschaft werden getrennt. Wir Offiziere übernachten in einem separaten Raum und erhalten erstmalig die sogenannten leichten und schweren Dosen. Diese Verpflegung kannten wir Deutschen bisher noch nicht. Sie ist aber ausreichend und gut.

Da ich der einzige Flakoffizier bin, werde ich laufend verhört.

Am 24.11. erfolgt der Bahntransport in Richtung Süden. 45 Offiziere in einem Güterwagen ohne Unterlagen. Ich bin froh, dass ich zwei Mäntel habe. Meine Bekleidung ist auch wieder einigermaßen trocken geworden. Wir erhalten Dosenverpflegung, doch obwohl wir Durst haben, bekommen wir nichts zu trinken. Wir werden von Negern bewacht. Unsere Notdurft können wir auch nicht verrichten. Dafür nutzen wir die leeren Dosen von unserer Verpflegung. Es geht toll zu. Nur einmal am Tag werden wir hinausgelassen, um uns von allem zu befreien. Nach drei Tagen sind wir in der Nähe von Marseille. Wir werden ausgeladen und es folgt ein einstündiger Fußmarsch zum POW E404 (*POW= Prisoner of war - Kriegsgefangener*). Wir sollen später nach Übersee kommen. Die Restverpflegung, die wir noch haben, müssen wir abgeben. Alles das, was uns die Gaullisten gelassen haben, wird uns jetzt von den Amis abgenommen. Außer meiner Uniform habe ich nichts mehr.

Im Lager sind nur kleine Zweimann-Tropenzelte vorhanden, in denen wir untergebracht werden. Jeder erhält eine Stepp- und Wolldecke. Bis jetzt ist es hier in Südfrankreich noch warm, aber die Verpflegung ist sehr unregelmäßig und knapp, bedingt durch das plötzliche Anwachsen der Gefangenenzahl. Mit dem Wetter haben wir vorläufig Glück, die Sonne meint es mit uns noch recht gut. Um neun Uhr gibt es oft erstmals Kaffee, Marmelade und Weißbrot. Das Stück Brot ist nur klein und wir haben sonst nichts zu beißen. Es schmeckt zwar gut, aber unser Magen bleibt leer und hat wenig zu verarbeiten. Die Umstellung macht sich bald zum Nachteil des ganzen Körpers bemerkbar. Wir hoffen auf eine baldige Verlegung; es soll ja nach Amerika gehen. Alle bisherigen Transporte nach Übersee erfolgten von Marseille aus. Abends gibt es abwechselnd gute Milchspeisen mit Nudeln oder Reis. Sie sind zwar schmackhaft, aber sehr dünn und die Portionen sind zu klein. Da wir keine Beschäftigung haben, denken wir nur ans Essen. Wir dösen vor uns hin und der Magen ist bald wieder leer.

Weder lesen, noch schreiben können wir. Nach einer Woche können wir dann die ersten Marketenderwaren (übliche Kioskwaren, die für Soldaten bestimmt sind) bekommen, wie zum Beispiel Tabak, Seife, Handbürste, Zahnbürste und auch Süßigkeiten. Ich habe aber leider weder Handtuch, Seife noch Taschentuch erwischt. Ein gefundener Stofffetzen dient dann als Taschentuch. Seife pumpe ich mir von meinem Zeltkameraden Lt. Eduard, der einen Rucksack gerettet hat. Das POW-Lager ist in Blocks eingeteilt. Ich gehöre zu Block 3, Hptm. Sieben ist unser Blockführer. Er ist ein energischer junger Offizier. Unser Lagerältester ist Oberstleutnant Fischer, der in Deutschland wegen Sabotage des Nachschubs zu Tode verurteilt worden ist. Er ist ein unmöglicher Führer, der sich nicht durchsetzen kann und uns das Leben sehr erschwert. Die Toiletten sind offene Anlagen; so, wie es sie in Frankreich vielerorts gibt.

Neben uns ziehen Mädels ins Revier ein, zum Teil aus Straßburg stammend. Selbst alte Frauen mit kleinen Kindern hat man gefangen genommen.

Das Wetter verschlechtert sich bald zusehends und es regnet stark. Dadurch sind wir im Zelt durchnässt; denn für so ein Wetter sind sie nicht geeignet. Unsere Decken können wir nicht trocknen und es ist keine Änderung in Aussicht. Am Ende des Lagers werden die gleichen Zelte aufgebaut und wir ziehen nach dorthin um. Es ist sehr windig. Der sogenannte Mistral macht uns sehr zu schaffen; es folgen viele Regentage. Es heißt, dass es bald größere Zelte geben soll. OTL. Fischer schafft nichts. Wir wagen, über die Zuteilung von Essen abzustimmen. Aber das wird ein Fiasko, was vorauszusehen war. Ich hielt von der Abstimmung nichts. Die

Folge ist eine immer unregelmäßiger werdende Essenzuteilung; manchmal nur zweimal täglich und das zwei Wochen hindurch. Es gibt nur geringe Portionen. Der Hunger ist groß. Unsere Kraftreserve schwindet immer mehr, sie ist fast aufgebraucht. Wir werden matt und schlapp. Viele Kameraden sind schon zusammengebrochen und sind ins Revier gekommen. Die kleinste Bewegung scheint uns schon umzuwerfen.

Ein Lichtblick: Die Viermann-Zelte sind im Entstehen. Fischer meldet sich auf Nimmerwiedersehen ins Lazarett ab. Wir sind froh! OTL. Schalkenbrant übernimmt nun die Führung. Er kommt aus Straßburg. Er ist sehr energisch und korrekt, setzt sich stark für uns ein und kann sich durchsetzen. Unser amerikanischer Lagerführer „Jonny", ein Jude, droht mit Repressalien und Kollektivstrafen. Wir müssen jetzt oft am Tage zu unregelmäßigen Zeiten antreten.

Endlich sind die Viermann-Zelte fertig. Wir haben nun Holzbetten und können aufrecht ins Zelt gehen und uns da auch so bewegen. Wir sind jetzt besser vor Nässe geschützt. Auch sollen nun die Antretzeiten geregelt werden.

Die dreimalige tägliche Verpflegung wird wieder eingeführt. Nach weiterer Belegung des Nebenlagers wird die Verpflegung jedoch wieder unregelmäßiger.

Wir bekommen eine Küche, die für zwei Camps zu kochen hat. Das Essen ist meistens sehr schmackhaft, aber es wird zu wenig ausgeteilt; vor allem zu geringe Mengen Brot. Die Wurst ist allerdings gut. Am frühen Morgen erhalten wir eine schmackhafte Kaffeeration. In unserem Block wird die Ausgabe geregelt. Das lange Anstehen hört allmählich auf. Leutnant Jonas ist „Verpflegungsminister". Manchmal gibt es nachmittags Käse und Pfirsiche, was sehr schmackhaft ist.

Nun wird es immer kälter. Der Winter naht und mit ihm auch das Weihnachtsfest. Wir hoffen auf einige Liebesgaben. Durch den andauernd fast leeren Magen sind unsere Gedanken fast nur beim Essen. Wie mag es zuhause aussehen und in unserer lieben Heimat? Ich kann mich mit meinem Schicksal immer noch nicht abfinden und bin untröstlich. Die so schnelle Gefangennahme hat mich sehr deprimiert

Im Nachbarcamp sind Soldaten, die keine Offiziere sind, untergebracht. Durch laufendes Spähen entlang des Zaunes treffe ich Angehörige meiner Einheit. So erfahre ich, dass zwei unserer Kanonen gesprengt werden mussten. Wo die anderen Geschütze geblieben sind, können sie aber nicht sagen. An diesen Kämpfen konnte ich nicht mehr teilnehmen. Vielleicht war das auch mein Glück.

Wie ein Lichtblick fällt vor Weihnachten unsere Gegenoffensive in den Ardennen. Alles ist stolz und hocherfreut, da die ersten Erfolge gewaltig sind. In den wenigen Zeitungen, die wir im Lager erhalten, wird sehr deprimierend über unseren Feind geschrieben. Der Gegenschlag kam wohl überraschend und alles scheint durcheinanderzuwirbeln. Unsere Herzen schlagen nun wieder höher.

Das Weihnachtsfest 1944 ist für uns alle eine Enttäuschung, da die erhofften „Liebesgaben“ ausgeblieben sind. Der Feind hat wohl andere Sorgen. Jedoch kann ich mich am ersten Festtag so richtig mit Nudeln satt essen. Am zweiten Tag ist die Verpflegung leider umso schlechter. Den Christabend feiern wir unter einem Fichtenbaum, mit einem Lagerfeuer im Camp. Es ist eine eindrucksvolle Feier mit Singen, Ansprachen sowie einer Predigt; Kerzen und Beleuchtung sind nicht da. Mit eigenen Gedanken gehe ich danach schlafen. Ich bin abwesend wie viele andere - ich merke es - keiner spricht darüber. Meine Sinne sind in der fernen lieben Heimat im Kreise meiner Lieben. Verstehen kann das alles nur derjenige, der schon einmal in einer ähnlichen Lage gewesen ist. Mir ist sehr weh ums Herz wegen der Sorgen um meine Lieben daheim. Anfang Dezember konnte ich die ersten Zeilen schreiben; sind diese zuhause angekommen? Monatlich dürfen wir viermal schreiben. In Gedanken sehe ich unseren Weihnachtsbaum auf dem Tisch neben dem Klavier. Ich spiele dabei traute Weisen und meine Eltern singen mit Rudolf dazu. Aber wie mag es meinem Bruder Heinrich gehen? Ich fühle, dass er noch lebt. Die Gefangenschaft ist hier bitter, aber in Russland muss es noch viel schlimmer sein. Hart ist das Schicksal unserer Familie. Meine Eltern müssen schwere Sorgen haben und der Kummer meiner Mutter wird sehr groß sein. Ich schreibe ihr so oft wie möglich Trostbriefe; alles wird wieder besser werden. Nur meine Eltern und die Heimat müssen mir erhalten bleiben! Wann wird das Schicksal entschieden? Die Sehnsucht nach Frieden ist groß, aber auch der Wille zum Sieg größer denn je. Es gibt in der Welt nur eine Gerechtigkeit und zwar die des totalen Sieges.

Das Weihnachtsfest geht vorüber und wir sind über die Behandlung zum Fest von den Amis enttäuscht. Aber den Soldaten, die keine Offiziere sind, ergeht es noch viel schlimmer. Tagelang sind sie draußen bei Regen und Wind, auch nachts ist keine Unterkunft vorhanden. Sie sind nur mit einer Decke ausgerüstet. Viele liegen am Boden und können nicht einmal mehr aufstehen. Sie sind wohl für immer ruiniert. Aber wie haben wir uns denn eine Gefangenschaft vorgestellt?

Nun wird es immer kälter. Der erste Schnee fällt, was für die hiesige Gegend eine Seltenheit sein soll.

Das Jahr 1944 geht seinem Ende entgegen und ich denke immer wieder an die Heimat. Silvester gehe ich früh schlafen, in Gedanken an zuhause.

Was wird uns das Jahr 1945 bringen?

Unsere Offensive ist fehlgeschlagen und nun vorbei; wir sind darüber sehr enttäuscht. Einzelheiten erfahren wir nicht. Ich bleibe aber fest in meinem Glauben an den Endsieg. Schon jetzt spalten sich die Offiziere, ein Teil wird schwach und verliert die Hoffnung.

Eine starke Kälte setzt ein und wir frieren zum Erbarmen. Nirgends können wir uns wärmen, auch ist die Verpflegung knapper geworden, der Hunger tut weh. Da es kein Fett gibt, friert der Körper umso mehr. Nachts wird es immer kälter. Die Stepp- und Wolldecken nützen uns wenig.

Mein Geburtstag (*07.01.*) kommt. Ich freue mich schon auf die doppelte Portion, die es dann geben soll. Aber es wird eine riesige Enttäuschung; denn es gibt die schlechteste Verpflegung, die wir je hatten; und das an einem Sonntag! Am Abend verderbe ich mir auch noch durch die gereichte Wurstbrühe den Magen.

Die Kälte hält weiterhin an. Wurst und Fett sind knapp, auch gibt es wenig Brot und die Suppen werden immer dünner. Was wird nur aus uns werden?

Wir werden zu einem Stammlager und erhalten somit ab meinem Geburtstag eine Anschrift. Mit der angedachten Reise nach Amerika ist es nun vorbei.

Der Feind hat den Krieg wohl schon gewonnen. Ich bitte nun in meinem Schreiben an zuhause um ein Paket. Dann erhalten wir drei Wochen keine Briefformulare mehr, aber eine Abschrift von der „Genfer Konvention“ wird uns ausgehändigt. Wir beschweren uns bei der Lagerführung, aber ohne Erfolg. Daraufhin wird Oberstleutnant Schalkenbrant abgelöst und Oberst Eckstein wird neuer deutscher Lagerältester. Lagerkommandant ist nun der Ami Sergeant Hirsch.

Endlich erhalten wir nun wegen der starken Kälte eine zweite Steppdecke und auch eine Wärmebaracke ist im Entstehen. Es ist aber auch schlimm mit der andauernden Kälte. Uns wird oft schwarz vor den Augen. Hunger und Kälte, das wirft einen um und der Körper ist schlaff und müde.

Durch Abzug der meisten anderen Gefangenen kocht die Küche nur für uns Offiziere. Die Mahlzeiten werden nun geregelter. Endlich steht auch die Wärmebaracke für 600 Personen. Im benachbarten Lager sind nur noch Arbeiterkompanien untergebracht.

Ein jeder sucht sich seine Beschäftigung. Schachfiguren werden geschnitzt. Ich selber hämmere mir welche aus Büchsenblech. Darüber hinaus fertige ich mir eine kleine Bratpfanne. Die kalte Kost röste ich darin an, was mir sehr gut schmeckt und außerdem wird die Kost auch ein bisschen gestreckt.

Fast täglich finden Zeltrevisionen statt. Bleistifte, Papier und Bratpfanne werden mir leider abgenommen. Schere, Messer und Gabeln sind verboten. Das Rasieren erfolgt ohne Spiegel. Da keine überdeckte Waschstelle vorhanden ist, findet alles draußen in der eisigen Kälte statt. Plötzlich fallen auch die so gerne gegessenen Milchspeisen aus. Angeblich hat man keine Milch mehr. Dafür gibt es eine dünne Suppe. Nudeln gibt es nun auch nicht mehr, was bisher unsere einzige gute Mahlzeit war.

Der Februar 1945 kommt.

Die Sonne steigt schon etwas höher, sodass es langsam wärmer wird. Nach Tagen der sehr schlechten Verpflegung folgt nun eine kleine Aufbesserung. Wird es so bleiben? Es gibt sogar einige Bonbons. Für mich eine Delikatesse!

Wo wäre ich wohl geblieben, wenn ich Raucher gewesen wäre? Ich tausche alle Rauchwaren in andere Utensilien um; wenn wir mal etwas bekommen. Die anderen rauchen wie die Besessenen.

Die Brotration wird größer. Milch und Kaffee dagegen weniger, aber dafür etwas süßer. Die Suppen werden dicker und sind sehr schmackhaft.

Eine große Sorge überfällt uns. Wir erfahren, dass der Russe ins Reichsgebiet vorstößt. Wenn wir auch nur einseitige Nachrichten erfahren, so ersehen wir aber daraus, dass die Gefahr für Deutschland immer größer wird. Verschiedene Offiziere entfernen daraufhin ihre Hoheitsabzeichen und wenden sich öffentlich gegen unsere Regierung. Die übrigen Offiziere, auch ich, sind dagegen machtlos. Stimmen die Nachrichten oder Parolen von unserer großen Gegenoffensive? Ich glaube fest daran und baue auf unseren Führer. Es muss doch auf der Welt noch eine Gerechtigkeit geben. Deutschland darf nicht zugrunde gehen.

Die Nachrichten überschlagen sich! Breslau, Posen, Danzig sollen eingeschlossen sein. Wie wird das nur enden? Wir hoffen auf eine gute Zukunft.

08.02.1945: Wir erfahren, dass der Russe immer weiter vorrückt. Die Oder wird in breiter Front überschritten und die Feinde stoßen auf Dresden und Berlin vor.

Auf der Krim hat eine Dreier-Konferenz stattgefunden. Das Ergebnis ist uns nicht bekannt, aber die Karten sind ausgespielt und das wahre Gesicht hat sich gezeigt. Es muss nun als letzte Rettung ein Gegenschlag kommen.

Auch im Westen rückt der Feind weiter vor. Die U-Boote sollen tüchtig operieren, sind aber machtlos. Ich versuche mich nun anderweitig zu beschäftigen. Mein Geist soll, trotz allem, frisch bleiben.

Am 15.02. melde ich mich zum Abitur. Wir werden von Hochschullehrern, die sich unter den Gefangenen befinden, unterrichtet. Mit Eifer bin ich dabei. Nur primitive Mittel stehen uns zur Verfügung und wir hoffen auf Besserung.

Am 17.02. besucht uns aus Genf eine Delegation. Wir hoffen nun auf eine Besserung, aber das Essen wird trotzdem wieder schlechter. Das Mittagessen ist sehr dünn und abends gibt es nur ein Achtel Brot. Das ist ein unmöglicher Zustand, zumal die Kälte immer noch anhält. Es will noch nicht Frühling werden. Auch Ende Februar sind die Nächte noch ziemlich kalt, trotz der südlichen Lage.

Die Gefühle für das Sitzen auf der Schulbank sind gemischt. Wegen der körperlichen Verfassung fällt das Denken einem sehr schwer. Es ist zu viel, was in kurzer Zeit auf uns zukommt. 14 Tage Lernzeit liegen nun schon hinter mir. Es steht uns kein Raum zum Arbeiten zur Verfügung. Mit dem Bleistift machen wir unsere Notizen auf braunem Backpapier und eingetauschten weißen Bögen. Mit sehr primitiven Mitteln müssen wir uns behelfen. Ich arbeite tüchtig.

Wie im Flug vergeht dabei die Zeit. Nur nicht an anderes denken. Der Essengedanke vergeht dabei.

Mal ist die Verpflegung gut, dann kommt wieder ein Rückschlag mit ein Zehntel Brot pro Tag. Ich arbeite aber weiter an meinem Abitur.

Ich habe immer noch keine Nachricht von zuhause erhalten und die Hoffnung auf ein Paket hat sich nicht erfüllt.

Es ist Ende Februar 1945 und die Fronten stehen wohl. Wann fällt endlich eine positive Entscheidung? Immer wieder sind meine Gedanken daheim.

Endlich haben wir im Zelt einen Fußboden bekommen. Eine zweite Halle ist auch in Arbeit. Wegen der Schwäche des Körpers, ist an Sport nicht zu denken. Auch haben wir wegen der Abmagerung kein Hungergefühl mehr.

Es ist März 1945 und wärmer geworden. Die Hauptkälte haben wir hoffentlich überstanden. Der Schulunterricht nimmt mit primitivsten Mitteln seinen Fortgang. Es macht mir viel Spaß, wenn es auch eine große Anstrengung kostet. Pro Tag haben wir vier Stunden Unterricht mit sehr guten Lehrern. Augenblicklich haben wir verpflegungsmäßig eine Büchsenperiode. Die Zuteilung ist etwas besser geworden. Endlich ist auch die neue Halle fertig, die uns Schülern zur Verfügung steht. Militärisch erfahren wir wenig, nur dass die Russen vor Berlin stehen. In Schlesien und Pommern soll es schlecht aussehen. Ein weiterer Teil von Offizieren wird wankelmütig und glaubt nicht mehr an einen Sieg. Ich kann mir eine Niederlage der Gerechtigkeit wegen nicht vorstellen. Eine Gegenoffensive muss kommen. Wir wissen aber nicht, wie es in Deutschland aussieht. Wann werde ich endlich Post erhalten? Was machen meine Eltern? Wie geht es Rudolf und was ist mit Heinrich?

Wir sollen verlegt werden! Ist das nur eine Parole?

Am 13.03. wird uns offiziell unsere Verlegung mitgeteilt. Abends Alarm, Packen und Abgabe der Steppdecken.

Mittwoch, 14.03.1945, 05.00 Uhr: Wecken.

Wir müssen antreten; mit Gepäck und einer Wolldecke bewaffnet. Dann Fahrt mit LKWs zum Bahnhof Pas du Valentin. Es geht in zwei Güterwagen Richtung Norden. Lyon - Dijon – Paris und Chartres. Es ist eine Dreitagesfahrt. Die Büchsen-Feldrationen füllen unserer Bäuche und ich tausche wieder die Rauchwaren ein. Ich friere tüchtig. Wohin soll es wirklich gehen und warum die Verlegung?

Ankunft in Chartres. Diese Stadt kenne ich von einem Lehrgang.

Nachts um ein Uhr ist Ankunft. Dann geht es weiter mit LKW in Richtung Süden und Ankunft in einem Lager. Die erste Übernachtung. Wir bekommen gleich Kaffee und etwas zu Essen. Wir haben aber Pech; denn das Lager befindet sich erst im Aufbau. In der ersten Nacht müssen wir alle auf hartem Boden schlafen. 24 Herren sind in einem Zelt untergebracht.

Am Sonntag, dem 28.03.1945, bekommen wir eiserne Betten und wir sind darüber froh. Ich habe einen schrecklichen Durchfall! Wovon? Das ist bei der unregelmäßigen Verpflegung schon möglich; aber es geht nicht nur mir so. Die Verpflegung scheint nun zum Glück besser zu werden. Es dauert nicht lange und wir können mit dem Lernen fortfahren. Die Gedanken und auch der ganze Körper konzentrieren sich nur aufs Lernen, Gott sei Dank! Der Stundenplan ist reichhaltiger geworden. Die Verpflegung ist wohl gut und schmackhaft, aber man kommt damit bei Weitem nicht aus. Es geht hier nur nach Kalorien. Diesen Ausdruck haben wir bis jetzt gar nicht gekannten. Wir bekommen nur so viele Kalorien, die der Mensch dringend zum Erhalt des Körpers braucht. Aber es sind bestimmt weniger. Gut 900 Kalorien sollen es sein. Morgens gibt es eine Milchsuppe, einen halben Teller voll. Es ist leider nur eine Kinderverpflegung. Dazu wird Weißbrot gereicht. Der Kaffee ist auch nicht gut. Wir haben Frühlingsanfang. Das Wetter ist ungefähr so wie zuhause. Das sogenannte „Heimatwetter“ bekommt uns.

Es ist ein herrlicher Sonntag. Unser Lager liegt inmitten grüner Felder. Wann können wir von hier einen Brief schreiben? Wann bekommen wir endlich eine Nachricht von zuhause?

Am 23.03. rollen die ersten Marketenderwaren an. Es ist deutsche Beuteware. Die Raucher sind beruhigt, aber für uns Nichtraucher gibt es fast nichts. Ich versuche, etwas einzutauschen. Das ist aber schwierig; denn Esswaren sind nur selten dabei.

Ostern 1945.

Leider gibt es zum Fest keinen Zuschlag. Ja, das sind Sorgen, die wir haben. Alles dreht sich ums Essen, weil der Körper demonstriert und immer mehr abbaut. Wir bewegen uns nur sehr langsam. Ich versuche, mich durch meine Schule von dem Gedanken des Hungers zu befreien. Wir sind hier, wie auch vorher in Marseille, enttäuscht, weil es viel zu wenig zu essen gibt. So gehen die Ostertage vorüber und meine Gedanken sind daheim. Das Wetter ist stürmisch und leider wieder kälter geworden.

Durch vereinzelte Nachrichten erfahren wir, dass der Feind immer tiefer in Deutschland vorrückt. Die Heimat ist in Not! Das Ruhrgebiet soll schon besetzt sein. Ist das das

Ende? Ich kann es immer noch nicht glauben, dass der Westen gemeinsam mit dem Bolschewismus Deutschland vernichten will. Es muss doch eine Einsicht und Gerechtigkeit geben. Ich glaube immer noch fest daran.

Über die Feiertage haben wir „Schulferien", sodass ich tüchtig meine Arbeiten vervollständigen kann. Da das Lernen mir viel Spaß macht, werden meine trüben Gedanken sehr abgelenkt. Die Berichte über die militärische Lage werden allerdings immer ungünstiger.

Am 06.04.1945 erfahren wir, dass im Süden Wien und im Norden Bremen gefallen sind. Meine Heimat ist in Gefahr und dadurch werden meine Sorgen immer größer. Ich kann mich deshalb nicht mehr so konzentrieren und das Lernen macht immer weniger Spaß.

Was soll werden? Deutschland darf nicht zugrunde gehen. Meine liebe Heimat, sei tapfer. Sie darf nicht verloren gehen! Schicksal sei uns gnädig.

Es ist der 13.04.1945. Der Feind stürmt gewaltig vorwärts. Hannover und Celle sollen gefallen sein. Meine Heimat ist immer mehr in Gefahr. Was machen meine Lieben zuhause? Die Elbe ist überschritten!

Roosevelt ist einem Herzschlag erlegen. Das macht einen großen Eindruck auf uns.

Ist sein Tod günstig oder ungünstig für uns? Wird der Westen nun endlich zur Vernunft kommen und den wahren Weltfeind erkennen? Den Bolschewismus!

Nun hat der Feind laut Nachricht auch meine Heimat erreicht. Meine Lieben, wie habt ihr alles überstanden? Seid Ihr gesund, ist nichts beschädigt oder zerstört? Meine Sorgen sind groß.

20.04.1945: Der Geburtstag unseres geliebten Führers. Er darf offiziell nicht gefeiert werden. Im Zelt findet jedoch eine kleine Feierstunde statt. Morgens ein „Heil" auf das Geburtstagskind und die liebe Heimat. Die Wachen werden an diesem Tag verstärkt. Hier ist ein herrliches „Führerwetter", aber der Feind steht in meiner Heimat.

Es ist der 29.04. und die Lage wird immer bedrohlicher. Der Westen und Osten haben sich schon vereint. Regensburg ist gefallen und Hamburg liegt unter starkem Ari-Feuer.

Der Führer soll tot sein.

Hermann Göring soll mit Schweden Kontakt aufgenommen haben. Vielleicht gibt es doch noch ein Einsehen des Westens und eine gute Wende des Krieges.

Je ungünstiger die Lage für Deutschland wird, desto schlechter wird die Verpflegung. Der Hunger wird bei uns immer größer, während der Stab eine Zusatzverpflegung erhält. Ich aber denke nur an daheim. Wie wird alles enden? Das Wetter wird nun auch wieder schlechter. Hoffentlich sind das die letzten Anstrengungen des Winters, da es schon sehr warm war. Der Mai beginnt mit Schneeschauern und es ist dabei stürmisch und kalt. Wir frieren sehr, da wir nur eine Decke haben.

Ein neuer Lebensabschnitt hat für mich begonnen. Das Unglaubliche ist wahr geworden. Der naive Westen, vor allen Dingen die USA, hat das falsche Schwein geschlachtet! Das wird für die Zukunft böse Folgen haben.

Der Russe steht an der Elbe.

Wir erhalten nun die Nachricht, dass der Führer in Berlin gefallen sei. Nun ist die Hoffnung dahin. Unser geliebtes Vaterland hat den Kampf verloren. Alle Opfer waren umsonst.

Wird es nun einen neuen „Frieden von Osnabrück" geben?
Die Zukunft schwebt schwarz vor uns.
Lauenburg an der Elbe ist genommen.
Meine Lieben, was macht ihr, wie geht es euch?
Die Verpflegung wird immer schlechter. Aber was ist das schon gegenüber der Not in der Heimat? Wir werden zusehends immer schwächer an Leib und Seele. Aber ich versuche trotzdem, mich körperlich und geistig für mein späteres Leben gesund zu halten.
Was macht mein Bruder Rudolf?
Berlin ist in russischer Hand.
06.05.1945: Die deutsche Armee befindet sich in Auflösung.
Admiral Dönitz ist Nachfolger vom Führer.
Himmler nimmt diplomatische Beziehungen mit Schweden über ein Friedensangebot auf. Es ist wohl alles aus. Was wird nun mit uns werden?
Die Verpflegung wird noch schlechter. Wir klappen zusammen.
Es ist Sonntag und meine Gedanken sind jetzt nur noch bei der fernen Heimat.
Ende des Dritten Reiches: 30.01.1933 - 07.05.1945
Am 07.05.1945, 14.00 Uhr hat Marschall Jodel in Reims im Auftrag von Dönitz die bedingungslose Kapitulation unterzeichnet. Alle Stützpunkte sind aufgefordert die Waffen zu strecken. Das ist das Ende der Freiheit! Wie können die westlichen Staaten so kurzsichtig sein!
Stalin, also der Bolschewismus, der größte Feind der freien Welt, hat es geschafft. Wir gehen einer traurigen Zukunft entgegen.

Am 08.05.1945 feiern unsere Feinde den Tag des Sieges und damit auch den Tag des nicht wiedergutzumachenden Irrtums.

Mit Hass und Demut erleben wir dieses in unserem Lager. Große Durchsuchungen folgen. Ein groß angelegter Fluchtplan soll angeblich die Ursache sein. Viele von uns werden abgeführt. Wir wissen nicht warum und wohin sie kommen. Unsere deutsche Führung ist gefangen genommen wor- den (Göring, Dönitz, Himmler, Guderian usw.). Göbbels hat sich angeblich mit seiner Familie das Leben genommen.

20.05.1945: Es ist Pfingsten.

Ich bin niedergeschlagen und das Wetter ist stürmisch. Meine Gedanken sind zuhause. Was hat sich alles geändert? Nachrichten haben wir keine erhalten. Wie mag es in der Heimat aussehen? Ich stürze mich wieder in die Arbeit, um nicht ganz zusammenzuklappen.

Ab Pfingsten ist die Verpflegung etwas besser geworden. Wir verfolgen täglich die einseitigen Nachrichten. Nach Hause, das ist unser aller Wunsch.

Der Feind scheint sich noch nicht ganz einig zu sein. Hat der Westen jetzt schon seinen größten Fehler erkannt? Die Parteiangehörigen sollen schwer büßen und die SS-Angehörigen sollen Zwangsarbeiten durchführen. Geduldig warten wir ab.

23.05.1945: Mein Bruder Rudolf hat Geburtstag. Meine Gedanken sind bei ihm. Wo mag er sein? Ich sehne mich immer mehr nach der Heimat. Das ist viel schlimmer als das Hungern.

Es geht ein Gerücht herum, dass die Landwirte vorzeitig entlassen werden sollen. Schaffe auch ich es, obwohl meine

Beschäftigung vor Ausbruch des Krieges in Mecklenburg doch bei der Sparkasse war?

Das Wetter wird wieder mieser, eine Regenperiode setzt ein. Wir erhalten die ersten deutschen Zeitungen, die vom Kriegsende berichten. Hoffnungslos und traurig sind die Berichte; natürlich auch einseitig verfasst. Durch die letzten Ereignisse macht mir die Abiturarbeit viel Mühe.

Wir sind alle sehr nervös geworden, aus Sorgen um die Zukunft und was man mit uns Offizieren wohl nach der bedingungslosen Kapitulation anstellen wird.

28.05.1945: Die Parolen überschlagen sich. Wir sollen verlegt werden. Nach der Heimat oder nach Cherbourg? Wieder setzen scharfe Durchsuchungen ein. Fast alles nimmt man uns ab. Den kleinen Block mit meinen Aufzeichnungen hat man bisher noch nicht gefunden. Ich habe ihn in meiner kleinen Seitentasche des Rockes versteckt. Ist die Durchsuchung das erste Zeichen unserer Entlassung? Auch der Abiturunterricht wird unterbrochen. Das muss doch ein gutes Zeichen sein.

31.05.1945, 17.00 Uhr: Endlich Abmarsch vom Lager. Geht es nun in die richtige Richtung? Mit der Marschverpflegung sieht es schlecht aus. Das ist eine bittere Enttäuschung. Es gibt nur ein Achtel Brot und ein kleines Stück Fleisch. Wie lange soll das reichen? Bestimmt nicht bis zur Heimat. Die Portionen sind bald verbraucht und wir erhalten keine weitere Verpflegung. Der Hunger ist groß. Das Gefühl der Sättigung ist verloren gegangen.

01.06.1945, 18.00 Uhr: Ankunft auf dem Bahnhof St. Mere Eglise. Es geht also in die falsche Richtung. Es folgt nun ein elf Kilometer langer Fußmarsch. Viele Kameraden fallen um. Ich schaukle hin und her und die Sonne sticht; von Rast und

Verpflegung keine Spur. Endlich gibt es eine Ration: Rührei und ein Drittel Brot. Wir fallen darüber her. Aber in den nächsten zwei Tagen sieht es wieder traurig aus. Der Feind liefert einfach keine Verpflegung. Eine körperliche Bewegung ist nicht mehr möglich, wir liegen nur noch herum. Den Unterricht können wir auch nicht mehr fortsetzen. Wie lange soll das so weitergehen?

Der Tag der Invasion wird stürmisch gefeiert. Man sagt uns nun, dass den Menschen in der Heimat auch nicht mehr Verpflegung zusteht, als die, die auch uns zugeteilt wird. Allerdings will man uns noch 50 Prozent streichen. Will man uns verhungern lassen? Das Hungern wird nun noch schlimmer. Nur die Hoffnung auf unsere Entlassung ist der einzige Trost. Die ersten 100 Personen sind schon vom Lager abgegangen; aber wohin? Es sind allerdings alles Landwirte gewesen. Werden bald weitere folgen?

Die Parole geht um, dass in einem Monat das Lager aufgelöst sein soll. Bis dahin wollen wir dann gerne weiter hungern.

Hier, in der Nähe der Küste, ist das Wetter sehr unbeständig. Es ist regnerisch und stürmisch. Da ich Nichtraucher bin, habe ich die Möglichkeit, wenn ich Rauchwaren erhalte, diese gegen Verpflegung einzutauschen. Die Raucher klappen noch mehr zusammen als ich.

20.06.1945: Zuhause hat bestimmt schon die Heuernte eingesetzt. Wie sieht es wohl dort aus? Ist noch alles gesund und munter? Stehen die Gebäude noch und ist nichts beschädigt? Die Zeitungen schreiben von starken Rückwanderungen in die verlassenen Ortschaften. Sind viele Menschen vor dem Feind geflohen? Aber wohin? Der Feind ist doch überall gewesen.

Ein Austausch der Gefangenen und Flüchtlinge zwischen Russland und USA soll stattfinden. Unserer Entlassung ist wohl in weite Ferne gerückt. Die Verpflegung wird immer noch nicht besser. Der körperliche Zustand verschlechtert sich und auch Schwindelanfälle setzen ein. Besonders die Raucher haben darunter zu leiden. Rauchen und fast nichts essen, das hält der Körper nicht durch. Der Hunger tut weh. Hoffentlich geht es bald nach Hause.

28.06.1945: Seit einiger Zeit bekommen wir zum Brot außer Kompott keinerlei Aufstrich; dafür gibt es seit drei Tagen die sogenannte „Feldküchenkelle“. Das ist aber bei Weitem kein Ausgleich. Wird das so bleiben?

Von der Heimat hört man nichts mehr, was uns moralisch fertigmacht. Ich stürze mich in mein neues Gebiet, die Landwirtschaft.

Das wechselvolle Küstenwetter hält an: Sturm, Regen und wenig Sonne. Ist das der Sommer in der Nähe der Küste? Die Unterbringung ist hier schlecht. Wir liegen auf bloßer Erde. Von einer Entlassung spricht niemand mehr. Wie soll es weitergehen? Ob Rudolf schon entlassen ist oder wo mag er sein? Und wo ist mein Bruder Heinrich, der ja mit seiner Einheit in Stalingrad war?

Viele junge Männer, die Flakhelfer waren und zum Teil noch Kinder sind, werden eingeliefert. Sie sollen umgeschult werden.

01.07.1945: Ein großer Konzertabend findet im Lager statt. Auszüge aus Opern und Operetten werden gespielt. Es ist für alle ein großes Erlebnis. Die den Musikern vorliegenden Mittel sind zwar sehr primitiv, aber es ist trotzdem ein eindrucksvolles Konzert geworden. Bei der Unterhaltung sind unsere Gedanken bei der lieben Heimat. Ich glaube, fast alle haben die gleichen Gefühle.

Die eingelieferten Flakhelfer beeindrucken uns. Sie sind niedergeschlagen und sehr deprimiert.

Die Verpflegung scheint besser zu werden, aber es gibt keinerlei Brotaufstrich und Fett. Es wird immer schlimmer mit uns. Ich persönlich bin nur noch Haut und Knochen. Wir liegen weiter auf kahler Erde, dazu die schlechte stürmische Witterung und fast stündlich dreht sich der Wind. Regen und Sonne wechseln sich ab.

08.07.1945: Auflösung unseres Lagers 13, da sich 200 Offiziere freiwillig zum Arbeitsdienst gemeldet haben. Ich komme zum Block 9 und treffe dort ein paar Bekannte. Der Block ist dicht belegt. Die Mannschaften und auch der bisherige Stamm werden herausgezogen. Wir sollen uns selbst verwalten und somit den Stamm stellen. Was soll das alles? Alle Soldaten mit Amputationen und über 50-Jährige sollen entlassen werden. Der größte Teil von uns hat aber noch nicht das Alter.

20.07.1945: Also war unsere Entlassung wieder einmal eine Finte. Eigentlich sollen täglich

1200 entlassen werden. Wir sind aber leider nicht dabei. Endlich haben wir Eisenbetten bekommen; natürlich nur das Material. Zusammengeflickt und geätzt haben wir uns diese selber. Es sind sogenannte Gitterbetten.

Zwei Tage war die Verpflegung durchschnittlich; nun ist sie wieder katastrophal. Abends gibt es nur eine dünne Brotsuppe mit Nudeln. Wir liegen nur noch auf den Betten, die Kräfte schwinden. Das Wetter ist wieder stürmisch und regnerisch.

Es werden Arbeitskräfte gesucht. Hier in der Nähe liegt ein Steinbruchwerk. Weil es pro Tagesarbeit eine Mittagskost aus der Feldküche gibt, melden sich 50 Herren. Aber diese Männer brechen durch die Arbeit noch mehr zusammen.

Nun sehne ich mich mehr denn je nach der lieben Heimat. Der neue Stamm aus Offizieren ist gebildet worden. Die Mannschaften, auch von der Küche, sind entlassen. Die Zusammenarbeit mit der Küche ist gut, auch folgt eine gerechte Verteilung. Jedoch sind dort keine Berufsköche tätig, sondern die Meldung für diese Beschäftigung erfolgte nur des Essens wegen. Wir sind aber froh, dass die Mannschaften fort sind.

Es könnten Aufnahmen gemacht werden wie die von den Konzentrationslagern. Durch die Zeitungen hatten wir solche Bilder gesehen. Ich habe davon vorher nichts gewusst. Immer wieder werden Arbeitsfreiwillige gesucht, aber ich melde mich nicht; denn mein Körper wäre sicher zusammengebrochen.

02.08.1945: In diesem Monat sollen nun endlich die Offiziere entlassen werden. Die Mannschaften, außer Hitlerjugend und andere Jugendliche, sind bereits fort. Durch deutsche Lehrkräfte erhalten diese Unterricht.

Erstmalig gibt es acht Stück Schokolade wegen eines Typhus-Ausbruchs im Jugendlager. Soll das helfen? Uns zieht man dafür ein Viertel der Brotration ab.

Meine Gedanken sind jetzt besonders daheim, denn es muss dort die Ernte begonnen haben. Wie sieht es nur zuhause aus? Auch an Bruder Heinrich muss ich oft denken. Vielleicht ist er in russische Kriegsgefangenschaft geraten. Geht es denen auch so schlecht wie uns oder ist es dort noch viel schlimmer? Ich hoffe, dass er noch lebt und gesund ist.

Ich erfahre nichts. Das Schicksal ist hart. Viel schlimmer ist es aber für die Verheirateten, die Frau und Kinder haben.

05.08.1945: Es gibt wieder Schokolade, da der Typhus anhält.

Am Anfang eines jeden Monats erfolgt eine kleine Aufbesserung. Aber der Ami liefert wie er will.

Von Cherbourg sollen große Schiffstransporte abgehen. Aus unserer Kartei werden einige Offiziere überprüft. Warum?

10.08.1945: Wir erfahren durch unsere Lagerpresse und durch zufällige Radiomeldungen in deutscher Sprache vom Abwurf von zwei Atombomben auf Japan. Es folgt daraufhin die Kapitulation von Japan. Der Weltfrieden ist da. Russland soll Japan besetzt haben. Aber nun ist wenigstens Ruhe und Frieden. Was wird nun aber mit uns?

Die Verwundeten und Älteren sind entlassen worden.

In Potsdam wird über Deutschland verhandelt. Wie wird das Vaterland danach aussehen?

Am 16. und 17.08.1945 sind die Friedensfeiertage der Alliierten. Es sollen die größten Feiertage der Welt sein. Alles überschlägt sich hier und es ist überall Freude. Nun ist Friede. Japan hat die Bedingungen angenommen, aber der Kaiser bleibt.

Die Gerüchte über unseren Abtransport verdichten sich. Täglich gibt es Transporte. Wann sind wir Offiziere endlich dran?

Nun wird die Verpflegung auch etwas besser. Wir bekommen seit einer Woche wieder Schokolade; dafür aber weniger Brot. Fett gibt es aber fast gar nicht. Unser Körper ist nur noch ein Gerippe. Ich schlafe den ganzen Tag.

Aus den USA wird angeblich gemeldet, dass hier zum 15.09.1945 alle fort sein sollen.

Zuhause ist die Ernte in vollem Gange und die Bienen sind wohl schon in der Heide.

Meine Gedanken sind gerade jetzt kurz vor unserer angeblichen Entlassung mehr denn je daheim. Oh, könnte ich sehen, wie es dort aussieht. Aber bald wird unsere Entlassung und Heimfahrt kommen.

18.08.1945: Die Aufteilung Deutschlands in Zonen wird uns bekannt bekanntgegeben. Danach gehöre ich zur britischen Zone.

Die Nachrichten überhäufen sich. Gestern wurden die ersten Gefangenen der britischen Zone aus Lager 16 zusammengefasst. Ist das der erste Schritt zu meiner Entlassung? Heute erreicht auch uns die frohe Botschaft, dass das Lager 9 zusammengefasst werden soll. Ich möchte die Welt umarmen. Wird das der Anfang unserer Entlassung sein?

Mein Herz jubelt. Wohin werden wir kommen, geht es nach Hause? Ich kann noch schnell ein paar Zeilen schreiben, weil ich zufällig noch einen entsprechenden Vordruck habe.

20.08.1945: Es regnet seit Tagen in Strömen. Der Nachrichtendienst gibt große Ernteverluste an. Plötzlich wird unsere Verlegung aufgeschoben, aber dann geht es doch los. Da ich meine Heimatadresse angegeben habe, gelte ich als Angehöriger eines Landwirtes. Alle, die in Verbindung mit der Landwirtschaft stehen, werden nun zuerst erfasst. Ich verabschiede mich von den Kameraden von Camp 9. Das Camp 16 als Sammellager ist nun voll belegt. Geht es nun endlich in Richtung Heimat? Die „Abschiedsverpflegung" im Camp 9 war unmöglich. Das Küchenpersonal ist unfähig und sind ungelernte Kräfte. Im Camp 16 herrscht ein besseres Klima und es gibt eine bessere Verpflegung durch das gute Personal.

Es regnet immer noch und meine Gedanken sind jetzt mehr denn je in der Heimat bei meinen Lieben.

Beginnt nun ein neuer Lebensabschnitt für mich? Neue Gerüchte gehen um. Ich glaube nur noch an die guten. Morgen soll der erste Transport in die englische Zone abgehen. Wir werden zum Lager 1 verlegt, was ich als ein gutes Zeichen deute.

Die letzten Tage meiner PW-Zeit

22.08.1945: Es regnet immer noch in Strömen; hoffentlich nicht zuhause. Ich mache mir große Sorgen um die Ernte und wegen der Arbeit meiner lieben Eltern. Hoffentlich rücken wir bald ab!

Plötzlich erfolgt bei strömendem Regen eine Verlegung in das Entlassungslager 1b. Das ist der erste Schritt in die Freiheit. Ich bin froh und mein Herz jubelt. Die Sehnsucht wird immer größer. Wird es eine Enttäuschung geben?

Jetzt melde ich mich doch noch zum Arbeitskommando für leichtere Arbeiten; denn dafür bekommen wir das Dreifache an Verpflegung. Obwohl ich mich nach langer Zeit das erste Mal richtig satt essen kann, kommt der Körper damit nicht zurecht. Der Magen scheint zu platzen, denn leider tausche ich auch noch den Tabak ein, den ich für Vati aufbewahrt hatte. Dazu noch die eingetauschte Schokolade. Wenn das man gutgeht. Das Gefühl der Sättigung fehlt dem Körper.

23.08.1945: Den ersten Tag im neuen Lager haben wir gut verbracht. Auch das Wetter hat sich beruhigt. Alles bereitet sich zum Abmarsch vor. Soll es wirklich schon losgehen? Mit 60 Herren liegen wir in den Zelten. Wir werden noch einmal vernommen. Morgen rückt 1a ab und dann sollen wir folgen.

24.08.1945: Der Tag vergeht ohne Besonderheiten. Wir bekommen eine etwas größere Verpflegungsportion, was den Körper doch ein bisschen auffrischt. Der Tag vergeht sehr schnell. Morgens um 06.30 Uhr sollten wir per LKW in Richtung Heimat abrücken. Aber zunächst ist das Lager 1a an der Reihe. Wann kommen wir dran? Wieder häufen sich die Parolen. Mein Tabak ist verbraucht und der Magen ist voller Schokolade.

25.08.1945: Leider kann ich nun keine Schokolade mehr eintauschen. Anfang nächster Woche soll nun endlich auch unser Transport gehen. Da laufend Zu- und Abgänge sind, hat die Küche keine Kontrolle, daher ist die Verpflegung unregelmäßig.

Ich habe eine kleine Nebenbeschäftigung übernommen. Ich muss morgens und mittags Honig schleudern und habe auch „Waschraumdienst". Dafür gibt es einen Nachschlag bei der Essensausgabe.

Ich esse das erste Mal eine Menge roher Möhren, die mir sehr gut bekommen. Die Zähne hatten selten etwas zum Beißen. Für die meisten Männer ist das Leben in diesen Tagen unerträglich, denn ca. 1400 Offiziere bewegen sich auf einer schmalen Gasse. Keiner achtet auf den anderen, ein jeder ist mit sich selbst beschäftigt. Die Nerven aller sind bis zum Äußersten angespannt. Wann ist es nun endlich soweit?

26.08.1945: Ist das der letzte Sonntag als PW?

Der Tag beginnt mit einem dreimaligen Nachschlag einer guten Eiersuppe und mittags eine Mangoldsuppe. Die Abschiedsstimmung steigert sich und auch körperlich fühle ich mich durch die Nachschläge und durch mein „Honigschleudern“ ein bisschen gestärkt. Wird das ein würdiger Abschluss meiner PW-Zeit sein?

Ich bin viel mit Heinz Diers und Hobs zusammen. Unsere Lieblingsbeschäftigung ist das Schachspielen und das Lesen von englischer Lektüre.

Es folgt ein guter Nachschlagsonntag bei herrlicher Witterung. Aber wieder hören wir eine üble Parole. Die Abfahrt soll erst am Sonnabend sein. Noch fünf Tage der Nervenprobe. Unser Körper muss sich auf die Heimreise einstellen.
27.08.1945: Die Woche beginnt mit herrlichstem Sonnenschein. Morgens gibt es eine gute Eiersuppe mit Pfirsichen. Ich schreibe noch einige Rezepte ab; alles natürlich in Stenographie. Ich lege mich das erste Mal in die Sonne. Hält das Wetter so an?

Wir unterschreiben unsere Personalpapiere. Sind das die letzten Formalitäten? Sonnabend soll es nun endlich fortgehen. 1a wird wieder neu belegt. Meine Gedanken beschäftigen sich nur noch mit der Heimat. Am 01.09.1945 soll es nun endlich heimgehen.

28.08.1945: Am Morgen gibt es eine gute Grießsuppe mit Nachschlag. Komisch, nun auch mittags ein Nachschlag, was die beste Portion meiner bisherigen PW-Zeit ist. Nachts fällt leichter Regen und tagsüber haben wir herrlichen Sonnenschein. Die Zelte werden wieder auf 45 Personen reduziert. Ich fühle mich etwas kräftiger.

Wie geht es zuhause? Ist die Ernte trotz des Regens gut eingebracht worden? Gibt es in diesem Jahr Honig? Komme ich zur Kartoffelernte noch rechtzeitig nach Hause? Gibt es auch schöne Äpfel? Das sind Gedanken, die mir durch den Kopf gehen. Es sind nur noch vier Nächte und die Heimat winkt schon. Geht der Wunsch in Erfüllung? Abends gibt es Schmalz und nur ein kleines Stück Brot, aber keinen Nachschlag. Das war eine große Enttäuschung.

29.08.1945: Wieder ist eine Nacht vergangen. Es regnet und der Morgenhimmel ist leicht bewölkt. Ob das Wetter sich hält? Morgens gibt es eine dicke Grießsuppe; aber nur einen dürftigen Nachschlag. Man merkt es gleich körperlich. Ich schreibe nun die restlichen guten Rezepte ab. Eine große Freude für mich sind die vier Stück Schokolade, die wir oft bekommen. Abendessen: Maissuppe, ein Stück Brot und Kaffee. Der Kaffee ist gut. Ich trinke erhebliche Mengen, weil er mir ausgezeichnet schmeckt. Es folgt ein kleiner Nachschlag, aber kein Mais oder Fett. Der Brot-Belag ist sehr dürftig.

30.08.1945: Die Abreise rückt immer näher. Nur noch zwei Tage, dann geht es nach Hause. Morgens gibt es eine dünne Brotsuppe mit Grieß, aber auch einen guten Nachschlag. Nachts träume ich von daheim. Wie sehne ich mich nach Ruhe. Die Minuten werden zu Stunden. Wir säubern brav unsere Waschräume und schleudern morgens und abends Honig. Es fällt leichter Regen. Danach hellt es sich aber auf. Heimat, süße Heimat. Wie sieht es zuhause aus? Noch al- les gesund und munter? Wo ist Rudolf? Hat man schon et- was von Heinrich gehört?

Hier wird mit Hochdruck alles entlassen. Abends gibt es Mais, Eiersuppe, Brot und Nachschlag von der Eiersuppe. An diesem Tag hatten wir eine gute Kost. Nun folgt der letzte Tag und die vorletzte Nacht. In einer Woche kann ich schon zuhause sein. Es soll nur noch ein gründliches Filzen folgen. Es ist ein herrlicher Sonntag.

31.08.1945: Der letzte Tag beginnt wieder mit herrlichem Sonnenschein. Der Filztag beginnt. Wir sind vor Freude in großer Aufregung. Morgens gibt es eine dünne Grießsuppe. Um 13.00 Uhr beginnt die Filzung, die sehr kulant ist. Mir wird nichts weggenommen, was mich etwas erstaunt. Dann erfolgt das Säubern unseres Lagers. Bis 17.00 Uhr haben wir es geschafft. Der Tag geht zu neige. Am Abend bekommen wir eine herrliche Schokoladensuppe mit Mais und Grieß und noch zusätzlich einen Löffel voll Fisch. Ein guter Suppennachschlag folgt. Zu Mittag wieder ein dicker Nachschlag. Vor Vollheit kann ich mich kaum bewegen. Anschließend ein herrliches Bad mit dem Arbeitskommando. Die Nacht geht schnell zu Ende. Ich finde wenig Schlaf; wegen des vielen Essens und Trinkens.

Sonnabend, der 01.09.1945, 05.00 Uhr: Wecken. Morgens eine sehr gute Haferflockensuppe mit Kaffee, kein Nachschlag aber dazu ein Viertel Brot.

08.00 Uhr: Abmarsch mit LKW. Wir verlassen das Lager und der Stacheldraht liegt hinter uns. Mich überkommt ein eigenartiges Gefühl. Ich weiß nicht warum und was das ist. Keiner hat Zeit, sich um den anderen zu kümmern. Ein jeder ist mit sich selbst beschäftigt. Die Heimat rückt näher, wir sind dann endlich frei.

11.30 Uhr: Abfahrt von Chef du Pont. Ein bedeckter Himmel, aber kein Regen.

Wir werden in offenen Güterwagen transportiert und haben ein Verpflegungspaket erhalten, das für die nächsten Tage reichen soll. Aber es ist nur sehr dürftig. 1 ¼ Pfund Brot, 2 Pfund Haschee, 2/3 Pfund Pflaumen, 1 Päckchen Schokolade und ¼ Dose Tomaten. Hoffentlich sind wir früher zuhause.

Um 13.00 Uhr sind wir in Caen. Die Stadt ist sehr zerstört. Der Zug fährt sehr schnell der Heimat entgegen. Ich kann es immer noch nicht glauben, dass der Stacheldraht hinter uns liegt und wir bald frei sein werden.

Ich denke zurück: Heute vor sechs Jahren begann der Einmarsch in Polen. Es war ein Sensationstag.

Meine Uniform ist sehr zerschlissen und schmutzig. Nur noch einige Tage, dann kann ich sie hoffentlich für immer ausziehen.

Gestern habe ich mich selbst degradiert, der Rang ist nun nicht mehr zu erkennen. Das hatten die meisten schon früher getan. Die letzten acht Tage waren ein guter Abschluss; denn als Arbeitskommando und „Schleuderer“ bekamen wir das Dreifache zu essen. Ich freue mich schon auf Muttis Essen und ihre Kochkunst. Wie mag es nur zuhause aussehen? Diese Frage stellen wir uns immer wieder. Das fühle ich auch bei den Kameraden.

Wie mag es daheim aussehen nach der totalen Niederlage und den schweren Bomben- und Ari-Angriffen? Voll Hoffnung und Vertrauen erwarte ich es. Wie wird die Heimat uns empfangen und wie geht es dort weiter? Bekommen wir andere Uniformen?

38 Offiziere sind in einem Güterwagen untergebracht. Unser Wagen ist dicht hinter der Maschine. Der Kohlenstaub schwärzt und trübt unseren Blick. Das macht uns aber nichts mehr aus. Wir fahren sehr schnell durch Nordfrankreich. Nachts wird es nicht viel mit Schlafen.

02.09.1945: Der erste Sonntag als „Nicht-PW“. Die Sonne geht klar auf. Es scheint ein herrlicher Tag zu werden. Nachts sind wir wenig gefahren. Jetzt stehen wir kurz vor der belgischen Grenze. Wann werden wir am Zoll sein?

Um 12.00 Uhr erreichen wir die belgische Grenze. Die Sonne meint es gut bei unseren offenen Güterwagen. Klar, wir sind schwarz wie die Neger. Viele Franzosen begegnen uns, die als Gefangene in Deutschland waren. Sie grüßen uns herzlich als ob wir Freunde wären. So vergeht der Tag. Ich esse fast meine ganze Verpflegung auf und lege mich einige Stunden schlafen. Hoffentlich sind es die letzten Nächte in einem offenen Güterwagen.

03.09.1945: Auch in dieser Nacht wird nicht viel gefahren. Morgens um 06.00 Uhr erreichen wir die Grenze bei Herzogenrath. Die erste deutsche Beschriftung und die ersten deutschen Stimmen. Ach, bin ich froh, endlich wieder in Deutschland zu sein; ganz gleich, was einmal war und wie es jetzt aussieht. Was wird, müssen wir sehen.

19.30 Uhr: Weiterfahrt. Die Maschine musste nach Aachen. Minuten werden zu Stunden. Die Fahrt geht über Krefeld nach Wietze bei Celle. Wir sehen nach einem ¾ Jahr erstmals wieder deutsche Zivilisten. Dörfer und Städte meiner Heimat wieder um uns herum. Alles andere ist Nebensache und dazu scheint auch noch die Sonne. Mir ist noch nicht richtig bewusst, dass ich in der Heimat bin.

Unsere Städte machen einen bösen Eindruck. Die Bevölkerung begrüßt uns herzlich und bringt uns Essen und Trinken an den Zug. Wir nähern uns immer mehr der Endstation.

Die letzte Nervenprobe vor der Entlassung beginnt. Wir kommen nur langsam voran, da die Strecke immer wieder gesperrt ist. Stundenlanges Halten mit starken Wortwechseln von der Maschine aus. Wir hören ja alles so dicht hinter der Lok.

Hätte ich bloß meine Verpflegung nicht aufgegessen! An diese Verzögerung hat keiner gedacht. Wann sind wir nun endlich da? Gott sei Dank. Die Bevölkerung verteilt beim Halten Obst, Brot und Kaffee. Der Hunger tut weh. Es gibt bei der Verteilung der Lebensmittel ein unmögliches Verhalten eines Offiziers.

54 Kilometer vor dem Ziel: sechs Stunden Aufenthalt.

Das ist eine starke Nervenprobe und außerdem haben wir Hunger. Ab und zu können wir aussteigen. Dann besorgen wir uns von den Bauern Äpfel, Brot und Rüben. Ich pflücke von einem Baum Boskoop-Äpfel und werde dabei erwischt. Ich werde wie ein Dieb angeschnauzt. Ja, es stimmt! Ich habe gestohlen. Aber Hunger tut weh.

Wenn ab und zu der Zug hält, können wir austreten und Besorgungen machen. Die Verrichtung der Notdurft ist im Güterwagen sehr primitiv und praktisch gar nicht möglich. Um 23.00 Uhr erreichen wir Wietze. Ein Gewitterregen empfängt uns. Durchnässt kommen wir in einem Lager an. Die Zelte schwimmen im Wasser. 15 Minuten Fußmarsch geben uns den Rest, da wir ausgehungert sind. Nur wenige konnten von der Bevölkerung Esswaren ergattern. Aber ich kann wenigstens gut schlafen.

04.09.1945: Das Wetter scheint sich zu bessern. Unsere Kleider können somit trocknen. Morgens gibt es deutschen Kaffee, zwölf Kekse und ein Stück Cornedbeef. Das stärkt uns ein wenig. Nun folgt die Abwicklung. Weitere Transporte kommen an. Das Lager ist überfüllt. Von einer Abfahrt hören wir nichts.

Nach Regierungsbezirken werden wir nun zusammengefasst. Es entsteht ein riesiges Durcheinander. Die Verpflegung ist kräftig und gut, aber knapp. Wir sind nur 48 Lüneburger. Wegen der plötzlichen Ankunft vieler Gefangener, klappt die Verpflegungsausgabe nicht. Ich repariere meine

Sachen und bin in Gedanken schon zuhause. Wann wird das sein?

05.09.1945: In der Nacht hat es geregnet. Schlafen war auch wegen der dichten Belegung nicht möglich. Der deutsche Kaffee ist uns ungewohnt. Morgens bekommen wir zwölf Kekse und Marmelade. Alles ist für mich nur noch ein Übergang. Die Sonne meint es gut mit uns. Hoffentlich hält das Wetter sich. Ein leichter Stacheldrahtzaun umgibt uns immer noch, da es sich wohl um ein altes Gefangenenlager handelt. Aber Wachtürme sind nicht mehr vorhanden.

Meine Lieben, hoffentlich kann ich euch bald in meine Arme schließen. Die letzten Tage und Stunden vor der Weiterfahrt zerren an den Nerven. Bin ich am Sonntag endlich zuhause?

Gestern wurden wir mit den nötigen Entlassungspapieren ausgestattet und erhielten 80 Reichsmark. Mit Kfz sollen wir abtransportiert werden. Die Nacht vergeht ohne Regen, jedoch dicht gedrängt im Zelt.

06.09.1945: Morgens gibt es wieder zwölf Kekse und Marmelade. Kaffee und Tee sind kalt. Die Sonne scheint. Wir werden in ein Abgangskamp zusammengelegt. Uns wird berichtet, dass wir morgen per LKW abtransportiert werden sollen. Die Freude ist groß. Endlich geht es los!

Ich helfe in der Küche aus und kann so viel Cornedbeef essen, wie ich will. Kann das gutgehen? Kann mein Magen das vertragen? Wer fragt in dem Zustand schon danach. Vielleicht bin ich ja morgen Abend schon zuhause. Der letzte Tag neigt sich dem Ende entgegen, blutrot geht die Sonne unter. Unser Sammelblock wird zu einem lustigen Ameisenhaufen. Alles ist schon voller Heimatstimmung.

Wir müssen draußen schlafen. Die Nacht wird kühl und ein süßer Traum von der Heimat hilft mir darüber hinweg. „Heide-Kameraden“ sind: Heinz Diers, Gr. Liedern - Dr. Hügelberg, Melbeck - Alten, Bankhaus Uelzen - Brockmann, Burgdorf - Hobst, Lüneburg - von Schlüter, Celle. Ein buntes Durcheinander. Regierungsbezirksweise liegen wir zusammen. Morgen früh soll Abfahrt sein. Das wird hoffentlich die letzte Nacht als PW. Ich kann es mir noch gar nicht vorstellen, entlassen zu werden. Sollen es wirklich die letzten Stunden der Gefangenschaft sein?

Wegen meiner Arbeit in der Küche habe ich noch einmal tüchtig gespeist. Ich staune, dass mein Magen standgehalten hat. Die letzte Rasur, hoffentlich, ist vorgenommen. Ich denke noch einmal kurz an alles, was hinter mir liegt.

07.09.1945: Die Nacht ist vorüber. Ich habe draußen sehr gut geschlafen, weil meine Gedanken schon daheim sind. Ich spürte keine Kälte.

05.00 Uhr: Wecken. Zum Frühstück wieder Kekse und Cornedbeef; Kaffee bekommen wir wegen einer angeblichen Schieberei nicht. 500 Büchsen sollen fehlen. Es geht auch ohne.

Der heutige Tag wird gut werden. Klar und hell geht die Sonne auf und der Himmel ist blau. Morgens ist es aber ein bisschen frisch. Um 08.30 Uhr sollen wir abfahren. Seit 06.15 Uhr stehen wir bezirksweise angetreten und harren der Dinge, die da kommen sollen. Wir werden ein letztes Mal gezählt. Pünktlich wird abgefahren. Ein letzter Blick auf den Stachelzaun. Hoffentlich sehe ich ihn nie wieder!

Die ersten deutschen Eindrücke als freier Mann: deutsches Land, deutsche Mädchen, deutsche Wälder und deutsche Straßen. Das Herz jauchzt und die Sonne lacht dazu.

Es gibt aber eine negative Überraschung, denn wir erhalten keine Verpflegung. Für den Regierungsbezirk Lüneburg sind zwei LKW eingesetzt. Wir können uns darauf gut bewegen. Fahrstrecke: Wesel – Münster – Osnabrück. Dort in der Nähe einer Fabrik um 14.00 Uhr: „Halt!“ - Fahrtunterbrechung. Wir sind enttäuscht, wegen der Unterkunft gibt es ein Durcheinander. Es ist ein ehemaliges englisches Stammlager. Deutsche Mädchen bedienen uns und laufend kommen andere Transporte. Während der Fahrt reicht uns die Bevölkerung bestrichene Brote und Obst. Da ich anscheinend zu viel Obst gegessen habe, streikt mein Magen. Ich bekomme die schlimmste Magenkolik, die ich jemals hatte und dazu starken Durchfall mit großen Schmerzen. Ich ziehe sofort ins Revier, aber ich überstehe es. Nachts schlafe ich ziemlich gut. Mir wird Brot mit und ohne Belag gereicht. Die Schwestern sind sehr liebenswürdig. Die anderen Offiziere schlafen in der Fabrik auf Brettern. Osnabrück, die ehemals schöne Stadt, ist fast völlig zerstört. Ein trauriges Bild bietet sich uns.

08.09.1945, 08.00 Uhr: Abmarsch Richtung Hannover. Leider erfolgt wieder eine Fahrtunterbrechung im Shuttle-Camp bei Wunstorf. Wir werden dort untergebracht. Erstmalig bekommen wir einen deutschen Feldküchenschlag in Form einer Kartoffelsuppe. Es schmeckt uns ausgezeichnet. Mein Magen hat sich allmählich beruhigt, aber ich bin mit dem Essen noch sehr vorsichtig so kurz vor der Heimat. Eine Schwester aus dem Revier hat mir zwei Weißbrotschnitten mitgegeben, die mit Butter bestrichen sind.

15.00 Uhr: Ankunft in Lehrte. Wieder werden wir bezirksweise in unterschiedliche Kreise aufgeteilt und lagern auf einer großen Wiese. Immer mehr Gefangene kommen dazu, auch aus russischer Gefangenschaft. Sie machen einen sehr schlechten Eindruck.

Ich kann mich mal wieder gründlich waschen.

Es folgt wieder eine bittere Enttäuschung wegen der Verpflegung. Abends gibt es 5 g Kekse, 10 g Margarine, 1 Löffel Marmelade und 400 g Brot und das für zwei Mahlzeiten. Wie sollen wir damit auskommen? Da ich krank war, habe ich noch Verpflegungsreserve. Es gibt aber einen guten Milchkaffee, der sogar gesüßt ist und seine Dienste tut.

Wir sind ungefähr 200 Lüneburger und haben unsere Wiese für uns.

09.09.1945: Die Woche ist verronnen und der Sonntag hat begonnen. Wir warten mit Sehnsucht auf die Nachricht vom Abtransport. Wir bleiben aber als Einzige dort. Warum? Unsere Nerven werden auf das Äußerste angespannt. Kommt heute noch unsere Abberufung? Nachts ist es ganz schön kalt. Wir liegen in deutschen 12-Mann-Zelten. Der morgens gereichte heiße Kaffee tut gut. Ich habe noch zusätzlich etwas Cornedbeef und für abends eine Büchse Bohnen. Die Sonne geht klar und hell auf, es scheint ein herrlicher Tag zu werden. Es ist aber nervenzerrüttend hier so kurz vor der Heimat herumzusitzen.

Es ist kurz vor 09.00 Uhr. Heimatliche Gedanken bewegen mich, ein jeder sinnt so vor sich hin. Wir wollten eigentlich schon längst zuhause sein. In der Ferne klingen die ersten Kirchenglocken. Was machen meine Lieben? Ich sitze hier und bin tatenlos immer noch auf die Willkür der Tommys angewiesen. Heimatliches Leben und Land liegt um uns herum. Nun heißt es festbleiben und Nerven behalten. In greifbarer Nähe liegen die Heimat und die endgültige Freiheit. Stacheldraht sehen wir allerdings nicht mehr, die Warnschilder des Lagers genügen.

Das vertraute Schild „Lüneburg" zeigt an, dass auf diesem Fleckchen Erde und Wiese bunt durcheinander gewürfelt Menschen der engeren Heimat ruhelos auf die Weiterfahrt warten.

Ruhe herrscht am Sonntag hier auf der Wiese. Ein leises Gemurmel zeigt an, dass 200 Männer träumerisch und zum Teil ungeduldig die Heimreise besprechen. Aber im Allgemeinen ist jeder mit sich und seinen Sorgen beschäftigt.

Wird das große Fragezeichen der Zukunft bald gelöst sein? Wird alles so ausfallen, wie wir es uns wünschen und erhoffen? Manche legen sich schon die ersten Speisen zurecht, die sie zuhause essen wollen. Alles dreht sich nur ums Essen. Ich wünsche mir eine dicke und süße Milchspeise, dazu Omelette und Semmel. Geht der Wunsch in Erfüllung?

Um 10.00 Uhr ergeht an uns plötzlich der Befehl, die Zelte aufzuräumen und danach anzutreten. Für die Mittagskost bekommen wir nur ein Viertel Brot und einen Löffel Marmelade, eine traurige Verpflegung.

Um 11.00 Uhr marschieren wir ab zum Bahnhof Wunstorf. Das sind fünf Kilometer. Es soll dann per Bahn Richtung Heimat gehen. Das muss die letzte Fahrt sein! Unsere Herzen jubeln vor Freude. Hoffentlich haben wir das letzte Sammellager hinter uns. Mit mir fahren Männer aus Schleswig, Hamburg und Lüneburg. Unser Bestimmungsort soll Uelzen sein.

Um 13.00 Uhr: Abfahrt und um 17.00 Uhr Ankunft in Uelzen.

Ein langweiliges Ausladen beginnt. Mit LKWs werden wir in ein Sammellager gebracht.

Uelzen beeindruckt mich sehr; denn die Stadt ist vom Krieg stark mitgenommen. Der Bahnhof sieht wüst aus. Wir bekommen für drei Tage Verpflegung ausgehändigt; allerdings in unmöglicher Menge.

Im Lager werden wir für das Arbeitsamt Lüneburg erfasst. Wir schlafen nach langer Zeit wieder auf Holzbetten mit Strohsäcken. Die ersten heimatlichen Eindrücke. Morgen soll es nach der Eintragung beim Arbeitsamt Uelzen nach Hause gehen.

Ich spüre, dass mein Magen immer noch nicht so recht in Ordnung ist. Das ist aber jetzt belanglos. Schuld habe ich aber selber, denn ich habe viel zu viel auf einmal gegessen. In meinem Bett ist sogar eine Matratze. Es ist fast ein Wunder. Ich schlafe wie im siebten Himmel, in Gedanken an zuhause.

10.09.1945, der Tag der endgültigen Befreiung als Gefangener

Um 07.30 Uhr verlassen wir das Lager. Das ist der erste Schritt in die Freiheit. Zunächst erfolgt der Gang zum Arbeitsamt.

09.30 Uhr: Abfahrt per Zug Richtung Bevensen.

Ich bin frei!

Alles erscheint mir noch wie ein Traum. Fassen kann ich es immer noch nicht, aber es ist die Wahrheit. Mein Herz schlägt vor banger Erwartung vor dem Auflösen des Fragezeichens: Wie sieht es zuhause aus?

Wie oft habe ich mir diese Frage schon gestellt. Obwohl der Zug überfüllt ist, haben wir es geschafft, noch mitzukommen.

Um 10.00 Uhr: Ankunft in Bevensen. Alles ist so fremdartig. Ich wandle schlaftrunken weiter, ohne zu wissen, was ich tue. Ich gehe Richtung Post und habe großes Glück. Bei der Post steht gerade ein Postauto bereit zur Fahrt Richtung Heimat. Herr Lüssmann ist der Fahrer. Er ist bereit, mich mitzunehmen. Hochbeglückt steige ich ein.

Das ist nun die Endetappe meiner Rückkehr. Ende gut, alles gut!

Kurz vor meinem Heimatort Eddelstorf sehe ich unsere Kühe auf der Wiese. Als ersten Bekannten treffe ich dort meinen Vater, der auf der Wiese beschäftigt ist. Wir begrüßen uns überglücklich und fahren zusammen mit dem Postauto nach Hause.

Vati hat mich zuerst gar nicht erkannt.

Mutti nimmt mich im Flur in die Arme. Die Freude ist unbeschreiblich. Die Freudentränen rollen nur so, aber das macht gar nichts. Ich bin nun wieder bei meinen Lieben daheim. Auch Rudolf kommt mittags von der Ziegelei, wo er arbeitet. Also, auch er ist schon entlassen. Er ist gesund und gut ausgeheilt. Ich danke Gott für so viel Gnade. Nach acht Jahren Krieg und Gefangenschaft finden wir uns gesund und munter wieder. Haus und Hof sind erhalten und verschont geblieben, nur mein Bruder Heinrich fehlt noch. Wie mag es ihm ergehen? Da müssen wir hoffen und abwarten. Wir müssen zunächst mit dem zufrieden sein, was wir vorfinden. Die Hoffnung geben wir aber nicht auf. Ich persönlich bin zwar matt und zermürbt, aber es ist alles da, was der Körper und Mensch gebraucht. Es wird alles wieder werden. Der Aufbau wird beginnen, wenn auch langsam. Aber ich brauche erstmal Ruhe.

Allmählich löst sich der Schleier von meinen Augen und mir wird bewusst, dass ich wieder frei bin. Ich erhalte gleich viel Besuch. Das Band der Zusammengehörigkeit erscheint fester denn je. Das lässt mein Herz höherschlagen.

Nach dem ersten ereignisreichen Tag bricht mein Körper zusammen. Ich bin vollkommen matt und verbraucht. Auch die letzten Reserven sind dahin, dazu die gewaltige Umstellung und das Gefühl frei zu sein. Aber Mutti wird schon dafür sorgen, dass ich wieder fit werde. Milchsuppen mit Grieß und Haferflocken und dazu Eier haben ihre Wirkung. Ich arbeite wenig und mein Gewicht steigt rapide an. Fast täglich nehme ich ein Pfund zu. Das kann nicht gutgehen, aber ich habe kein Gefühl für eine Sättigung.

Am 21.09.1945 beginnt die schon befürchtete „Körperanschwellung“ und nachts habe ich einen unruhigen Schlaf mit Schweißausbrüchen. Der Appetit ist enorm. Meistens esse ich zu viel und muss dann darunter leiden. Der Stuhlgang bringt die unverdauten Speisen wieder hervor, da der Körper sie nicht verarbeiten kann.

Der Durchfall hält noch für eine längere Zeit an.

Ich bleibe nur noch zuhause und will nichts hören und sehen. Ein nervlicher Zusammenbruch!

Im ersten Vierteljahr habe ich zu nichts Lust und bin vollkommen apathisch.

Nicht einmal Frauen interessieren mich...

Nachwort des Autors

Das Desinteresse an Frauen war wohl nicht von langer Dauer; denn schon am 28.01.1946 hat er meine Mutter geheiratet und ein Jahr später wurde ich geboren.